जैक मा
की बायोग्राफी

बैस्टसेलर पुस्तकें

द पावर ऑफ फोकस
सक्सेस के वैज्ञानिक सूत्र
नेपोलियन हिल
अपनी सोच से अमीर बनिए
मन में है विश्वास
सुपर सक्सेस @ NLP
अधिकतम सफलता
द पावर ऑफ योर सबकॉन्शस माइंड
सफलता के गुरुमंत्र
सुपर सक्सेस के GOLDEN रूल्स
सुपर सफलता के 25 सुपर नियम
लोक व्यवहार
POSITIVE थिंकिंग
हर पथ विजय पथ
चिंता छोड़ो सुख से जियो
अहंकार को करें बाय बाय
विश्वास का जादू
कामयाबी UNLIMITED
आपके जीवन की उड़ान योजना
आपकी जीत
मनचाहे लक्ष्य प्राप्त करने की जादुई पुस्तक
MANIFESTATION सीक्रेट्स
द लॉ ऑफ Attraction
सफलता के लिए 13 सर्वश्रेष्ठ आदतें
अपार पैसा, स्वास्थ्य और खुशियाँ कैसे पाएँ
सक्सेस LIMITLESS
नेपोलियन हिल

जैक मा की बायोग्राफी

हनादी फालकी

प्रभात
पेपरबैक्स
www.prabhatbooks.com

प्रकाशक : प्रतिभा प्रतिष्ठान,
694-बी (निकट अजय मार्केट), चावड़ी बाजार, दिल्ली-110006
 / संस्करण : 2024 / मूल्य : पाँच सौ रुपए
मुद्रक : प्रिंट मीडिया, नई दिल्ली अनुवाद : नजमुशहर

JACK MA KI BIOGRAPHY *by* Hanadi Falki ₹ 500.00
(Hindi translation of ALIBABA & JACK MA)
Published by **PRATIBHA PRATISHTHAN**
694-B (Near Ajay Market), Chawri Bazar, Delhi-110006
ISBN 978-93-87980-99-0

अनुक्रम

1

आरंभिक जीवन

पाँच फीट लंबे आकर्षक चेहरेवाले चीनी व्यावसायिक पूँजीपति जैक मा दुनिया के सबसे बड़े बी 2 बी व्यावसायिक मंच 'अलीबाबा' की ताकत हैं। 'अलीबाबा' के रिकॉर्ड तोड़ देनेवाले 25 अरब डॉलर के आई. पी.ओ. के संस्थापक एवं कार्यपालक अध्यक्ष के रूप में जैक मा दुनिया के सबसे धनी लोगों में एक हैं। वे चीन के मुख्य भूमि के उद्योगपति हैं, जिनकी फोटो 'फोर्ब्स' पत्रिका के कवर पर छपी और उन्हें उद्यमिता के सबसे बड़े जीवित उदाहरण के रूप में सम्मानित किया गया। 'वाशिंगटन पोस्ट' ने जैक मा को ''जीवन से भी बड़े व्यक्तित्व के रूप में घोषित किया, जिन्हें 'चीनी उद्यमिता के पितामह' की उपमा दी गई और जिन्हें खेल दिखानेवाले की विद्या के साथ ही कर्मचारियों से लेकर ग्राहकों तक की निष्ठा समान रूप से प्राप्त है,

जिसमें कभी-कभी विचित्रता होती है।'' 'न्यूजवीक' ने जैक मा की पूरे विश्व में अविश्वसनीय लोकप्रियता के कारणों का आकलन करने का प्रयास किया और रिपोर्ट दी कि, ''जैक मा, जो अपने मूर्तिभंजन एवं भड़कीले व्यक्तित्व के कारण 'के.जी. जैक' के रूप में जाने जाते हैं, वे उस नए चीनी व्यावसायिक नेतृत्व के प्रतीक हैं, जो नियमों को तोड़ने से नहीं डरता है। मा ज्यों-ज्यों विशाल गूगल एवं ई-बे की गतिविधियों को आगे बढ़ा रहे हैं, उनकी पश्चिम में भी ख्याति बढ़ती जा रही है।''

जैक मा के दादा कम्युनिस्ट पार्टी के सत्ता में आने से पहले नेशनलिस्ट पार्टी के अधीन स्थानीय अधिकारी थे। दुर्भाग्यवश, माओत्से तुंग की विनाशकारी सांस्कृतिक क्रांति के दौरान कम्युनिस्ट पार्टी का विरोध करने के कारण उन्हें फाँसी दे दी गई।

चीन की नई अर्थव्यवस्था के इस प्रसिद्ध नेता की उस साधारण पृष्ठभूमि पर विश्वास करना कठिन है, जहाँ से यह आता है। चीनी नाम 'मा युन' के रूप में 10 सितंबर, 1964 को जनमे जैक मा का जीवन सचमुच में प्रेरणादायक है। उनकी जन्मभूमि हैंगजू है, जो जेजिआंग चीन के दक्षिण-पूर्वी तटवर्ती क्षेत्र में स्थित है, जो शंघाई से दूर नहीं है। चीन की सांस्कृतिक क्रांति के शुरू होने के दो वर्ष पहले उनका जन्म हुआ और स्पष्ट रूप से भिन्न साम्यवादी चीन में वे बड़े हुए। देश में उस समय साम्यवाद अपने उत्कर्ष पर था और जैक के दैनिक जीवन में कम्युनिस्ट पार्टी के आंदोलन का महत्त्वपूर्ण स्थान है। चीन तेजी के साथ विश्व से अलग होता जा रहा था और यहाँ के वासियों का पश्चिमी जगत् के साथ नगण्य संपर्क रह गया था।

जैक मा के दादा कम्युनिस्ट पार्टी के सत्ता में आने से पहले नेशनलिस्ट पार्टी के अधीन स्थानीय अधिकारी थे। दुर्भाग्यवश, माओत्से तुंग की विनाशकारी सांस्कृतिक क्रांति के दौरान कम्युनिस्ट पार्टी का विरोध करने के कारण उन्हें फाँसी दे दी गई। उस दौरान जैक मा व उनके संबंधियों को काफी तकलीफें झेलनी पड़ीं।

जैक मा अपने माता-पिता की दूसरी संतान थे। उनका एक बड़ा भाई तथा

एक छोटी बहन थी। जैक मा का लालन-पालन अत्यंत ही साधारण तरीके से हुआ, क्योंकि उस समय परिवार के पास ज्यादा पैसे नहीं थे, जब ये युवा थे। उनके माता-पिता 'पिंग तान' के कलाकार थे, जो कहानी कहने की पारंपरिक संगीतमय कला का एक रूप था और जिसे माओ के शासनकाल में वर्ष 1966 से 1976 के दौरान प्रतिबंधित कर दिया गया था।

जैक मा बहुत दुबले-पतले थे, लेकिन अपने से कहीं शक्तिशाली विरोधी से भिड़ंत में वे कभी हिचकिचाते नहीं थे। बचपन से ही उनमें लड़ने की प्रवृत्ति थी और वे प्राय: अपने सहपाठियों से भिड़ जाते थे। उस समय चीनी घरों की एक सामान्य प्रथा के अनुसार, जैक मा को बचपन में अपने पिता से बहुत पिटाई खानी पड़ी। अपने खाली समय में जैक मा झींगुर इकट्ठा करते और उस कीट की आवाज सुनकर ही उसके आकार व प्रकार को पहचान जाते थे। वह झींगुर पकड़ते और फिर उसके साथ 'झींगुर लड़ाई' में लग जाते, जो उस समय चीन में एक सामान्य खेल होता था। 'झींगुर लड़ाई' का उनकी बचपन की यादों पर गहरा प्रभाव पड़ा; इतना गहरा प्रभाव कि वर्षों बाद जब उन्होंने 'यांग लुचान' का फिल्मी रूपांतरण किया तो बाल नायक का पहला दृश्य वह था, जिसमें वह 'झींगुर लड़ाई' का अभिनय करते हुए दिखाए गए।

एक युवा के रूप में जैक मा प्राय: अपनी दादी माँ के साथ भगवान् बुद्ध की पूजा करने और अगरबत्ती जलाने जाते थे। जब उनकी दादी माँ भगवान् बुद्ध के सामने परिवार में शांति एव संपत्ति की प्रार्थना कर रही होती तो जैक मा यह कहते हुए उनके वाक्य सही करते, ''हमें बोधिसत्त्व को शांति एवं सुख से रहने का आशीर्वाद देना चाहिए। यदि बोधिसत्त्व को भी पैसों की जरूरत है तो हमें उन्हें समृद्ध होने का आशीर्वाद देना चाहिए। यदि बोधिसत्त्व खुश नहीं है तो हम आपको कैसे खुश कर सकते हैं? यदि उसके पास खर्च करने के लिए पर्याप्त पैसे नहीं हैं तो वह आपको कैसे समृद्ध कर सकता है। इसे दूसरे दृष्टिकोण से समझने की कोशिश कीजिए। बोधिसत्त्व से पूछने के लिए हर किसी के पास कुछ-न-कुछ है, तभी जब बोधिसत्त्व के दृष्टिकोण को आप समझते हैं; और आप क्या समझते हैं कि बोधिसत्त्व किसे आशीर्वाद देंगे? बाद में जब उन्होंने अपना व्यवसाय स्थापित किया तो अपने ग्राहकों तथा अधीन व्यक्तियों को, विशेषकर मध्यम आकार के उद्यमियों को, अपने मन में बोधिसत्त्व की तरह महत्त्व दिया।

वर्ष 1972 में तत्कालीन अमेरिकी राष्ट्रपति रिचर्ड निक्सन हैंगजाऊ के दौरे पर आए और तभी यहाँ पर्यटन को बहुत बढ़ावा मिला। वर्ष 1976 में माऊ की मृत्यु के बाद चीन की नई आर्थिक नीतियों ने देश को पूरे विश्व के लिए खोल दिया। शांत एवं स्थिर पूर्ववर्ती शहर, जो अपनी सुंदर झीलों के लिए प्रसिद्ध था, वह पर्यटकों के लिए 'मक्का' बन गया।

वर्ष 1972 में तत्कालीन अमेरिकी राष्ट्रपति रिचर्ड निक्सन हैंगजाऊ के दौरे पर आए और तभी यहाँ पर्यटन को बहुत बढ़ावा मिला। वर्ष 1976 में माऊ की मृत्यु के बाद चीन की नई आर्थिक नीतियों ने देश को पूरे विश्व के लिए खोल दिया। शांत एवं स्थिर पूर्ववर्ती शहर, जो अपनी सुंदर झीलों के लिए प्रसिद्ध था, वह पर्यटकों के लिए 'मक्का' बन गया। जैक मा ने इस अवसर का भरपूर लाभ उठाया और अपनी साधारण स्थिति से ऊपर उठने के लिए अपने प्रयासों में कोई कसर नहीं छोड़ी। बारह वर्ष की उम्र में सफलता प्राप्त करने के

लिए अंग्रेजी में बातचीत के महत्त्व का उन्हें पूरा विश्वास था।

अच्छी अंग्रेजी बोलने के उनके उत्साह ने उन्हें चाहे वर्षा हो या ओले पड़ रहे हों, हर दिन सुबह-सवेरे 5 बजे उठने तथा हैंगजाऊ के वेस्ट लेक जिले के निकट स्थित नगर के मुख्य होटल तक या तो पैदल या साइकिल से जाने के लिए प्रेरित किया। यह नगर शंघाई के दक्षिण-पश्चिम में स्थित था। उनका उद्देश्य था—अंग्रेजी पर्यटकों के साथ उनके अनधिकृत पर्यटक गाइड के रूप में शहर के मुख्य आकर्षणों का भ्रमण करवाते हुए उनके साथ अंग्रेजी बोलने का अभ्यास करना। उनसे अंग्रेजी सीखने के बदले वे उन्हें अपनी सेवाएँ देते थे। हैंगजाऊ के बारे में उनके ज्ञान और उनकी टूटी-फूटी अंग्रेजी ने उन्हें विदेशी पर्यटकों के बीच लोकप्रिय बना दिया। इस अभ्यास द्वारा जैक मा ने पश्चिम के लोगों की व्यवस्था, उनके तौर-तरीके एवं विधियाँ सीखीं तथा। उनकी भाषा पर पकड़ को भी सीखा।

"मुझे वह दिन याद है, जब हम उनसे अच्छी तरह मिले थे। मैं हैंगजाऊ के वेस्ट लेक जोड़ों को झाड़ने गया था और वह लड़का मेरे पास आया, जो अंग्रेजी बोल सकता था।"

जैक मा ने नौ वर्षों तक यही किया और अनेक विदेशी पर्यटकों के साथ दोस्ती भी की। जैक मा अपने वैश्विक दृष्टिकोण एवं बाहरी दुनिया के अपने ज्ञान का श्रेय अपने जीवन के उन्हीं रचनात्मक वर्षों को देते हैं। सिएटल में 'यूनिवर्सिटी ऑफ वाशिंगटन' के प्रोफेसर जिआओ-पिंग शेन को दिए अपने साक्षात्कार में जैक मा याद करते हैं कि किस प्रकार उन अनुभवों ने उनकी आँखें खोलीं और कहा, "मुझे महसूस हुआ कि उन लोगों ने मुझे जो कुछ कहा, वह जो कुछ भी मैंने स्कूल में सीखा था या अपने माता-पिता से सीखा था, उससे बिल्कुल भिन्न था।"

वर्ष 1979 में ऐसे ही एक भ्रमण के दौरान जैक मा की भेंट मॉरले परिवार से हुई, जो ऑस्ट्रेलिया के थे और उनके दो बच्चे थे। वर्षों बाद 'दि ऑस्ट्रेलियन फाइनेंशियल रिव्यू' को दिए अपने साक्षात्कार में श्रीमान मॉरले ने जैक मा के साथ अपनी पहली भेंट को याद करते हुए कहा, "मुझे वह दिन याद है, जब हम उनसे अच्छी तरह मिले थे। मैं हैंगजाऊ के वेस्ट लेक जोड़ों को झाड़ने गया था

और वह लड़का मेरे पास आया, जो अंग्रेजी बोल सकता था।" अगले दो दिनों तक फ्रीसबी खेलने के लिए उनसे मिलते रहे और उनके बीच गहरी मित्रता हो गई। उन लोगों ने उन्हें 'जैक' उपनाम दिया, क्योंकि उनके चीनी नाम को बोल पाना उनके लिए कठिन था। जैक मा उन लोगों के साथ संपर्क में रहे और उनके मित्र बन गए। श्रीमान मॉरले ने उनके पत्रों में गलतियों को सुधारा और उनके साथ अपना स्वयं का पत्र भेजकर जैक मा की अंग्रेजी को सुधारा। मॉरले परिवार की जैक मा के साथ मित्रता तीन दशकों से भी ज्यादा समय से है।

> *जुलाई 1985 में मॉरले परिवार ने गरमी की छुट्टियों में जैक मा को ऑस्ट्रेलिया बुलाया। 31 दिनों के इस पहले विदेश-भ्रमण ने जैक मा के जीवन को बदल दिया। चीन छोड़ने से पहले उनका यह विश्वास था कि चीन दुनिया का सबसे समृद्ध और खुशहाल देश है।*

जुलाई 1985 में मॉरले परिवार ने गरमी की छुट्टियों में जैक मा को ऑस्ट्रेलिया बुलाया। 31 दिनों के इस पहले विदेश-भ्रमण ने जैक मा के जीवन को बदल दिया। चीन छोड़ने से पहले उनका यह विश्वास था कि चीन दुनिया का सबसे समृद्ध और खुशहाल देश है। ऑस्ट्रेलिया में बीते उनके समय ने उनके दृष्टिकोण को हमेशा के लिए बदल दिया और वे अलग तरह से सोचने लगे। लोगों को 'तैजी' करते देख जैक मा बहुत प्रभावित हुए। यह पार्क में किया जानेवाला जैक मा का प्रिय व्यायाम था। जैक मा ने जो कुछ भी सोचा या जो कुछ भी उन्हें बताया गया, उस पर वे प्रश्न करने लगे और आज भी वे इस आदत का पालन करते हैं।

वर्षों बाद 2004 में जब जैक मा ने अपने जीवन की अनेक बाधाओं को दक्षतापूर्वक पार कर लिया था और पूरे विश्व में विश्व की बड़ी कंपनियों में से 'अलीबाबा' के संस्थापक के रूप में प्रसिद्ध हो गए थे, तो केन मॉरले से उनकी मृत्यु के ठीक पहले उनसे मिलने के लिए विशेष यात्रा की। उन्होंने मॉरले परिवार को एक भावनात्मक पत्र भी लिखा, जिसे उनके अंतिम संस्कार के समय पढ़ा गया।

अपने पथ-प्रदर्शक केन मॉरले के सम्मान में, जिन्हें वे एक गरीब लड़के

से चीन के सबसे समृद्ध शक्तिशाली उद्योगपति के रूप अपना जीवन बदलने के लिए उत्तरदायी मानते हैं, जैक मा ने 'यूनिवर्सिटी ऑफ न्यू केसल' को 'द मा एंड मॉरले स्कॉलरशिप प्रोग्राम' को स्थापित करने के लिए औपचारिक रूप से 2 करोड़ डॉलर का कोष दिया। मानवता की सेवा के लिए किए गए उनके सबसे बड़े काम में से यह एक है और इसका प्रभाव आनेवाली कई पीढ़ियों तक महसूस किया जाता रहेगा। जैक मा की इच्छा अन्य लोगों को मदद करने की भी होती है और वे उस विशेष समय, स्थान व लोगों को याद रखते हैं, जिनका उनके जीवन पर गहरा प्रभाव पड़ा—''यह छात्रवृत्ति उस विशेष संबंध को सम्मानित करेगा, जो मैंने मॉरले परिवार के साथ बनाए। मैं ऑस्ट्रेलिया का बहुत आभारी हूँ और उस समय का भी, जो मैंने युवावस्था में यहाँ बिताया।'' जैक मा ने कहा, ''यहाँ की संस्कृति, यहाँ के प्राकृतिक दृश्य और सबसे महत्त्वपूर्ण रूप से यहाँ के लोगों का उस समय विश्व के प्रति मेरे दृष्टिकोण पर गहरा सकारात्मक प्रभाव पड़ा।'' यह उदार भाव मानवता की सेवा का उनका सच्चा भाव-प्रदर्शन था। ''मैं समझता हूँ कि पिताजी को उनमें कुछ नजर आया।'' केन मॉरले के पुत्र डेविड मॉरले ने कहा, ''पिताजी कितना मर्माहत होंगे कि उनकी घनिष्ठ मित्रता ने उस योजना को जन्म दिया।''

> ***''यह छात्रवृत्ति उस विशेष संबंध को सम्मानित करेगा, जो मैंने मॉरले परिवार के साथ बनाए। मैं ऑस्ट्रेलिया का बहुत आभारी हूँ और उस समय का भी, जो मैंने युवावस्था में यहाँ बिताया।''***

जैक मा को अत्यंत सौभाग्यशाली व्यक्ति कहा गया है, जो एक झटके में ही अरबपति बन गए; लेकिन सच्चाई से कुछ भी दूर नहीं हो सकता है। जैक मा की शैक्षिक पृष्ठभूमि तथा सफलता का मार्ग संघर्षों, विफलताओं एवं बहिष्करण से भरा हुआ है; लेकिन पूरी यात्रा के दौरान जैक मा ने मजबूत इच्छा-शक्ति, कठिन परिश्रम, दक्षता तथा अंतर्दृष्टि का प्रदर्शन किया। उनके भीतर हार न मानने की एक प्रवृत्ति थी और हर बार विफल होने पर वे और अधिक तीव्रता के साथ वापस आते। अविश्वसनीय निश्चय के व्यक्ति जैक मा को अनेक लोगों ने पागल कहा और उनके पिता ने उन्हें अद्‌भुत रूप से

खतरनाक विचारों को त्याग देने की चेतावनी दी।

वर्ष 2011 में चार्ली रोज को दिए अपने एक टी.वी. साक्षात्कार में जैक मा ने यह बताया, ''मेरे पिताजी ने कहा कि यदि तीस वर्ष पहले तुम्हारा जन्म हुआ होता तो शायद तुम जेल में होते, क्योंकि तुम्हारे जो विचार हैं, वे अत्यंत खतरनाक हैं।'' उनके पिताजी का विश्वास था कि यदि उसका जन्म पूर्व पीढ़ी में हुआ होता तो अपने दादाजी की तरह अपने विचारों के कारण उसको भी फाँसी दे दिए जाने की बहुत ज्यादा संभावना थी।

अनेक प्रतिभाशाली प्रगतिशील व्यक्तियों की तरह जैक मा को भी आरंभिक बचपन में शैक्षिक रूप से संघर्ष करना पड़ा। यद्यपि अपने संकल्प मात्र और कठिन परिश्रम के कारण अंग्रेजी में उनका प्रदर्शन अच्छा रहा, लेकिन गणित एवं अन्य विषयों में उनका प्रदर्शन निराशाजनक रहा। उन्होंने अधिकांशत: प्रयोग करके, पर्यवेक्षण तथा यथास्थिति के प्रति प्रश्न पूछकर सीखा। बिना पैसे एवं संपर्क के जैक मा अपना साधारण जीवन शिक्षा के माध्यम से ही सुधार सके। जैक मा का यह विश्वास था कि जब तक वह अपना संकल्प बनाए रखते हैं और अपने लक्ष्य को प्राप्त करने के लिए काम करते रहते हैं, सफल होने की उनकी संभावना तब तक है। उन्होंने कहा, ''यदि आप कभी कोशिश ही नहीं करते हैं तो आपको कैसे पता चलेगा कि आपके सफल होने की कोई संभावना नहीं है ?''

बहिष्करण जैक मा का पर्याय था। जैक मा प्राथमिक एवं माध्यमिक स्कूल में अपने आरंभिक वर्षों में लगातार विफल होते गए। प्राथमिक परीक्षा में जैक मा एक नहीं, दो बार फेल हुए। अपनी माध्यमिक परीक्षा में जैक मा तीन बार असफल हुए।

बहिष्करण जैक मा का पर्याय था। जैक मा प्राथमिक एवं माध्यमिक स्कूल में अपने आरंभिक वर्षों में लगातार विफल होते गए। प्राथमिक परीक्षा में जैक मा एक नहीं, दो बार फेल हुए। अपनी माध्यमिक परीक्षा में जैक मा तीन बार असफल हुए। यह कहना ज्यादा ठीक होगा कि जैक मा ने शिक्षा के पारंपरिक माध्यमों की तुलना में अपनी विफलताओं से ज्यादा सीखा।

हाई स्कूल की शिक्षा के बाद जैक मा ने विश्वविद्यालय में दाखिले की इच्छा की। दावोस में चार्ली रोज को दिए एक साक्षात्कार में जैक मा ने यह बताया कि किस प्रकार उन्होंने दाखिले के लिए हार्वर्ड यूनिवर्सिटी को दस बार लिखा, लेकिन उन्हें सफलता नहीं मिली। जैक मा ने कहा, ''मैंने हार्वर्ड में दस बार आवेदन किया और हर बार मुझे अस्वीकार कर दिया गया। फिर मैंने अपने आप से कहा, 'किसी दिन मुझे वहाँ जाकर पढ़ाना चाहिए।'

इसके बाद जैक मा ने 'हैंगजाऊ टीचर्स इंस्टीट्यूट' (अब हैंगजाऊ नॉर्मल यूनिवर्सिटी) में दाखिले के लिए आवेदन किया, जो उस समय शहर की सबसे बदतर यूनिवर्सिटी मानी जाती थी। वह उसकी प्रवेश परीक्षा में तीन बार उपस्थित हुए और हर बार असफल हुए। बहुत अध्ययन करने के बाद तीसरी बार उन्हें उनकी लगन व दृढ़ता का फल मिला। अंततः उन्हें अंग्रेजी में स्नातक की पढ़ाई करने की मंजूरी मिल गई।

कॉलेज में सीखी गई अनेक बातों में से एक बात यह थी कि दूसरों को, विशेषकर जो गलत रास्ते पर चल रहा है, उसे गुमराह करना आसान होता है। कोई भी व्यक्ति पाखंडी हो सकता है और लोगों को कहता है कि वह कठिन परिश्रम कर रहा है और वे यदि इसी बात पर कुछ वर्षों तक कायम रहते हैं तो सफल हो जाते हैं। लेकिन सच्चाई यह है कि सच्चाई को रेखांकित करने का उसमें साहस होना चाहिए और उसे यह बताना चाहिए कि जो रास्ता उसने अपनाया है, वह उसे सफलता की ओर नहीं ले जाएगा। ''मैं समझता हूँ कि इस जीवन में लोगों को कई बार ऐसे व्यक्ति की जरूरत होती है, जो सच्चाई बताए; ऐसा व्यक्ति, जो महत्त्वपूर्ण क्षणों में सच्चाई बताए।''

जैक मा आगे यह बताते हैं कि वे अपने कॉलेज के अंग्रेजी शिक्षक के बड़े आभारी हैं। जैक के वेस्ट लेक आनेवाले विदेशी पर्यटकों से अंग्रेजी सीखने के प्रयासों के कारण उनका अंग्रेजी का उच्चारण गाँवों के अन्य बच्चों की तुलना में कहीं बेहतर था।

जैक मा आगे यह बताते हैं कि वे अपने कॉलेज के अंग्रेजी शिक्षक के बड़े आभारी हैं। जैक के वेस्ट लेक आनेवाले विदेशी पर्यटकों से अंग्रेजी सीखने

के प्रयासों के कारण उनका अंग्रेजी का उच्चारण गाँवों के अन्य बच्चों की तुलना में कहीं बेहतर था। लेकिन विश्वविद्यालय में अंग्रेजी की जाँच परीक्षा में जैक को केवल 59 अंक प्राप्त हुए; जबकि अन्य ग्रामीण बच्चों को 89 अंक मिले। दंभ से भरे जैक मा अंग्रेजी शिक्षक के पास पहुँच गए और उनसे कहा, "अंग्रेजी का मेरा उच्चारण बिल्कुल सटीक है, आपने मुझे 59 अंक क्यों दिए? यह उचित नहीं है!" शिक्षक ने उन्हें कुछ पढ़ने के लिए कहा और जब जैक मा ने उसे अच्छी तरह पढ़ दिया तो शिक्षक ने कहा कि यह बहुत अच्छा था; लेकिन अगले साल के अंक के लिए उसे पूरा एक साल इंतजार करना पड़ा। दूसरे वर्ष में जैक मा ने वैसे ही किया, जैसा उनके शिक्षक ने उसे करने के लिए कहा; लेकिन फिर भी उन्हें 60 अंक ही मिले। पूछने पर शिक्षक ने जवाब दिया, "तुम्हें मालूम नहीं है कि तुम कौन हो! तुम बहुत दंभी हो। तुम्हारा स्तर तो सिर्फ 59 अंक है।" जैक मा के लिए यह वास्तविकता की जाँच जैसा था, जिसने इसके बाद दंभ छोड़ दिया और अपने आसपास के लोगों की प्रशंसा करने लगे।

> ***1988 में स्नातक किया। वर्षों बाद जब जैक मा ने पीकिंग यूनिवर्सिटी के दीक्षांत समारोह में अपना भाषण शुरू किया तो उन्होंने यह दावा किया कि हैंगजाऊ नॉर्मल यूनिवर्सिटी हर एक परिस्थितियों में श्रेष्ठ यूनिवर्सिटी है।***

अपने कॉलेज के दिनों में जैक मा विद्यार्थियों के अध्यक्ष चुने गए और बाद में नगर की स्टूडेंट फेडरेशन के अध्यक्ष बन गए। उसी संस्थान से उन्होंने वर्ष 1988 में स्नातक किया। वर्षों बाद जब जैक मा ने पीकिंग यूनिवर्सिटी के दीक्षांत समारोह में अपना भाषण शुरू किया तो उन्होंने यह दावा किया कि हैंगजाऊ नॉर्मल यूनिवर्सिटी हर एक परिस्थितियों में श्रेष्ठ यूनिवर्सिटी है। उन्होंने कहा, "आप सबको बधाई हो! बहुत बड़े विश्वविद्यालय से डिग्री प्राप्त करने के लिए आपको बधाई! एक ऐसा विश्वविद्यालय, जो हैंगजाऊ नॉर्मल यूनिवर्सिटी के बाद दूसरे नंबर पर आता है।…" इस टिप्पणी से सभी विद्यार्थी हतप्रभ रह गए! लेकिन जैक मा का मानना था कि सच जैसा है, उसे उसी रूप में बताना चाहिए। वर्ष 2003 में 'फॉर्च्यून लाइफ प्रोग्राम' के दौरान

जैक मा ने बताया कि ''विद्यार्थियों को मेरी शैली पसंद है। मेरा मानना है कि यहाँ उपस्थित युवा भी मेरी तरह हैं और उन्हें सच सुनना पसंद है। मैं उनके साथ पूरी तरह से स्पष्ट और ईमानदार हूँ। एक ओर सच बताना दुनिया का सबसे मुश्किल काम हो सकता है, तो दूसरी ओर यह सबसे आसान काम भी हो सकता है, और जब आप सच्चाई बताते हैं तो लोग उसे सुनते हैं। जब मैं व्यक्ति विशेष की आलोचना करता हूँ तो इसका कारण है कि मैं उनसे प्यार करता हूँ। यदि वे आलोचना के पात्र हैं और मैं कुछ नहीं कहता हूँ तो इसका कारण यह है कि मैं उन्हें पसंद नहीं करता।

हैंगजाऊ नॉर्मल यूनिवर्सिटी के अंग्रेजी विभाग में अध्ययन के दौरान जैक मा की भेंट जांग चिंग से हुई और उन्हें एक-दूसरे से प्रेम हो गया। जैक मा ने स्नातक करने के शीघ्र बाद ही अपनी प्रियतमा से 1980 के दशक में विवाह कर लिया और दोनों ने एक साथ एक नई जिंदगी का आरंभ किया।

जैक मा का निरंतर आत्म-सुधार में कठोर विश्वास है। जुलाई 2005 में शंघाई नेटवर्क ऑपरेटर्स की भेंटवार्ता में जैक मा ने सलाह दी, ''अपने विकास पर ध्यान दीजिए और निरंतर सीखते रहिए। जीवन में अपनी स्थिति के लिए कभी भी ईश्वर या किसी अन्य पर दोष मत मढ़िए। अपने आप पर दोष मढ़िए।'' अपनी व्यावसायिक कुशलता को निखारने के लिए जैक मा ने अपना नामांकन बीजिंग के 'च्यूंग कांग ग्रेजुएट स्कूल ऑफ बिजनेस' (सी.के. जी.एस.बी.) से 'मास्टर्स इन बिजनेस' में डिग्री प्राप्त करने के लिए किया। वर्ष 2006 में उन्होंने सफलतापूर्वक डिग्री हासिल की।

हैंगजाऊ नॉर्मल यूनिवर्सिटी के अंग्रेजी विभाग में अध्ययन के दौरान जैक मा की भेंट जांग चिंग से हुई और उन्हें एक-दूसरे से प्रेम हो गया। जैक मा ने स्नातक करने के शीघ्र बाद ही अपनी प्रियतमा से 1980 के दशक में विवाह कर लिया और दोनों ने एक साथ एक नई जिंदगी का आरंभ किया। जांग पेशे से एक शिक्षिका हैं और जैक मा का पहला व्यावसायिक उपक्रम शुरू करने में उन्होंने महत्त्वपूर्ण भूमिका निभाई। कथित रूप से उन्होंने कहा, ''मा युन

आकर्षक व्यक्ति नहीं हैं; लेकिन मैंने उनसे विवाह इसलिए किया कि वे बहुत सारी ऐसी चीजें कर सकते हैं, जो आकर्षक व्यक्ति नहीं कर सकते हैं।''

स्नातक करने के बाद जैक मा ने अनेक जगहों पर नौकरी के लिए आवेदन देना शुरू किया। जैक मा ने पाँच वर्ष के अपने अध्ययन की समाप्ति के बाद हमेशा ही व्यवसाय से जुड़ने का सपना देखा था। वे अपने जीवन में कुछ करना चाहते थे। वर्ष 1992 में चीन का व्यावसायिक वातावरण सुधरना शुरू हो गया और नौकरियों के अनेक अवसर पैदा हो गए। जैक ने तीस जगहों पर नौकरी के लिए आवेदन दिया होगा और हर जगह से उन्हें अस्वीकृति ही हाथ लगी। 'केंटुकी फ्राइड चिकेन' के जनरल मैनेजर के सचिव पद के लिए दिए गए उनके आवेदन को भी ठुकरा दिया गया। एक साक्षात्कार में जैक मा ने याद किया, ''जब 'के.एफ.सी.' चीन में आया तो चौबीस लोगों ने नौकरी के लिए आवेदन दिया। तेईस लोगों को नौकरी मिल गई। मैं ही एकमात्र आवेदक था, जिसे अस्वीकार कर दिया गया।'' पुलिस बल में नौकरी के लिए गए पाँच आवेदकों में से वे एक थे। जैक मा कहते हैं, ''मैं पुलिस में नौकरी के लिए गया। उन्होंने कहा, 'आप इस नौकरी के लिए उपयुक्त नहीं हैं।''' अनेक बार अस्वीकार किए जाने के बाद अंततः उन्होंने शिक्षक की नौकरी प्राप्त की।

बाद में अपने एक साक्षात्कार में नौकरी के लिए इतनी बार अस्वीकार किए जाने के बारे में जब उनसे पूछा गया तो जैक मा ने मजाकिया लहजे में कहा, ''ठीक है, मुझे लगता है कि हमें इसकी आदत पड़नी चाहिए। हम योग्य नहीं हैं।''

बाद में अपने एक साक्षात्कार में नौकरी के लिए इतनी बार अस्वीकार किए जाने के बारे में जब उनसे पूछा गया तो जैक मा ने मजाकिया लहजे में कहा, ''ठीक है, मुझे लगता है कि हमें इसकी आदत पड़नी चाहिए। हम योग्य नहीं हैं।'' गंभीर लहजे में जैक मा का विश्वास है कि असफलता से सफलता जन्म लेती है। अस्वीकार किए जाने की पीड़ा से उबरने के लिए तथा उन अवसरों से सीखने और आगे बढ़ने के अवसर के रूप में लेने के लिए वे सुधार करते हैं। असफलता से सीखने के बारे में बात करते हुए वे कहते हैं, ''यदि

आप इसी बात का दु:ख करते हैं कि आप असफल हो गए और उसके कारणों का नहीं, तो आप हमेशा ही पश्चात्ताप की स्थिति में रहेंगे। असफलता से शक्ति इकट्ठा होती है। यदि किसी दिन मैं अपने पोते-पोती के सामने अपनी उपलब्धियों का ही बखान करूँ तो वे सहज ही कह सकते हैं, 'इसमें इतनी बड़ी क्या बात है ? आप तो बस, उफनते इंटरनेट व्यवसाय के बहाव से सफल हो गए और आपको थोड़ा निवेश मिल गया।' लेकिन मैं यदि उन वर्षों के दौरान अपनी समस्त असफलताओं और गलतियों के बारे में बात करूँ तो हो सकता है, वे मेरी ओर प्रशंसा भरी नजरों से देखें! अंतिम सफलता में अनेक दयनीय अनुभव शामिल होते हैं।'' वर्षों बाद उन्होंने यह बात 'निग्बो नेटवर्क ऑपरेटर्स' की मीटिंग के दौरान कही।

औपचारिक शिक्षा व्यवसाय से ज्यादा जैक मा ने जीवन में अपनी गलतियों से सीखा। मिंग वंश के लवकुन द्वारा रचित 'लाइफ रियलाइजेशन' में कहा गया है—'गलती करना गलती है; गलती को न स्वीकार करना दूसरी गलती है; गलती स्वीकार कर लेने के बाद कोई गलती नहीं है, लेकिन गलती को न स्वीकार करना उसे दो गलतियाँ बना देता है।' चीनी समाज में एक प्राचीन कहावत है, 'ऋषि-मुनि चाहे कितने ही विद्वान् क्यों न हों, इनसान ही हैं और वे भी गलतियाँ कर सकते हैं।' जून 2002 में 'निग्बो नेटवर्क ऑपरेटर्स' की मीटिंग में जैक मा ने कहा, ''असफलताओं से शक्ति मिलती है। अंतिम सफलता में अनेक दयनीय अनुभव शामिल होते हैं।'' चुनौतियाँ अवश्यंभावी हैं। हर व्यक्ति को कठिन समय का सामना करना पड़ता है। फिर भी, यह व्यक्ति की मन:स्थिति ही है, जो सफलता की ऊँचाइयों को निर्धारित करती हैं, जो कोई व्यक्ति हासिल कर सकता है। अनेक कठिनाइयों से गुजरने के बाद ही व्यक्ति वास्तव में लोच को समझ पाता है। जैक मा के आरंभिक वर्षों को देखने के बाद कोई भी व्यक्ति यह कह सकता है कि 'स्कूल ऑफ हार्ड नॉकस' से पास होने के बाद जैक मा ने 'यूनिवर्सिटी ऑफ लाइफ' से सम्मान के साथ डॉक्टोरल डिग्री प्राप्त की।

□

2

शिक्षक

बचपन से ही जैक मा का अंग्रेजी भाषा के प्रति गहरा आकर्षण था और अंतत: उन्होंने यही भाषा पढ़ाई। ''जब मैं बारह वर्ष का था तो मैंने अपने आप ही अंग्रेजी सीखी, चाहे कारण जो भी रहा है। मुझे नहीं मालूम, बस, मुझे इस भाषा से प्यार हो गया।'' जैक ने वर्ष 2014 में 'एशिया गेम चेंजर अवार्ड समारोह' के दौरान यह बात कही।

स्नातक करने के बाद वर्ष 1990 के आरंभिक दशक में जैक रोजगार के अवसरों की कमी के कारण बहुत निराश थे। उन्हें अंग्रेजी भाषा के अपने प्रवाह पर भरोसा था कि वे इसी भाषा को स्थानीय विश्वविद्यालय में पढ़ाएँगे, जहाँ कुछ वर्ष पहले उन्होंने पढ़ाई की थी। पाँच सौ विद्यार्थियों में वे और उनकी पत्नी ही ऐसे दो विद्यार्थी थे, जिन्हें हैंगजाऊ दिआनजी यूनिवर्सिटी में 'हैंगजाऊ

इंस्टीट्यूट ऑफ इलेक्ट्रिकल इंजीनियरिंग' में वही अंग्रेजी टीचिंग एवं रिसर्चिंग ऑफिस में काम मिला।

जैक के भीतर पढ़ाने की स्वाभाविक प्रवृत्ति थी और शीघ्र ही वे लेक्चरर बन गए। कई वर्षों तक उन्होंने अंग्रेजी तथा अंतरराष्ट्रीय व्यापार पढ़ाया और वेतन के रूप में 100 से 120 रेनमिनबी प्राप्त हुए, जो 12 से 15 डॉलर प्रतिमाह के बराबर था। जैक बिजली से चलनेवाली साइकिल पर चढ़कर ऑफिस जाते थे, जो हैंगजाऊ में अपनी तरह की पहली साइकिल थी।

इंस्टीट्यूट में अध्यापन के साथ-साथ जैक में जीफॉग रोड स्थित 'यंग मेंस क्रिश्चियन एसोसिएशन' (वाई.एम.सी.ए.) में ईवनिंग क्लास भी लेते थे। कक्षा में अनेक प्रकार के विद्यार्थी होते थे, जिनमें हाई स्कूल के विद्यार्थी भी होते थे, जिनकी आकांक्षा विदेश में पढ़ाई करने की होती थी। उनमें कॉलेज के स्नातक भी होते थे, जिन्होंने अभी नौकरी करना शुरू ही किया था। कारखाने में काम करनेवाले कर्मचारी, यहाँ तक कि एक समय अस्सी वर्षीया महिला भी उनके विद्यार्थियों में शामिल थीं।

इंस्टीट्यूट में अध्यापन के साथ-साथ जैक में जीफॉग रोड स्थित 'यंग मेंस क्रिश्चियन एसोसिएशन' (वाई.एम.सी.ए.) में ईवनिंग क्लास भी लेते थे। कक्षा में अनेक प्रकार के विद्यार्थी होते थे, जिनमें हाई स्कूल के विद्यार्थी भी होते थे, जिनकी आकांक्षा विदेश में पढ़ाई करने की होती थी।

जैक अध्यापन के पारंपरिक तरीके को पसंद नहीं करते थे, जिनमें विद्यार्थियों को शब्दों को याद करने, पाठ्य का विश्लेषण करने तथा व्याकरण समझने पर अधिक जोर दिया जाता था; बल्कि उन्होंने मौखिक संवाद पर अधिक जोर दिया। वे पूरी कक्षा को समकालीन विषयों पर परिचर्चा में शामिल करते। उनका सबसे सामान्य तरीका था, वाद-विवाद के लिए एक प्रश्न देना और फिर विद्यार्थियों को यह चयन करना होता था कि वे या तो विषय के पक्ष में या विपक्ष में, किस बोलना चाहते हैं! उनके साथ परिचर्चा के अंत में विद्यार्थी जैक द्वारा दिए गए विश्वसनीय तर्कों के सामने स्वयं को बुरी तरह से परास्त महसूस करते थे। परिचर्चा-अधीन विषयों

के संदर्भ में वे अद्भुत दृष्टिकोण प्रस्तुत करने में पर्याप्त मुखर होते थे।

शिक्षण में विद्यार्थियों को लीन रखने के लिए जैक हास्य तथा बढ़ा-चढ़ाकर शारीरिक संकेत का प्रयोग करते थे। हँसी-मजाक के बीच ही वे थोड़ा-थोड़ा करके बोलचाल के शब्द सीख जाते।

अंग्रेजी सीखने के लिए लोगों के उत्साह को देखते हुए जैक प्रत्येक बुधवार शाम को 'चिल्ड्रन पैलेस' के गेट के सामने 'अंग्रेजी कॉर्नर' आयोजित करते थे। लोग बोलचाल की अंग्रेजी का अभ्यास करने वहाँ जाते। चूँकि जब तक लोग वहाँ इकट्ठा होते, तब तक थोड़ा अँधेरा हो जाता, भीड़ में एक-दूसरे को पहचानना बड़ा मुश्किल था। इसका फायदा अंग्रेजी बोलने में हिचकिचानेवाले लोगों को मिला और वे आत्मविश्वास के साथ टूटे-फूटे अंग्रेजी वाक्यों तथा हाव-भाव के साथ स्वतंत्र रूप से अपने विचार व्यक्त करते। वक्ताओं के बढ़ते उत्साह को देखकर, जो इस बात की परवाह नहीं करते थे कि उन्हें कोई कितना समझ रहा है, जैक ने टिप्पणी की, ''अच्छा विचार है, है कि नहीं?''

अंग्रेजी सीखने के लिए लोगों के उत्साह को देखते हुए जैक प्रत्येक बुधवार शाम को 'चिल्ड्रन पैलेस' के गेट के सामने 'अंग्रेजी कॉर्नर' आयोजित करते थे। लोग बोलचाल की अंग्रेजी का अभ्यास करने वहाँ जाते। चूँकि जब तक लोग वहाँ इकट्ठा होते, तब तक थोड़ा अँधेरा हो जाता, भीड़ में एक-दूसरे को पहचानना बड़ा मुश्किल था।

बोलचाल की अंग्रेजी में जितना कम आपको कोई देखता है, आप में उतना ही विश्वास आता है! 'चिल्ड्रंस पैलेस' का 'इंग्लिश कॉर्नर' खासा लोकप्रिय हो गया; लेकिन अत्यधिक ठंडे मौसम के कारण सर्दियों में इसे बंद करना पड़ता था।

वर्ष 1995 में हैंगजाऊ में 'फॉर्मूला वन पावरबोट वर्ल्ड चैंपियनशिप' का आयोजन किया गया, जहाँ 200 से भी अधिक सुंदरियों ने 'मिस एटीकेट्स' के लिए आवेदन दी। आयोजकों ने जैक से आग्रह किया कि वे इन महिलाओं को अंग्रेजी बोलने के लिए प्रशिक्षित करें और अंत में समूह की 50 लड़कियों का

चयन किया गया! इंस्टीट्यूट और शाम की कक्षा में इन महिलाओं के प्रशिक्षण के साथ जैक का मनोबल काफी ऊँचा था। वे प्राय: 'सौंदर्य कक्षा' के बारे में यह कहते हुए टिप्पणी करते कि "क्या आप कल्पना कर सकते हैं कि हैंगजाऊ में 200 से अधिक सुंदर आँखों के जोड़े मुझे हर समय आँख मारते! कक्षा में तो मैं थोड़ा परेशान होता हूँ। यदि जैक थक जाते तो कक्षा के पुरुष विद्यार्थी तत्परता से अपनी सहायता का प्रस्ताव करते; लेकिन जैक ढिठाई से कहते, "मैं चाहे कितना ही थक गया हूँ, लेकिन मैं कक्षा जारी रखूँगा!"

ज़ैक के एक लोकप्रिय विद्यार्थी चेन वे—जो बाद में उनका सहायक बना—के अनुसार, जैक एक उत्सुक विवाह करवाने वाले थे। एक अवसर पर एक विद्यार्थी ने जैक से अपनी प्रेमिका के संदर्भ में कुछ मदद माँगी। वह बहुत ही बेमेल जोड़ा था। लड़का बलिष्ठ था और उसके जीवन की महत्त्वाकांक्षाएँ बहुत कम थीं, जबकि लड़की रोमांटिक मामलों में संपूर्णता की अपेक्षा करती थी, जिसका सपना था पेरिस की शादी! जैक का मानना था कि उनके संबंध बड़े ही अच्छे थे, इसलिए वे लड़के की सहायता के लिए शीघ्र ही तैयार हो गए। उन्होंने लड़की को आश्वस्त करने के लिए अपनी समझाने की शक्ति तथा सम्मान का सहारा लिया। अंतत: उस जोड़े ने शादी कर ली और उन्हें एक लड़का हुआ, जिसका नाम 'सैंक्सू' रखा गया।

जैक की ईवनिंग क्लास इतनी लोकप्रिय हुई कि सी.सी.टी.वी. के 'ओरिएंटल होराइजन' के फैन जिनमैन एक छोटा वीडियो तैयार करने के लिए हैंगजाऊ आए। फैन जिनमैन प्राय: कक्षा में बैठ जाते और विद्यार्थियों के साथ जैक के संवाद का भी वीडियो बनाते।

जैक की ईवनिंग क्लास इतनी लोकप्रिय हुई कि सी.सी.टी.वी. के 'ओरिएंटल होराइजन' के फैन जिनमैन एक छोटा वीडियो तैयार करने के लिए हैंगजाऊ आए। फैन जिनमैन प्राय: कक्षा में बैठ जाते और विद्यार्थियों के साथ जैक के संवाद का भी वीडियो बनाते। अंग्रेजी कक्षा पर बनाई गई वह छोटी फिल्म सी.सी.टी.वी. के 'स्टोरीज ऑफ द कॉमन प्रोग्राम' के अधीन प्रसारित की गई और उसे व्यापक रूप से लोगों ने देखा।

जैक को अपने काम से प्यार था। वर्षों बाद वर्ष 2014 में 'एशिया गेम चेंजर अवॉर्ड समारोह' के दौरान उन्होंने कहा, "एक शिक्षक के रूप में आप हमेशा भविष्य में विश्वास करते हैं। आपका विश्वास होता है कि ज्ञान से लोगों का जीवन बदल जाएगा। आपका विश्वास होता है और आपकी यह उम्मीद होती है कि आपके विद्यार्थी आपसे बेहतर हों। विद्यार्थी श्रेष्ठ पुरस्कार हैं। आज मैं एक शिक्षक नहीं हूँ, लेकिन मैं अपने को स्कूल का सी.ई.ओ. ('चीफ एजुकेशन ऑफिसर') कहता हूँ।" शिक्षण के श्रेष्ठ व्यवसाय के प्रति उनकी मनोभावना ने उन्हें विद्यार्थियों में बड़ा लोकप्रिय बना दिया। जैक कक्षा भ्रमण का आयोजन भी करते थे और वे विद्यार्थियों के बहुत निकट थे। वे चाय पीने, चुटकुले सुनने, ताश या 'गो' खेलने के लिए इकट्ठे होते थे; 'गो' शतरंज का चीनी रूप है। जैक के विद्यार्थी उनसे संपर्क में रहते, यहाँ तक कि आगे के अध्ययन के लिए विदेश जाने के बावजूद। जैक मा को हैंगजाऊ में विश्वविद्यालयों एवं कॉलेजों में 'अंग्रेजी के 10 श्रेष्ठ शिक्षकों' में माना जाता था।

जब जैक अंग्रेजी कक्षा का संचालन करते थे तो एक बार उन्होंने इस बात पर टिप्पणी की कि चीनी भाषा में 'बुद्ध' जिस तरह से लिखा जाता है, जिसमें 'मैन' का बायाँ मूल एवं 'फू' 'नो' होता है और यह दाईं ओर नहीं होता है।

उन्होंने कहा, "बुद्ध ऐसे क्यों लिखना चाहिए? क्योंकि उन्होंने मानव की तरह शुरू किया और बाद में परिवर्तन होकर वह मरणशील नहीं रहे। मनुष्य भविष्य का बुद्ध है। बुद्ध बीते दिनों का मनुष्य है। एक समय ऐसा था कि बुद्ध आपकी और मेरी तरह निष्कपट थे।"

कजाऊ इनामोरी के साथ 28 अक्तूबर, 2008 को अपने वार्तालाप में जैक ने शिक्षा प्रदान करने के महत्त्व के बारे में बात की, "आज यदि मैं अपने दस वर्षों से अधिक के उद्यमिता प्रबंधन अनुभव को दूसरों के साथ नहीं बाँटता तो यह व्यर्थ ही होता। जितना ज्यादा बाँटने के लिए आपके पास होता है, उतना ही आपके पास महत्त्व के लिए तथा उसे सँजोए रखने के लिए होता है।" जैक को पढ़ने-लिखने का इतना शौक था कि वे अब भी, भविष्य में किसी भी समय अपने इस व्यवसाय में वापस लौटने के बारे में बात करते हैं। जैक मा को यह कहते हुए उद्धृत किया गया है, "अपने जीवन के शेष काल में उद्यमिता को प्रोत्साहित करना चाहता हूँ, ताकि ज्यादा-से-ज्यादा लोगों की मदद कर सकूँ; और मैं वापस स्कूल ही जाना चाहता हूँ, क्योंकि मेरा प्रशिक्षण एक स्कूल शिक्षक के रूप में हुआ है। मैं पंद्रह वर्ष से व्यवसाय कर रहा हूँ और मैं समझता हूँ कि व्यवसाय से जो अधिकांश चीजें मैंने सीखी हैं, वे सही नहीं हैं। मैं वापस जाकर इसे दूसरों के साथ बाँटना चाहता हूँ।" (मा, स्वीकृति भाषण, 2014) वे वर्तमान व्यावसायिक स्कूल के मॉडल को लेकर आशंकित हैं और कहते हैं, "व्यावसायिक स्कूल पैसे कैसे कमाएँ और व्यवसाय कैसे चलाएँ, इसके लिए तो बहुत सारे कौशल सिखाते हैं, लेकिन मैं लोगों को यह बताना चाहता हूँ कि यदि आप व्यवसाय चलाना चाहते हैं तो आपको पहले मूल्य चलाना होगा, ताकि दूसरों की सेवा हो, और दूसरों की मदद हो—और यही कुंजी है।"

> ***"आज यदि मैं अपने दस वर्षों से अधिक के उद्यमिता प्रबंधन अनुभव को दूसरों के साथ नहीं बाँटता तो यह व्यर्थ ही होता। जितना ज्यादा बाँटने के लिए आपके पास होता है, उतना ही आपके पास महत्त्व के लिए तथा उसे सँजोए रखने के लिए होता है।"***

चीन में स्कूल और वहाँ की शिक्षा-प्रणाली के प्रति जैक मा के विचार चीन के पारंपरिक ज्ञान के विरुद्ध हैं। चीन की शिक्षा व्यवस्था ऐसी बनाई गई है कि विद्यार्थियों को श्रेष्ठ बनने के लिए संघर्ष करना पड़ता है तथा कक्षा में अच्छे प्रदर्शन के लिए उसे शब्दश: अन्य सारी चीजों को अलग करना पड़ता है। यदि कोई विद्यार्थी किसी अच्छे कॉलेज में नामांकन की आकांक्षा करता है तो उसे कठिन-से-कठिन पढ़ाई करनी जरूरी है तथा उसे शींगुआ जैसे ख्याति-प्राप्त स्कूल में नामांक़न पाने के लिए 'गाओकाओ परीक्षा' में उच्च अंक प्राप्त करना जरूरी है। कॉलेज में नामांकन के संदर्भ में गैर-शिक्षक गतिविधियाँ अप्रासंगिक हैं। इस प्रकार लगनशील विद्यार्थियों के लिए अन्य सभी बाहरी गतिविधियाँ समय की बरबादी हैं।

मैंने अपने बेटे से कहा कि तुम्हें कक्षा में प्रथम तीन में होने की कोई जरूरत नहीं है, बीच में होना ठीक है। जब तक कि तुम्हारे ग्रेड बहुत बुरे न हों! इस प्रकार के व्यक्तियों (सड़क के बीचोबीच खड़े विद्यार्थी) के पास ही अन्य कौशल सीखने के लिए पर्याप्त खाली समय होता है।

इस धारणा के विपरीत, जैक मा का तर्क है कि वास्तव में चीन की विकासशील अर्थव्यवस्था में व्यक्तिगत प्रेरणा तथा उद्यमशीलता की भावना को पुरस्कृत किया जाता है। शिक्षा और एक सफल उद्यमी बनने के लिए किन चीजों का होना आवश्यक है, इस पर अपने विचार व्यक्त करते हुए जैक मा ने कहा, ''मैंने अपने बेटे से कहा कि तुम्हें कक्षा में प्रथम तीन में होने की कोई जरूरत नहीं है, बीच में होना ठीक है। जब तक कि तुम्हारे ग्रेड बहुत बुरे न हों! इस प्रकार के व्यक्तियों (सड़क के बीचोबीच खड़े विद्यार्थी) के पास ही अन्य कौशल सीखने के लिए पर्याप्त खाली समय होता है। मैं समझता हूँ कि यदि चीन की अर्थव्यवस्था विकास करना चाहती है तो इसे बड़ी संख्या में एसएमईज तथा व्यक्तिगत रूप से चलाई जा रही कंपनियों की जरूरत होगी और इसके लिए मूल्य तथा प्रेरणा से युक्त अनेक उद्यमियों की आवश्यकता होती है।''

अपने इस तर्क के समर्थन में जैक मा 'अलीबाबा' के विश्व में सफलतम

कंपनियों में से एक होने की इसकी सफलता का उदाहरण देते हैं, वह भी इस तथ्य के बावजूद कि विशेष रूप से स्कूल और कॉलेज में वे मेधावी छात्र नहीं थे! चीनी सर्च इंजन 'बैदो' के सह-संस्थापक रोबिन ली (ली चानहोंग) के अपवाद के साथ ही, जिन्होंने 'पीकिंग यूनिवर्सिटी' में इन्फॉर्मेशन मैनेजमेंट तथा बफेलो स्थित 'स्टेट यूनिवर्सिटी ऑफ न्यूयॉर्क' से कंप्यूटर साइंस की पढ़ाई की, चीन के अनेक शीर्ष इंटरनेट कार्यपालकों ने औसत दर्जे के विद्यार्थी होने के बावजूद सफलता प्राप्त की। जैक मा कहते हैं कि विद्यार्थियों को अपने स्कूल के कार्यों को बनाए रखना चाहिए, लेकिन यही उनकी परिभाषा नहीं बननी चाहिए। उनके अनुसार, नए हुनर का विकास करना तथा अपने खाली समय में अपने शौक को पूरा करना अधिक महत्त्वपूर्ण है। यद्यपि हो सकता है कि आमतौर पर लोगों को यह स्पष्ट लगे, लेकिन चीन के शैक्षिक परिवेश में जैक मा का संदेश क्रांतिकारी जैसा लगता है।

पूर्व में सन् 1990 के आरंभिक दशक में रेडियो पर अंग्रेजी गानों की बढ़ती लोकप्रियता थी और जैक मा को 'फॉरेन विंड' नामक विख्यात कार्यक्रम का अतिथि प्रस्तुतकर्ता होने के लिए आमंत्रित किया गया।

पूर्व में सन् 1990 के आरंभिक दशक में रेडियो पर अंग्रेजी गानों की बढ़ती लोकप्रियता थी और जैक मा को 'फॉरेन विंड' नामक विख्यात कार्यक्रम का अतिथि प्रस्तुतकर्ता होने के लिए आमंत्रित किया गया। युवाओं में विदेशी पॉप संगीत के प्रति उत्साह को भाँपते हुए तथा विदेशी भाषा डाटा अनुवाद की बढ़ती माँग को देखते हुए जैक मा ने चीनी समाज में जारी सुधार को निकालने का फैसला किया। चीन रहने या व्यवसाय शुरू करने के लिए आदर्श जगह नहीं थी। जैक की कोई व्यावसायिक या शैक्षिक पृष्ठभूमि नहीं थी, न ही उन्हें कोई आर्थिक सहायता उपलब्ध थी। फिर भी, उन्होंने अपनी अनुवाद एजेंसी शुरू करने का फैसला किया। उन्होंने अपने सहकर्मियों तथा सेवानिवृत्त वरिष्ठ शिक्षकों को इकट्ठा किया और उनके कुशल अंग्रेजी ज्ञान को अधिक लाभ के लिए प्रयोग में लाने का फैसला किया।

जैक ने वर्ष 1994 में 'हैंगजाऊ होप ट्रांसलेशन एजेंसी' की स्थापना की।

उन्होंने वाई.एम.सी.ए. के दो कमरों में 'हैंगजाऊ इंस्टीट्यूट ऑफ इलेक्ट्रिकल इंजीनियरिंग' के कुछ एक सेवानिवृत्त वरिष्ठ शिक्षकों के साथ अपनी एजेंसी स्थापित की। जैक यूनिवर्सिटी में पढ़ाते रहे और अपने खाली समय में एजेंसी सँभालते थे। जैक के विद्यार्थी एजेंसी के प्रसार में सक्रिय रूप से मदद करते। सारे प्रयासों के बावजूद लोगों की एजेंसी के प्रति प्रतिक्रिया शिथिल ही थी। चूँकि एजेंसी सड़क के सामने ही स्थित थी, जैक ने स्टोर में फूलों एवं उपहारों का एक खंड भी जोड़ दिया। एजेंसी के व्यवसाय को विकसित होने में लगभग एक वर्ष का समय लगा।

जैक को यू.एस. तथा अन्य विदेशी कंपनियों के साथ काम करने का अवसर मिला, जो व्यवसाय के लिए पहली बार चीन आई थीं। चूँकि जैक उनकी सफलता की कहानियों को जानते थे, उन्होंने चीन की कॉरपोरेट संस्कृति को बदलने के महत्त्वाकांक्षी लक्ष्य की कामना की। उन्होंने 'हैंगजाऊ ट्रांसलेशन एजेंसी' को शेयर होल्डिंग के एक विद्यार्थी को दे दिया और सफलता की नई ऊँचाइयों की ओर कदम बढ़ाने की ओर अपना ध्यान केंद्रित किया। एजेंसी अभी भी काम कर रही है और यह लगभग सभी भाषाओं में अनुवाद सेवाएँ उपलब्ध कराती है। वे आज भी जैक मा के इन शब्दों को आदर्श मानते हैं, 'कभी भी हार नहीं मानो', जिसे कंपनी की वेबसाइट पर स्वयं इसी व्यक्ति द्वारा लिखा हुआ देखा जा सकता है।

□

3

इंटरनेट के प्रति आकर्षण

विडंबना है कि चीन के ख्याति-प्राप्त इंटरनेट उद्यमी जैक मा ने वर्ष 1995 तक कभी कंप्यूटर का इस्तेमाल भी नहीं किया था। यद्यपि वे सांस्कृतिक क्रांति के दौरान उस समय बड़े हुए, जब चीन की अर्थव्यवस्था पर राज्य का पूर्ण नियंत्रण था। जैक मा के भीतर उद्यमी प्रवृत्ति उससे भी पहले विकसित हो गई थी। वे उन कुछ व्यक्तियों में हैं, जिन्होंने इंटरनेट को व्यावसायिक अवसर के रूप में देखा, वह भी उस समय, जब शेष विश्व ने उनमें विश्वास करने से मना कर दिया। चीन की अर्थव्यवस्था 1990 के दशक में खुली और इसके साथ ही जैक मा ने इंटरनेट लहर को पकड़ लिया।

जैक मा, जिन्होंने अभी हाल में 'हैंगजाऊ ट्रांसलेशन एजेंसी' के माध्यम से अनुवाद के व्यवसाय को शुरू ही किया था, ने महसूस किया कि उनका व्यवसाय वैसा नहीं चल रहा है, जैसी उन्होंने कल्पना की थी। उन्हें अभी इसके लिए काफी प्रयास करना पड़ता था।

वर्ष 1995 में एक विदेशी कंपनी ने अपना अनुवादक बनने के लिए जैक मा को आमंत्रित किया। उन्होंने उच्च राजमार्ग बनाने के लिए निवेश करने का दावा किया। उनके व्याख्या व्यवसाय के आधार पर ही जैक मा अपने जीवन में लघु यात्रा पर पहली बार यू.एस.ए. गए। कंपनी ने लॉस वेगास में एक इमारत की सबसे ऊपरी मंजिल पर एक कमरे में जैक मा के रहने की व्यवस्था की और उन्हें अच्छा भोजन भी उपलब्ध कराया। जैक को उस सुख-भोग ने बड़ा आकर्षित किया। वे अपने बिस्तर पर लेटे हुए एक बटन दबाते। कमरे की छत खुल जाती और उनके सामने तारों भरा आकाश दिखता था।

जैक मा को शीघ्र ही पता चल गया कि कंपनी अपने लेन–देन के मामले में संदेहात्मक है। वे जब अपने ग्राहकों से बात कर रहे होते तो तथ्य उनके दावों के साथ मेल नहीं खाते। जैक मा को संदेह हुआ कि हो सकता है कि वह अंतरराष्ट्रीय जालसाजी संगठन से जुड़ी हुई हो, यहाँ तक कि उन्होंने जैक को कुछ काल्पनिक दावों को सत्यापित करने के लिए कहा और उन्हें अपने साथ सहयोग करने को कहा तथा भविष्य में चीन वापस जाने के विरुद्ध धमकी भी दी। उन लोगों ने जैक मा का सामान रख लिया, ताकि जैक मा उनके व्यापार प्रतिनिधिमंडल के साथ अनुवादक का काम करना जारी रखें। ''वे लोग अविश्वसनीय रूप से दुष्ट थे!'' जैक घटनाओं की उस शृंखला को याद करके ही काँप जाते हैं और उनका विवरण देना नहीं चाहते हैं। ''वह भयावह अनुभव था··हर बार जब मैं लॉस वेगास के बारे में सोचता हूँ तो मुझे दुःस्वप्न आता है।''

एक बार जैक मा को चीनी कंपनी से अपना मुआवजा ले लेने के लिए कहा गया। कैलिफोर्निया के मैलिबो के एक अमेरिकी व्यवसायी से अपने एक मित्र के लिए अदायगी प्राप्त करने का प्रयास दयनीय रूप से असफल रहा। वह

अमेरिकी जैक मा को कर्ज वापस नहीं देना चाहता था और उसने जैक मा को उस लेन-देन को खत्म करने के लिए विवश करने के लिए एक घर में ताले में बंद कर दिया। जैक मा उस अमेरिकी व्यक्ति को 'स्पष्ट रूप से पागल' कहते हैं, क्योंकि उस व्यक्ति ने उनके ऊपर बंदूक तान दी थी। जैक मा याद करते हैं, "एक बार तो उसने अपनी हैंडगन से खेलना शुरू कर दिया। स्पष्टत: यह उन्हें धमकी देने के लिए था।"

भीतर तक भयभीत जैक मा ने वह किया, जो उस व्यक्ति ने उन्हें करने के लिए कहा; साथ ही वे वहाँ से भाग निकलने का रास्ता भी तलाशते रहे। उस अमेरिकी ने जैक मा को बंदी बना लिया और यह निर्णय लिया कि वह उन्हें लॉस वेगास में चीनी व्यापारियों के लिए 'रुटीन शोकेस ट्रिप' पर साथ ले जाएगा। चूँकि जैक मा के पास पैसे नहीं थे, उन्होंने अपना भाग्य सिक्का डालने पर काम आनेवाली मशीन पर आजमाने का फैसला किया। यह चमत्कार ही था कि जैक मा ने 600 डॉलर जीत लिये। इसके बाद वे उस व्यवसायी के पास से किसी तरह भाग निकले।

'हैंगजाऊ इंस्टीट्यूट ऑफ इलेक्ट्रिकल इंजीनियरिंग' के उनके एक विदेशी सहकर्मी ने एक बार उनसे इंटरनेट के बारे में चर्चा की थी और उन्हें बताया था कि उनका दामाद सिएटल स्थित एकमात्र नेटवर्क कंपनी में काम करता है।

जब जैक मा हवाई अड्डे पहुँचे तो उनके पास कोई सामान ही नहीं बचा था। चीन वापस जाने की बजाय उन्होंने अपने जीते हुए पैसे से हवाई टिकट खरीदकर सिएटल जाने का फैसला किया। 'हैंगजाऊ इंस्टीट्यूट ऑफ इलेक्ट्रिकल इंजीनियरिंग' के उनके एक विदेशी सहकर्मी ने एक बार उनसे इंटरनेट के बारे में चर्चा की थी और उन्हें बताया था कि उनका दामाद सिएटल स्थित एकमात्र नेटवर्क कंपनी में काम करता है। जैक मा ने अपने उस मित्र को सिएटल में ढूँढ़ा और यहीं उनकी पहली बार इंटरनेट एवं कंप्यूटर से भेंट हुई।

जब जैक मा अपने दोस्त से मिलने उसके घर गए तो उनकी नजर सबसे पहले बक्से के आकार के पहले रहस्यमय उपकरण पर टिक गई। बाद में उन्हें पता चला कि यह कंप्यूटर है। जैक मा भयभीत थे, क्योंकि उन दिनों बहुत

ही कम चीनी कंपनियों के पास कंप्यूटर था। पर्सनल कंप्यूटर, इंटरनेट एवं ई-मेल—चीनी में शब्दश: इनका कोई अस्तित्व ही नहीं था, वह भी इसके उच्च मूल्य होने के कारण कंप्यूटर बहुत ही महँगे होते थे और औसत चीनियों के लिए यह अपवादस्वरूप उच्च प्रौद्योगिकी माना जाता था। बाद में एक साक्षात्कार में जैक मा ने यह बताया कि उनके मित्र ने कहा था कि "जैक, यह कोई बम नहीं है। जो कुछ भी तुम चाहते हो, बस, इसका स्पर्श करो।"

इससे पहले जैक मा ने कभी की बोर्ड भी स्पर्श नहीं किया था; लेकिन जब उन्हें वर्ल्ड वाइड वेब का पता चला तो वे इंटरनेट के दीवाने हो गए। बाद में वर्ष 2010 में एक अन्य सम्मेलन में जैक मा ने यह स्वीकार किया कि उन्होंने वास्तव में आज तक संहिता की एक पंक्ति भी नहीं लिखी है। अपने मित्र के प्रोत्साहन पर जैक मा ने मोजाइक वेब ब्राउजर के याहू सर्च इंजन पर एक शब्द 'बीयर' ढूँढ़ा। 'बीयर' से संबंधित विभिन्न देशों, जैसे अमेरिका व जर्मनी, की जानकारियाँ कंप्यूटर पर अचानक नजर आईं, लेकिन चीनी बीयर के बारे में प्रदर्शित जानकारी में परिणाम का अभाव था।

इससे पहले जैक मा ने कभी की बोर्ड भी स्पर्श नहीं किया था; लेकिन जब उन्हें वर्ल्ड वाइड वेब का पता चला तो वे इंटरनेट के दीवाने हो गए। बाद में वर्ष 2010 में एक अन्य सम्मेलन में जैक मा ने यह स्वीकार किया कि उन्होंने वास्तव में आज तक संहिता की एक पंक्ति भी नहीं लिखी है।

फिर जैक मा ने 'चीन' शब्द ढूँढ़ा और एक भी परिणाम प्रदर्शित नहीं हुआ। उन्हें इस बात का आश्चर्य हुआ कि वर्ल्ड वाइड वेब पर कहीं भी एक भी ऑनलाइन सूचीकरण नहीं था। यह पता लग जाने के बाद कि चीन के बारे में कोई डाटा ही नहीं है, उनके मन में यह विचार पकने लगा। उन्होंने फैसला किया कि यही समय है, जब चीन को इंटरनेट की दुनिया में कदम रखना चाहिए! कंप्यूटर और इंटरनेट के प्रति जैक मा इतने आकर्षित हो गए कि उन्होंने अपने से 'हैंगजाऊ होप ट्रांसलेशन एजेंसी' के लिए वेबसाइट बनाने के लिए कहा। यह वेबसाइट वर्ष 1995 में सक्रिय हुई।

जैक मा और उनके मित्र ने चीन से संबंधित एक मौलिक वेबसाइट की रचना भी की। वेबसाइट बनाने के कुछ ही घंटों के बाद जैक को किसी अजनबी चीनी व्यक्ति का ई-मेल मिला, जिसमें उसने उनके बारे में और अधिक जानने की इच्छा प्रकट की। उसी समय जैक मा को यह लगा कि इंटरनेट से कितना फायदा हो सकता है! प्रौद्योगिकी के क्षेत्र में इस नई प्रवृत्ति को उन्होंने व्यवसाय के बड़े अवसर के रूप में देखना शुरू किया। उन्होंने शीघ्र ही इंटरनेट में यह संभावना देखी कि यह चीन के छोटे और मध्यम आकार के उद्यम को शेष विश्व के साथ व्यापार को सुगम बना सकता है।

जिस दिन हम वेब से जुड़ गए, मैंने अपने मित्रों तथा टी.वी. के लोगों को अपने घर पर आमंत्रित किया। तथा डॉयल-अप फंक्शन बहुत ही धीमा होने के कारण हमने साढ़े तीन घंटे इंतजार किया, तब आधा पेज ही खुला''। हमने टी.वी. देखा, ताश खेले, मदिरापान किया और इंतजार किया। लेकिन मैं बड़े गर्व का अनुभव कर रहा था।

जब वर्ष 1996 में जैक मा चीन वापस आए तो वे अपनी नई खोज को सबके साथ बाँटने के लिए बहुत उत्साहित थे। उन्होंने सभी को, विशेषकर मीडिया में अपने मित्रों को, अपने घर पर आमंत्रित किया और इंटरनेट तथा अपनी व्यापार संबंधी योजना के बारे में उन्हें अत्यंत उत्साह के साथ बताया। तैंतीस वर्ष की उम्र में उन्होंने पहली बार एक कंप्यूटर हासिल किया। उस समय को याद करते हुए वे कहते हैं, ''जिस दिन हम वेब से जुड़ गए, मैंने अपने मित्रों तथा टी.वी. के लोगों को अपने घर पर आमंत्रित किया। तथा डॉयल-अप फंक्शन बहुत ही धीमा होने के कारण हमने साढ़े तीन घंटे इंतजार किया, तब आधा पेज ही खुला''। हमने टी.वी. देखा, ताश खेले, मदिरापान किया और इंतजार किया। लेकिन मैं बड़े गर्व का अनुभव कर रहा था। मैंने (अपने घर आनेवाले अतिथियों को) यह प्रमाणित कर दिया कि इंटरनेट का अस्तित्व है।'' लोग इंटरनेट के बारे में संशयी थे और वे उनसे पूछते थे, ''क्या यह काम करेगा?'' जैक मा का जवाब आशावादिता से भरा होता था, ''हाँ, यह काम करेगा, लेकिन आज नहीं। दस वर्ष में यह काम

करेगा।'' इंटरनेट पर आधारित नए व्यवसाय को लेकर उनके मन में संशय था। इसी को लेकर वे कई दिनों तक उनसे प्रश्न पूछते रहे थे—''मि. मा, यदि आप बार, रेस्तराँ या शाम की कक्षा चलाएँ या शिक्षक ही बने रहें तो कैसा होगा? जो भी कीजिए, लेकिन यह मत कीजिए। यह क्या मुसीबत है? कोई भी चीनी इसके बारे में नहीं जानता है। ऐसा नहीं है कि यह अच्छी चीज नहीं है या आकर्षक नहीं है, लेकिन सच यह है कि चीन के लिए यह कुछ ज्यादा ही उन्नत है··· । चीनी लोग इसे नहीं खरीदेंगे।''

अपने विश्वसनीय मित्रों एवं विद्यार्थियों से मिलनेवाले सीधे हतोत्साह ने भी इंटरनेट के प्रति उनके उत्साह को कम नहीं किया, लेकिन शिक्षक की अपनी नौकरी से त्यागपत्र देते समय वे निश्चित रूप से हिचक रहे थे। यूनिवर्सिटी की नौकरी जैक मा के जीवन के लिए प्राप्त सुरक्षित रास्ता था और उन्होंने अपने निर्णय पर कई बार सोचा, उसके बाद ही उन्होंने त्यागपत्र दिया। एक दिन जब जैक मा उस दिन अपनी अंतिम कक्षा लेने ही वाले थे, तभी उनकी भेंट उनके विभाग के अध्यक्ष से हो गई। अध्यक्ष महोदय अभी-अभी सब्जी मार्केट से वापस लौटे थे और उनकी बाइक के हैंडल बार पर दो भरे थैले लटक रहे थे। यद्यपि अध्यक्ष ने उन्हें अंग्रेजी शिक्षक के अपने प्रभावशाली कॅरियर को अधिक समय देने की सलाह दी, लेकिन जैक मा ने उसी क्षण नौकरी छोड़ देने का संकल्प लिया। ''उन्हें देखते ही मैंने यह महसूस किया कि यदि मैं स्कूल में अपना कॅरियर जारी रखता हूँ तो उनकी वर्तमान स्थिति में यह 'सुंदर भविष्य' हो सकता है।''

अपने विश्वसनीय मित्रों एवं विद्यार्थियों से मिलनेवाले सीधे हतोत्साह ने भी इंटरनेट के प्रति उनके उत्साह को कम नहीं किया, लेकिन शिक्षक की अपनी नौकरी से त्यागपत्र देते समय वे निश्चित रूप से हिचक रहे थे।

हैंगजाऊ दिआनजी यूनिवर्सिटी से अंग्रेजी शिक्षक के अपने पद से त्यागपत्र देने के बाद और 'हैंगजाऊ होप ट्रांसलेशन एजेंसी' को शेयर होल्डिंग के एक विद्यार्थी को सौंपने के बाद जैक मा ने व्यवसाय में गहराई तक डूब जाने का फैसला किया। जैक मा को अपनी उद्यमी प्रवृत्ति से सामान्य सरकारी व्यवस्था

से बाहर एक नई कंपनी की स्थापना का निर्देश मिल रहा था। चीन में उस समय युवाओं की अभिव्यक्ति के लिए कई केंद्र नहीं थे। राजनीति, यहाँ तक कि कला भी, आवश्यक मंच उपलब्ध नहीं कराती थी, इसलिए इंटरनेट इस नई पीढ़ी के देश में परवान चढ़े इन प्रथम नायकों की जन्मभूमि बन गई। जो खतरा उस समय उन्होंने उठाया, उसके बारे में सोचते हुए जैक मा बड़े प्यार से स्वयं को 'अंधे बाघ पर सवार एक अंधा आदमी' कहते हैं। (मा, स्वीकृति भाषण 2014)

□

4

चायना पेजेज

वर्ष 1995 में जैक मा ने 'चायना पेजेज' की स्थापना के साथ ही डॉयल-अप इंटरनेट की दुनिया में कदम रखा। यह चीन की प्रथम वाणिज्यिक कंपनियों में से एक थी। जैक और उनकी पत्नी जैंग चिंग ने अपनी व्यक्तिगत बचत एवं अपनी सास से कर्ज लेकर अपना पहला उपक्रम स्थापित करने के लिए 20 हजार डॉलर, 7 हजार युआन ($ 1,140 के बराबर) इकट्ठा किए। इसके पीछे उनकी मंशा सिर्फ इंटरनेट पर ध्यान देने की थी।

थोड़े से पैसे लेकर 'चायना पेज' का पंजीकरण करवाने के लिए जैक मा वापस यू.एस. गए। कंप्यूटर के परदे पर एक संदेश उभरा, जिसमें यह कहा गया कि 'आप भाग्यशाली हैं! यह नाम पंजीकृत नहीं है।' अंततः उस दिन चीन इंटरनेट युग में प्रवेश कर गया।

अप्रैल, 1995 में जैक मा ने 'हैंगजाऊ के वेन' रोड स्थित जिंदी होटल में अनेक कमरे किराए पर लिये। यह 'चायना पेज' का आरंभिक दिनों का कार्यालय था। इसमें सिर्फ तीन कर्मचारी थे—जैक मा, उनकी पत्नी जैंग चिंग तथा हाई इबिंग यूनिवर्सिटी के एक सहकर्मी। जैक ने इस सहकर्मी को फोन के माध्यम से कथित इंटरनेट व्यवसाय में शामिल होने के लिए तैयार कर लिया था। जैक मा की पहली सचिव ली यून की भरती इसके बाद ही की गई।

''वर्ष 1995 में मैंने लगातार यह बात बताई कि इंटरनेट का अस्तित्व है; लेकिन ज्यादा लोग इस पर भरोसा करने के इच्छुक नहीं थे। वे इस बात को नहीं देख पा रहे थे कि किस प्रकार इंटरनेट लोगों के जीवन में एक बड़ा योगदान दे सकता है! मुझे तब भी यह लगा कि इंटरनेट का प्रभाव जीवन के सभी

पहलुओं पर पड़ेगा। लेकिन जब जैक मा ने यह कहा तो किसी को भी इस पर विश्वास नहीं हुआ। इसलिए बदले में मैंने यह कहना शुरू कर दिया कि बिल गेट्स का यह दावा है कि इंटरनेट लोगों की जीवन-शैली को प्रभावित करेगा। मीडिया में इस बात को बड़ा महत्त्व दिया गया। लेकिन वास्तव में मैं ही था, जो तब यह कह रहा था। वर्ष 1995 में बिल गेट्स को भी इंटरनेट का विश्वास नहीं था। बाद में, मैं अनेक बार जब भी उनसे मिला, क्षमा-याचना की।'' कुछ वर्षों के बाद जैक मा ने 25 अक्तूबर, 2008 को 'हेनेन यूथ एंटरप्रेन्योरशिप फोरम' के दौरान यह स्वीकार किया। (मा, हेनेन यूथ एंटरप्रेन्योरशिप फोरम, 2008)

मैं मार्शल आर्ट कल्पना का बहुत बड़ा प्रशंसक हूँ। किसी व्यक्ति की तलवारबाजी का खेल चाहे कितना ही अच्छा क्यों न हो, लेकिन कोई व्यक्ति, जिसके हाथ में बंदूक हो, वह उसे फिर भी मार सकता है, क्योंकि यह अधिक शक्तिशाली अस्त्र है।

जैक मा का विश्वास है कि इंटरनेट एक शक्तिशाली उपक्रम है। इंटरनेट के प्रति उच्च सम्मान को वह मार्शल आर्ट के प्रति अपने प्रेम का प्रयोग करके समझाते हैं—''मैं मार्शल आर्ट कल्पना का बहुत बड़ा प्रशंसक हूँ। किसी व्यक्ति की तलवारबाजी का खेल चाहे कितना ही अच्छा क्यों न हो, लेकिन कोई व्यक्ति, जिसके हाथ में बंदूक हो, वह उसे फिर भी मार सकता है, क्योंकि यह अधिक शक्तिशाली अस्त्र है। आपके मित्रों व संबंधियों के मुँह से निकले शब्द या पत्रिकाओं, समाचार-पत्रों या पारंपरिक मीडिया द्वारा किए जा रहे प्रचार के कारण इंटरनेट निश्चित रूप से अधिक शक्तिशाली बन जाएगा। यदि आप इस अवसर को गँवा देते हैं तो आपका सौभाग्य समाप्त हो गया। नए एवं उभरते उपक्रमों को छोटा न समझें। इस नए उपक्रम का सही तरह प्रयोग कीजिए और आपका उद्यम बेहतर होगा। इसे घटिया तरह से प्रयोग करते हैं या प्रयोग ही नहीं करते हैं, तो आपको ही नुकसान होगा।''

जैक मा ने 'चायना पेजेज' की शुरुआत की। इसे देश में पहली व्यावसायिक वेबसाइट माना जाता है। यह वेबसाइट चीनी व्यापारियों को अपने उत्पाद

ऑनलाइन प्रदर्शित करने के लिए अपनी वेबसाइट बनाने के लिए समर्पित थी। यद्यपि इस प्रकार का व्यापार तुलनात्मक रूप से नया था, जैक मा ने मात्र तीन वर्ष की अवधि में ही 50 लाख युआन (8,00,000 डॉलर के बराबर) अर्जित करने में सफलता प्राप्त की। जैंग चिंग ने व्यापार के आधार की तरह काम किया और 'चायना पेजेज' के लिए पहला बड़ा सौदा, जिसका मूल्य 8,000 आर.बी.एम. था, के लिए वह मध्यस्थ थीं।

नामांकित रूप से मैं जनरल मैनेजर था, लेकिन वास्तव में मैं तो बस, एक विक्रेता था। उन 'अप्रिय विक्रेताओं' से थोड़ा भी अलग नहीं, जो सड़कों पर घूम-घूमकर स्वास्थ्य-रक्षा उत्पाद एवं बीमा बेचते हैं। यद्यपि उनका लक्ष्य एक या दो सौदा करना होता है, जबकि दूसरी ओर मैं पूरी तरह से स्वयंसेवक था।

यद्यपि शुरुआत में 'चायना पेजेज' का कोई ग्राहक नहीं था, जैक मा ने अपने मित्रों से संपर्क किया और घर-घर जाकर यह दिखाया कि 'चायना पेजेज' सफल व्यापार के लिए क्या कर सकता है! जब उस अनुभव के बारे में उनसे पूछा गया तो भावुक होकर वे याद करते हैं, ''नामांकित रूप से मैं जनरल मैनेजर था, लेकिन वास्तव में मैं तो बस, एक विक्रेता था। उन 'अप्रिय विक्रेताओं' से थोड़ा भी अलग नहीं, जो सड़कों पर घूम-घूमकर स्वास्थ्य-रक्षा उत्पाद एवं बीमा बेचते हैं। यद्यपि उनका लक्ष्य एक या दो सौदा करना होता है, जबकि दूसरी ओर मैं पूरी तरह से स्वयंसेवक था।''

चेनवे, जो एक ऐसी कंपनी के लिए काम करते थे, जो टी.वी. सेट का निर्यात करती थी, ने जैक मा की अपने 14 इंच के टी.वी. सेट के बारे में सूचना प्रसारित करने में मदद की। उसी प्रकार 'लेक व्यू होटल' का चित्र एक अन्य विद्यार्थी की सहायता से ऑनलाइन आया, जो उस होटल में लॉबी मैनेजर के रूप में काम करता था। ये दो चित्र शुरुआती उत्पाद थे और होटल के चित्र चीन से 'वर्ल्ड वाइड वेब' पर अपलोड किए जाने से पहले के चित्र थे।

''जब वर्ष 1995 में मैंने अपना व्यापार शुरू किया तो मेरे पास कुछ भी नहीं था। पूँजी के नाम पर साझा इच्छा-शक्ति तथा टीम वर्क था। कई उद्यमी कहते

हैं कि बिना पैसे के वे कुछ भी शुरू नहीं कर सकते हैं। यह मिथ्या है। उद्यमिता का दिशा-निर्देशन जिम्मेदारी एवं टीम भावना से होना चाहिए, न कि पैसों से। सच्चे उद्यमी पहले पैसों के बारे में नहीं, बल्कि सिर्फ कंपनी शुरू करने के अपने सपनों के बारे में बात करते हैं। पैसा अंतिम अवयव है।'' जैक मा ने 2 अगस्त, 2008 को 'अलीबाबा' उर्फ 'ई-बिजनेस चैंपियंस अवार्ड समारोह' के दौरान याद करते हुए यह बात कही।

यह जैक मा का सौभाग्य ही था, जब 'विश्व महिला सम्मेलन' में आए प्रतिनिधिमंडल ने हैंगजाऊ का दौरा किया तथा 'लेक व्यू होटल' का ठहरने के लिए चयन किया, यद्यपि यह उस क्षेत्र का प्रथम श्रेणी का होटल नहीं है।

यह जैक मा का सौभाग्य ही था, जब 'विश्व महिला सम्मेलन' में आए प्रतिनिधिमंडल ने हैंगजाऊ का दौरा किया तथा 'लेक व्यू होटल' का ठहरने के लिए चयन किया, यद्यपि यह उस क्षेत्र का प्रथम श्रेणी का होटल नहीं है। पूछताछ करने पर यह स्पष्ट हुआ कि उनके चयन का आधार होटल का वह चित्र था, जो उन्होंने इंटरनेट पर देखा था। 'लेक व्यू होटल' चीन का एकमात्र होटल है, जो सूचीबद्ध है और जिसके बारे में इंटरनेट पर सूचना उपलब्ध है।

यहीं से व्यापार में तेजी आई और जैक मा ने चीनी कंपनियों के लिए यू.एस. में अपने मित्रों की सहायता से वेबसाइट बनाना शुरू कर दिया। शीघ्र ही उन्हें व्यापार में साझेदारी के निवेदन के साथ पूरे विश्व से लोगों के ई-मेल आने शुरू हो गए। इस अनुभव से जैक मा को संपर्क की अविश्वसनीय शक्ति के बारे में शिक्षा मिली। उन्हें समझ में आया कि किस प्रकार इंटरनेट बड़े पैमाने पर विश्व व्यापार को प्रभावित कर सकता है, विशेषकर एसएमईज के लिए!

अन्य कारणों सहित कोष के अभाव के कारण जैक मा ने 'चायना टेलीकॉम' के नाम से जाने जानेवाले एक सरकारी उपक्रम के साथ साझेदारी कर ली, जिसके पास अधिकांश नियंत्रण था। इससे पहले 'चायना पेजेज' ने 'चायना टेलीकॉम' को एक वर्ष तक प्रतिस्पर्धा में पीछे रखा, लेकिन जब 'चायना टेलीकॉम' के जनरल मैनेजर ने एक संयुक्त उपक्रम स्थापित करने के लिए 8

5,000 डॉलर निवेश का प्रस्ताव किया तो जैक मा सहज ही सहमत हो गए "यह इतनी बड़ी धनराशि थी, जो मैंने अपने जीवन में नहीं देखी थी।" वर्षों बाद एक साक्षात्कार में वे यह याद करते हैं। दुर्भाग्यवश, 'चायना टेलीकॉम' अपने साथ कठोर नौकरशाही भी लेकर आई, क्योंकि बोर्ड में उनकी पाँच सीटें थीं, जबकि जैक मा को केवल दो सीटें ही मिलीं। वे जो भी सुझाव देते, उसे बोर्ड के अन्य सदस्यों द्वारा खारिज कर दिया जाता। उनकी अंतर्दृष्टि भरी परियोजनाओं का गला घोंट दिया गया, जिससे वे निराश हो गए।

"यह ऐसा ही था, जैसे एक हाथी है और दूसरा चींटी," वे याद करते हैं। 'संयुक्त संचार उपक्रम' के जनरल मैनेजर के रूप में एक वर्ष से कुछ ज्यादा समय तक काम करने के बाद अंततः उन्होंने इस पद से त्यागपत्र दे दिया।

"यह ऐसा ही था, जैसे एक हाथी है और दूसरा चींटी," वे याद करते हैं। 'संयुक्त संचार उपक्रम' के जनरल मैनेजर के रूप में एक वर्ष से कुछ ज्यादा समय तक काम करने के बाद अंततः उन्होंने इस पद से त्यागपत्र दे दिया।

सरकारी उपक्रम 'चायना टेलीकॉम' के साथ अपनी असफल भागीदारी के कारण जैक मा को शीघ्र ही सरकारी अकुशलताओं के बारे में पता चल गया। वर्ष 2015 में दावोस में 'विश्व आर्थिक फोरम' में अमेरिकी पत्रकार एवं टॉक-शो प्रस्तुतकर्ता चार्ली रोस को दिए एक साक्षात्कार में जैक मा ने सरकार के साथ अपने संबंधों का हवाला देते हुए कहा, "सरकार से प्यार तो करो, लेकिन उससे शादी मत करो।" उन्होंने तभी यह निश्चय कर लिया कि वे कभी भी सरकार के साथ व्यापार नहीं करेंगे।

वर्षों बाद चीन में 'वार्षिक वसंत उत्सव' के दौरान कुछ सरकारी अधिकारियों ने टिकट वेंडिंग मशीन के निरंतर बंद हो जाने की समस्या के हल के लिए 'अलीबाबा' से संपर्क किया। जैक मा और उनकी टीम ने बिना कोई फीस लिये समस्या का समाधान करने में मदद की, लेकिन इस वायदे के साथ कि सरकार उन्हें अकेला ही छोड़ दे। उनका विश्वास है कि किसी भी व्यापार को चलाने के लिए धन और राजनीतिक शक्ति साथ-साथ नहीं चल सकते। ये दोनों चीजें

पारस्परिक रूप से विशिष्ट हैं, जैसे पावर केग और दियासलाई! "जहाँ दोनों एक साथ होती हैं, विस्फोट हो जाएगा। यदि आपको दोनों में रुचि है तो दोनों को एक-एक करके लीजिए, एक साथ नहीं।"

वर्ष 1998 में इंटरनेट के क्षेत्र में अपनी सफलता के बाद जैक मा को बीजिंग चले आने तथा ई-कॉमर्स को प्रोत्साहित करने के लिए एक नए सरकारी समूह को चलाने का प्रस्ताव मिला। उन्होंने 'विदेश व्यापार एवं आर्थिक सहयोग मंत्रालय' में नौकरी स्वीकार कर ली। 'चायना इंटरनेशनल इलेक्ट्रॉनिक कॉमर्स सेंटर' एजेंसी द्वारा संचालित कंपनी के वे प्रमुख बन गए। इस आई.टी.-आधारित कंपनी में जैक मा अगले एक वर्ष तक काम करते रहे एवं प्रभावशाली लोगों के साथ उन्होंने महत्त्वपूर्ण संबंध बनाए, जिसका बाद में उनके जीवन तथा व्यापारिक उपक्रम पर प्रभाव पड़ा। इसी वर्ष के दौरान उनकी भेंट जेरी यांग से हुई, जो 'याहू' के सह-संस्थापक हैं, जिन्होंने अंततः जैक के सबसे सफल उपक्रम 'अलीबाबा' में वर्ष 2005 में 1 अरब अमेरिकी डॉलर का निवेश किया।

लगभग एक वर्ष तक बीजिंग में काम करने के बाद जैक मा अपने सपनों को पूरा करने के लिए हैंगजाऊ लौट गए।

□

5

'अलीबाबा' का जन्म

1990 के दशक के उत्तरार्द्ध में चीन बाजार अर्थव्यवस्था में परिवर्तित हो रहा था। पूरे देश में इंटरनेट के प्रयोग को प्रोत्साहित किया जा रहा था; लेकिन निजी व्यवसाय को ऋण प्राप्त करने के लिए संघर्ष करना पड़ रहा था तथा उन्हें सरकार द्वारा संरक्षित कंपनियों के साथ प्रतिस्पर्धा करनी पड़ रही थी। 'चायना पेजेज' के लिए जैक मा को इसी चुनौती का सामना करना पड़ा था, लेकिन वह चुनौती भी उन्हें बड़े सपने देखने से रोक नहीं पाई। प्रथम दो उपक्रमों के विफल हो जाने के बाद भी ऐसा कुछ नहीं था, जो उन्हें उनके लक्ष्य से विचलित कर सकता हो! अग्निपरीक्षा के दौरान उन्होंने सकारात्मक मनोभाव बनाए रखा। ''इससे कुछ अंतर नहीं पड़ता कि मैं असफल हो गया। कम-से-कम उस धारणा को तो मैंने दूसरों तक पहुँचाया। यदि मैं सफल नहीं भी होता हूँ तो कोई तो सफल होगा!'' वे पूरे संकल्प के साथ आगे बढ़ते रहे और अंतत: उनके प्रयास को वर्ष 1999 में सफलता मिली, जब जैक मा ने इंटरनेट-आधारित व्यावसायिक उपक्रम के क्षेत्र में दूसरी बार प्रयास किया। उन दिनों के बारे में सोचते हुए उन्होंने बाद में कहा, ''जब तक आप प्रयास नहीं करते हैं, आपको कभी भी यह मालूम नहीं होता है कि आप क्या कुछ कर सकते हैं और क्या कुछ प्राप्त कर सकते हैं ? आपको कभी भी यह नहीं मालूम होगा कि आपका विचार काम करेगा, या व्यवसाय मुनाफा देगा, जब तक कि आप इसे समर्पित नहीं कर देते! अपने विचारों को अनुकूल बनाइए। अगर जरूरत पड़े तो रणनीतियों को बदल दीजिए, लेकिन कभी भी हार नहीं मानिए।''

जैक मा ने वर्ष 1999 में 'चायना पेजेज' छोड़ दिया और अपने दल के

साथ हैंगजाऊ लौट गए। काम करने और जोखिम लेने में उनका विश्वास था। ''यदि आप यह नहीं करते तो कुछ भी संभव नहीं है। यदि आप इसे करते हैं तो कम-से-कम आप आशा कर सकते हैं कि कुछ होने की संभावना है।'' इस बात को ध्यान में रखते हुए जैक मा ने अपने 17 दोस्तों को, जिनमें उनकी पत्नियाँ भी शामिल थीं, अपने अपार्टमेंट के एक कमरे में बुलाया और उनसे लघु एवं मध्यम आकार की कंपनियों के लिए व्यापार आसान बनाने के लिए सूचना प्रौद्योगिकी के प्रयोग करने के बारे में दो घंटे तक बात की। उन सबसे उन्हें सचेत रहने के बारे में मिले अनेक विचारों की भरमार हो गई। लेकिन जैक को खुद के साहसी होने में विश्वास था, ''साहस के लिए समय होता है और अपने चयनित लक्ष्य की प्राप्ति ही वह समय है।'' अंततः वे इन संभावित समर्थकों को ऑनलाइन बाजार की अपनी अंतर्दृष्टि के प्रति समर्पित होने के लिए राजी करने में सफल रहे। इस छोटी-सी ई-कॉमर्स कंपनी का नाम उन्होंने 'अलीबाबा' रखा।

अपने पूर्ववर्ती संयुक्त उपक्रम 'चायना पेज' पर काम करने के दौरान जैक मा को नौकरशाही के साथ काम करने से मिला निराशाजनक अनुभव था। चीन में तैयार उत्पादों के लिए पूरी दुनिया में व्यापार के अवसर उत्पन्न करने के लिए इंटरनेट के प्रयोग के उनके सुझावों को बार-बार नकारा गया।

अपने पूर्ववर्ती संयुक्त उपक्रम 'चायना पेज' पर काम करने के दौरान जैक मा को नौकरशाही के साथ काम करने से मिला निराशाजनक अनुभव था। चीन में तैयार उत्पादों के लिए पूरी दुनिया में व्यापार के अवसर उत्पन्न करने के लिए इंटरनेट के प्रयोग के उनके सुझावों को बार-बार नकारा गया। 'अलीबाबा' की सहायता से जैक मा चीन-आधारित व्यापार से व्यापार के लिए बाजार तैयार करना चाहते थे। उनका लक्ष्य एक ऐसी वेबसाइट को तैयार करना था, जहाँ व्यापार से व्यापार संबंधी लेन-देन एक ही जगह हो सके। इससे लघु एवं मध्यम आकार के चीनी उपक्रमों के लिए अंतरराष्ट्रीय व्यापार आसान होगा और यह उन्हें वैश्विक बाजार से जोड़ेगा। 'अलीबाबा' की पाठ्यक्रम सूची

(प्रोस्पेक्टस) यह कहती है कि "अलीबाबा के समूह का लक्ष्य है—कहीं भी व्यापार को आसान बनाना।"

अपने व्यापार को 'अलीबाबा' नाम देने के पीछे की कहानी के संबंध में कंपनी की विद्या में यह है कि जैक मा ने एक बार यह व्याख्या की थी कि, "एक दिन मैं सैन फ्रांसिस्को की कॉफी की एक दुकान पर था और मैं सोच रहा था कि 'अलीबाबा' एक अच्छा नाम है। उसी समय एक वेट्रेस आई और मैंने उससे पूछा कि क्या वह 'अलीबाबा' के बारे में जानती है? और उसने जवाब दिया, 'हाँ'। मैंने पूछा कि वह अलीबाबा के बारे में क्या जानती है? उसने जवाब दिया, 'खुल जा सिमसिम'। फिर मैंने कहा, 'हाँ, यही नाम है।' फिर मैं सड़क पर निकल गया और लगभग 30 लोगों से मिला और उनसे पूछा, 'क्या आप अलीबाबा के बारे में जानते हैं?' भारत, जर्मनी, टोक्यो और चीन—हर जगह के लोग अलीबाबा के बारे में जानते थे। अलीबाबा—खुल जा सिमसिम! अलीबाबा—40 चोर! अलीबाबा चोर नहीं है। अलीबाबा एक दयालु व चतुर व्यापारी है और उसने गाँववालों की मदद की। इसलिए बोलने में आसान और पूरी दुनिया में जाना-पहचाना। 'अलीबाबा' ने लघु व मध्यम आकार की कंपनियों के लिए 'सिमसिम' खोल दिया। हमने 'अलीबाबा' के नाम का पंजीकरण भी करवाया कि शायद कोई हमसे विवाह करना चाहे!" जैक मा के चयन में गुण था, क्योंकि कंपनी की अविश्वसनीय सफलता, जिसने इस उद्यमी को विश्वव्यापी ख्याति दिलाई, वह 'अलीबाबा और चालीस चोर' लोककथा के समान ही है, जहाँ एक पासवर्ड से धन से भरी गुफा खुल जाती थी! 23 जनवरी, 2015 को 'वर्ल्ड इकोनॉमिक फोरम' के दौरान चार्ली रोस को दिए एक साक्षात्कार में उन्होंने अपनी कंपनी के लिए इस नाम के चयन के लाभ के बारे में बताया। दुनिया की लगभग सभी

एक दिन मैं सैन फ्रांसिस्को की कॉफी की एक दुकान पर था और मैं सोच रहा था कि 'अलीबाबा' एक अच्छा नाम है। उसी समय एक वेट्रेस आई और मैंने उससे पूछा कि क्या वह 'अलीबाबा' के बारे में जानती है? और उसने जवाब दिया, 'हाँ'।

भाषाओं में 'अलीबाबा' बोलना आसान है। इससे हमारे सभी संभावित ग्राहकों के लिए हमारी वेबसाइट का प्रयोग करना और इसे स्वीकार करना आसान हो जाता है।''

शुरू में 'अलीबाबा' के पास बाहरी निवेशकों से निवेश के रूप में एक पैसा भी नहीं था। जैक मा को अपने इस नए उपक्रम के विकास की शुरुआत अपने दोस्तों की सहायता से करनी पड़ी, जिन्होंने अपने संसाधनों को जमा करके 60 हजार डॉलर इकट्ठा किया। इसी पैसे से जैक मा और उनकी 18 सदस्यीय टीम ने 'अलीबाबा डॉट कॉम' (Alibaba.com) की शुरुआत की।

जैक मा ने 'अलीबाबा' का प्रयोग लघु व्यापारियों को घरेलू और वैश्विक अर्थव्यवस्था में प्रभावशाली तरीके से प्रतिस्पर्धा करने तथा विकास करने के लिए अन्वेषण एवं प्रौद्योगिकी के प्रयोग में समर्थ बनाने के लिए उन्हें अवसर उपलब्ध कराए।

'अलीबाबा' चीन-आधारित व्यापार का बाजार बन गया, जिससे निर्यातकों को अपने उत्पाद को सूचीबद्ध करने के लिए एक प्लेटफॉर्म मिल गया। जैक मा ने 'अलीबाबा' का प्रयोग लघु व्यापारियों को घरेलू और वैश्विक अर्थव्यवस्था में प्रभावशाली तरीके से प्रतिस्पर्धा करने तथा विकास करने के लिए अन्वेषण एवं प्रौद्योगिकी के प्रयोग में समर्थ बनाने के लिए उन्हें अवसर उपलब्ध कराए। इस पोर्टल के माध्यम से ग्राहक मूल्य की तुलना करके सीधे अपनी पसंद के डीलर को ऑर्डर दे सकते थे।

जैक मा ने अमेरिका के प्रौद्योगिकी केंद्र सिलिकॉन वैली में 'अलीबाबा' के लिए उद्यम पूँजी निधीकरण का प्रयास किया लेकिन गैर-लाभप्रद व्यापार मॉडल चलाने के लिए उनके प्रस्ताव को खारिज कर दिया गया। उन्होंने उनके विचार को 'गैर-लाभप्रद एवं अरक्षणीय' कहकर निंदा की। अंततः बिना निधीकरण के ही जैक मा घर वापस लौट गए।

जैक मा ने चीन में व्यापार के जिस मॉडल की रचना की थी, वह चीन के लिए उपयुक्त था। चीन में उनकी सफलता का मंत्र उनका यह विश्वास है—'वैश्विक अंतर्दृष्टि, स्थानीय विजय'। हो सकता है कि उनका यह 'व्यापार

मॉडल' अमेरिकी बाजार में असफल रहा, लेकिन अंततः चीन में यह बहुत ही सफल रहा। अप्रैल 2001 में 89वें 'कैंटन मेले' में जैक ने 'चीनी बी2बी' की व्याख्या की और कहा, ''व्यापार में लगे एशियाई यह मानते हैं कि कुत्ते का सिर होना शेर की दुम होने से अच्छा है। हर कोई अपना खुद का मालिक होना चाहता है और इंटरनेट वैयक्तिकता का ज्यादा ही समर्थन करता है। इसलिए इंटरनेट उपभोक्ता आत्म-केंद्रित होता है। 'ग्रेट वॉल' की एक ईंट पर यह लिखा हुआ था—'मैं यहाँ था। जब इंटरनेट की शुरुआत हुई तो पहले से ही सूचनाओं की भरमार थी। मेरा एक ही लक्ष्य था—अपेक्षित सूचनाओं का सार उपलब्ध कराना, ताकि छोटे व मध्यम आकार की एशियाई कंपनियाँ इन सूचनाओं का इस्तेमाल हर समय कर सकें। बड़ी कंपनियों के होने के आधार पर अमेरिकी मॉडल सॉफ्टवेयर पर तो लाखों डॉलर खर्च करते, लेकिन अनेक चीनी कंपनियाँ इतना खर्च नहीं कर सकती हैं, यहाँ तक कि वे ऐसे सॉफ्टवेयर भी इस्तेमाल नहीं कर सकतीं। 'चीनी बी2बी मॉडल' पर व्यापार करनेवाले लोगों को आमने-सामने संवाद पर जोर दिया जाता था।''

अपने संचालन के संदर्भ में 'अलीबाबा' प्राथमिक रूप से घरेलू है। कंपनी तीसरे दलों के लिए एक 'प्लेटफॉर्म' व्यापार मॉडल का संचालन करती है और प्रत्यक्ष बिक्री में शामिल नहीं होती है। यह अपने व्यापारियों के साथ प्रतिस्पर्धा नहीं करती है और सामान भी नहीं रखती।

अपने संचालन के संदर्भ में 'अलीबाबा' प्राथमिक रूप से घरेलू है। कंपनी तीसरे दलों के लिए एक 'प्लेटफॉर्म' व्यापार मॉडल का संचालन करती है और प्रत्यक्ष बिक्री में शामिल नहीं होती है। यह अपने व्यापारियों के साथ प्रतिस्पर्धा नहीं करती है और सामान भी नहीं रखती। विक्रेता और ग्राहक के बीच संवाद से नेटवर्क प्रभाव पैदा होता है, जिससे वेबसाइट पर और अधिक उपभोक्ता एवं व्यापारी बनते हैं। 'अलीबाबा' का बाजार स्थल परस्पर जुड़ा हुआ है और यह दूसरी श्रेणी के नेटवर्क प्रभाव को पैदा करता है, जिससे कंपनी का पारिस्थितिकी तंत्र और भी मजबूत बनता है। जैक मा को जिस सबसे बड़ी

चुनौती का सामना करना पड़ा, वह था चीनी लोगों में यह विश्वास पैदा करना कि अदायगी एवं पैकेट की अदला-बदली की ऑनलाइन प्रणाली सुरक्षित है।

जैक मा सर्जनशील नेता थे और वेबसाइट के उपभोक्ताओं के लिए वे सेवाओं में सुधार करते रहे। उन्होंने अपने छोटे, लेकिन परस्पर जुड़े हुए दल को श्रेष्ठ सेवा उपलब्ध कराने के प्रति प्रेरित किया। 'अलीबाबा' के एक वर्ष पूरे होने के अवसर पर उन्होंने अपने भाषण में अपने दल के लोगों से कहा, ''हार्डवेयर एवं तंत्र के मामले में अमेरिकी मजबूत हैं; लेकिन सॉफ्टवेयर एवं सूचना के लिए चीनी मस्तिष्क भी उतना ही सक्षम है, जितना उनका। हम सभी के मस्तिष्क उतने ही सक्षम हैं, जितने उनके। यही वजह है कि हम लोगों में अमेरिकियों के साथ प्रतिस्पर्धा करने की हिम्मत है। यदि हम एक अच्छी टीम हैं और हम जानते हैं कि हम क्या चाहते हैं, तो हम में से एक भी उनके अनेक लागों को परास्त कर सकता है।

जैक के अनुसार, तीन कारण थे, जिन्होंने 'अलीबाबा' के अस्तित्व को बना रहने दिया—''हमारे पास पैसे नहीं थे, हमारे पास प्रौद्योगिकी नहीं थी और हमारे पास योजना भी नहीं थी। एक-एक डॉलर को हमने बड़े ध्यान से खर्च किया।''

चूँकि जैक मा के पास समृद्ध पिता या शक्तिशाली चाचा जैसा कोई संपर्क नहीं था, अतः उन्होंने केवल उन्हीं लोगों पर अपना पूरा ध्यान लगा दिया, जिन्होंने उनके व्यापार को बढ़ावा दिया—उनके ग्राहक। अधिक-से-अधिक ग्राहकों को आकर्षित करने तथा उन्हें कंपनी के साथ जुड़े रहने और कंपनी के लिए निष्ठावान् बनाने के लिए उन्होंने उत्पाद की गुणवत्ता पर पूरा ध्यान दिया। उन्होंने कहा, '''इसे क्लिक करो और प्राप्त करो' होना है। यदि मैं इसे प्राप्त नहीं कर सकता हूँ तो यह बेकार है।'' जैक के अनुसार, तीन कारण थे, जिन्होंने 'अलीबाबा' के अस्तित्व को बना रहने दिया—''हमारे पास पैसे नहीं थे, हमारे पास प्रौद्योगिकी नहीं थी और हमारे पास योजना भी नहीं थी। एक-एक डॉलर को हमने बड़े ध्यान से खर्च किया।'' जैक मा अन्य प्रतिभाओं के साथ बड़ा सहयोग करते थे। कंपनी की संस्कृति एवं उनके व्यक्तिगत आकर्षण ने कर्मचारियों को आकर्षित किया। 'अल्हड़'

इस उद्यम की आरंभिक अवस्था के लिए एक सटीक व्याख्या होगी। अपनी टीम के साथ एक बैठक में जैक मा ने अपने कर्मचारियों से कहा, ''हम सभी इसे सफल बनाएँगे, क्योंकि हम युवा हैं और हम कभी भी हार नहीं मानेंगे।''

'अलीबाबा' के अस्तित्व के प्रथम सप्ताह को याद करते हुए जैक ने वर्ष 2015 में 'इकोनॉमिक क्लब ऑफ न्यूयॉर्क' को दिए एक साक्षात्कार में कहा, ''पहले सप्ताह में हमारे पास सात कर्मचारी थे। हम खुद ही खरीदते और खुद ही बेचते थे। दूसरे सप्ताह कुछ लोगों ने हमारी वेबसाइट पर बेचना शुरू किया। हमने वह सबकुछ खरीदा, जो वे बेचते थे। हमारे पास दो कमरों में भरा हुआ सामान था, जो हमारे लिए बेकार था। लेकिन हमने खरीदा था। सब कचरा था, जो प्रथम दो सप्ताह में हमने सिर्फ इसलिए खरीदा था कि लोगों को यह बता सकें कि यह काम करता है।'' (मा, 2015)

पहले सप्ताह में हमारे पास सात कर्मचारी थे। हम खुद ही खरीदते और खुद ही बेचते थे। दूसरे सप्ताह कुछ लोगों ने हमारी वेबसाइट पर बेचना शुरू किया। हमने वह सबकुछ खरीदा, जो वे बेचते थे।

जैक मा ने लोगों को खुश करने के विविध तरीके अपनाए। एक बार किसी कठिन वर्ष के अंत में जैक मा अपने कर्मचारियों को बोनस नहीं दे सके, लेकिन काम के घंटों से ज्यादा उन्हें काम करने की जरूरत थी। उन्होंने एक बैठक बुलाई और अपने कर्मचारियों से पूछा, ''यदि आप में से हर व्यक्ति को इस साल के अंत में 50 लाख युआन बोनस के रूप में मिलें तो आप इस पैसे को कैसे खर्च करेंगे?'' शीघ्र ही सभी लोग बोलना शुरू हो गए और उनकी कल्पनाओं की यह जीवंत चर्चा एक घंटे तक जारी रही। ''अद्‌भुत! आप सबने जो कुछ कहा है, वह सब सच होगा! अब काम पर वापस जाइए।'' यह कहते हुए उन्होंने उन्हें वापस वास्तविकता की दुनिया में भेज दिया, लेकिन उत्साह भरे मनोभाव के साथ! उनमें से कुछ पीछे से चिल्लाए, ''बॉस, इसे रोकिए मत। मैंने तो सिर्फ 30 लाख युआन ही खर्च किए हैं!'' सभी जोर से हँस पड़े और काम पर वापस चले गए। जैक मा ने न सिर्फ बड़े सपने देखे, बल्कि उन्होंने अपने साथी कर्मचारियों को भी अपने साथ बड़े सपने देखने के लिए प्रोत्साहित किया।

जब जैक मा उन लोगों को कोई भौतिक वस्तु उपहार-स्वरूप नहीं दे पाए, जिन्होंने अच्छा प्रदर्शन किया था, तो उनके मन में उनके 'जीवन काल' को बढ़ाने का विचार आया। निष्कर्ष बैठक के दौरान वह अपने साथियों का जीवन काल बढ़ाते थे, किसी के लिए 200 साल तो किसी के लिए 400 साल। वर्षों बाद जैक मा का एक पुराना सहभागी किआन, जो कनाडा प्रवास कर गया था, जैक मा से मिलने आया। उसने जैक मा को धन्यवाद देते हुए पुराने अच्छे दिनों को याद किया। उसने कहा, "वह 9,000 वर्ष बूढ़ा है, जो चीनी में प्राइस का प्रतिनिधित्व करता है, जिसका स्थान एंपरर के ठीक बाद आता है, जो 10,000 वर्ष बूढ़ा होता है।"

'अलीबाबा' की संस्कृति रंग-बिरंगी एवं विचित्र थी। पारंपरिक कॉरपोरेट नेताओं से भिन्न जैक मा कार्य-स्थल पर थोड़ा मौज-मस्ती एवं परिहास को प्रोत्साहित करते थे। कर्मचारी 'अली के लोग' के नाम से जाने जाते थे और उन्हें उपन्यासों में मार्शल आर्ट के योद्धाओं के उपनाम लेने के लिए प्रोत्साहित किया जाता था। जैक मा 'फेंग किंगयान' के नाम से जाने जाते थे, जो जिन यांग (लुई चा) के 'वुक्सिया' उपन्यास में काल्पनिक चरित्र था। वह एक मँजा हुआ तलवारबाज और कुंग फू मास्टर था, जो अपने छात्रों को प्रशिक्षित करके नायक बनाता था। "जैक मा हमेशा ही लुई चा से बहुत प्रभावित रहे और उनकी कुछ इस तरह पूजा करते, मानो वे भगवान् हों," उनके सहायक चेनवी ने कहा। जुलाई 2000 में ही अंतत: जैक मा की भेंट युंग के एक रेस्टोरेंट में लुई चा से हुई। इस भेंट में लुई चा ने कागज पर कुछ लिखा और चुपचाप जैक मा को पकड़ा दिया। उसमें लिखा था—"वर्षों की आध्यात्मिकता ने आकर्षित किया और ऐसा लगा मानो पुराने मित्र पहली बार

'अलीबाबा' की संस्कृति रंग-बिरंगी एवं विचित्र थी। पारंपरिक कॉरपोरेट नेताओं से भिन्न जैक मा कार्य-स्थल पर थोड़ा मौज-मस्ती एवं परिहास को प्रोत्साहित करते थे। कर्मचारी 'अली के लोग' के नाम से जाने जाते थे और उन्हें उपन्यासों में मार्शल आर्ट के योद्धाओं के उपनाम लेने के लिए प्रोत्साहित किया जाता था।

मिल रहे हैं!" जैक मा ने इस अभिलेख को 'वेस्ट लेक इंटरनेशनल बिल्डिंग' में अपने कार्यालय की दीवार पर लटका दिया। लुई चा क़ा दिया हुआ दीवार पर लगा एक और कथन है, जो उन्होंने 'वेस्ट लेक सम्मेलन' के दौरान 'अलीबाबा' के दौरे के दौरान दिया था। इस अभिलेख में लिखा है—"प्रतिभाओं का श्रेष्ठ प्रयोग महान् नेताओं के लिए सफलता का सार है और लियू बैंग तथा लियू बे के महान् पाठ्यक्रम की उपलब्धियों का कारण भी है। ईश्वर करे कि जैक मा इससे प्रेरित हों।" इस सूची-पत्र का हस्त-लेखन निस्संदेह आश्चर्यजनक काम है, जो एक महान् कलाकार की भावना को दरशाता है।

> ***जैक मा अपने कार्यालय तथा कर्मचारियों को नियमित रूप से यह याद दिलाते हैं कि 'अलीबाबा' की संस्कृति में हँसना बहुत महत्त्वपूर्ण है। "हमारा 'लोगो' मुसकराहट है।" मैं चाहता हूँ कि मेरे कर्मचारी और ग्राहक जब घर जाएँ तो वे मुसकराएँ।***

जैक की उस व्यक्ति के प्रति प्रशंसा 'अलीबाबा' के ऑफिस में कमरों के नाम से लग सकता है, जो सभी लुई चा के उपन्यासों से लिये गए हैं—'मैनशन ऑफ द वर्चुअस', 'पीच ब्लोसम आइलैंड', 'हॉल ऑफ अरहात', 'वाटरफॉल पैविलियन', 'धर्मा टेंपल', 'हॉल ऑफ रेनड्रॉप्स', 'ब्राइट समिट' आदि। आगंतुकों को 'अलीबाबा' 'मार्शल आर्ट की पवित्र भूमि' लगता है।

जैक मा अपने कार्यालय तथा कर्मचारियों को नियमित रूप से यह याद दिलाते हैं कि 'अलीबाबा' की संस्कृति में हँसना बहुत महत्त्वपूर्ण है। "हमारा 'लोगो' मुसकराहट है।" मैं चाहता हूँ कि मेरे कर्मचारी और ग्राहक जब घर जाएँ तो वे मुसकराएँ। कार्यालय आनेवाले हर एक व्यक्ति के चेहरे को तो मैं याद नहीं रख सकता हूँ। यदि वे 'अलीबाबा' के कर्मचारी हैं तो मैं उनकी मुसकान से उन्हें पहचान सकता हूँ।" ('अलीबाबा' कैडर से संवाद करते हुए जैक मा, 2006)

जैक मा ने अपने आकर्षण, आवेश और अध्यवसाय की मदद से ही अपना साम्राज्य खड़ा किया। वे इस बात को बहुत महत्त्व देते हैं और समझते हैं कि आज वे जहाँ भी हैं, वह अपने ग्राहकों एवं अपने कर्मचारियों की वजह से ही

हैं। 'गुआजाऊ ऑपरेटर्स सम्मेलन' के दौरान 21 मार्च, 2005 को उन्होंने कहा, ''21वीं सदी में किसी भी कंपनी के विकास के लिए जो चीज सबसे ज्यादा महत्त्वपूर्ण है, वे हैं इसके कर्मचारी। उनके साथ सम्मानपूर्ण व्यवहार कीजिए, ताकि उनका मनोबल बहुत बढ़ा हुआ हो। कर्मचारियों का संतोष प्रत्यक्ष रूप से कंपनी की संभावनाओं से जुड़ा होता है।''

कंपनी के हानि रहित व्यापार के समारोह को चिह्नित करने तथा अपना पहला मुनाफा दर्ज करते हुए जैक मा ने अपने कर्मचारियों को तनाव-मुक्त रहने के लिए उपहार-स्वरूप 'सिली स्ट्रिंग' का एक डिब्बा दिया। जैक मा कठिन परिश्रम की वकालत करते हैं, लेकिन काम के साथ-ही-साथ वह जीवन का आनंद लेने पर भी जोर देते हैं। ''जीवन का उद्‍देश्य सिर्फ काम, काम और काम ही नहीं है। जीवन-पर्यंत अपने शरीर और मस्तिष्क को चक्की की तरह पीसते न रहो। हमारा लक्ष्य आनंद-उल्लास होना चाहिए। न सिर्फ अपने काम के प्रति, बल्कि खेलने, आराम करने तथा अपने आस-पास के लोगों के साथ मौज-मस्ती के लिए समय निकालकर जीवन का आनंद लेना चाहिए। यदि आप काम में ही अपना जीवन गँवा देते हैं तो आप इसके लिए पछताएँगे, यह बात पक्की है।'' वह कंपनी की केंद्रीय मूल्य-निष्ठा एवं टीम भावना तथा ग्राहकों को पहला स्थान देने पर जोर देते हैं। 'अलीबाबा' के कर्मचारियों के काम के प्रदर्शन में इन केंद्रीय मूल्यों के प्रति उनकी निष्ठा का भी आंशिक रूप से मूल्यांकन किया जाता है।

कंपनी के हानि रहित व्यापार के समारोह को चिह्नित करने तथा अपना पहला मुनाफा दर्ज करते हुए जैक मा ने अपने कर्मचारियों को तनाव-मुक्त रहने के लिए उपहार-स्वरूप 'सिली स्ट्रिंग' का एक डिब्बा दिया। जैक मा कठिन परिश्रम की वकालत करते हैं, लेकिन काम के साथ-ही-साथ वह जीवन का आनंद लेने पर भी जोर देते हैं।

अब तक के जीवन में जैक मा ने जो सबसे बड़ी गलती की, उसके बारे में सोचते हुए वह यह वर्णन करते हैं कि 'अलीबाबा' की स्थापना के समय उन्होंने किस प्रकार अपनी टीम के सदस्यों को यह कहा था कि कंपनी में नौकरी का

जो उच्चतम स्तर है और जिसे कोई प्राप्त कर सकता है, वह है प्रबंधक और यह कि कार्यपालकों की नियुक्ति बाहर से होनी चाहिए। अंतत: उन्होंने अपना पाठ सीखा और उन्हें सैद्धांतिक कुशलता पर मनोभाव तथा आवेश के महत्त्व का पता चला। उन्होंने अपने संगठन के भीतर वृद्धि को प्रोत्साहित किया और इस बात को सुनिश्चित किया कि 'अलीबाबा' के लिए काम करके उसके कर्मचारी खुशी का अनुभव करें।

आज भी जैक मा को हँसी को भेद देनेवाला माना जाता है। हमेशा से ही उनका व्यवहार सकारात्मक एवं बच्चों जैसा रहा है और भविष्य के लिए मजबूत अंतर्दृष्टि ही उनकी मूल पूँजी है। वर्ष 2002 में 'निंग्बो नेटवर्क ऑपरेटर्स सम्मेलन' के दौरान जैक मा ने हँसी के महत्त्व पर जोर दिया, "जब आप कोई व्यापार चलाते हैं तो आपको हँसने के लिए समर्थ होना भी जरूरी है। मजबूत अंतर्दृष्टि तथा सक्रिय मस्तिष्क यह संभव करता है। आप जो भी करते हैं, उसमें गर्व का अनुभव कीजिए और समर्थ एवं मजबूत बनिए। हँसने के लिए तथा समर्थ बनने के लिए तीक्ष्ण दृष्टि तथा व्यापक सोच होना जरूरी है।" इन गुणों को संख्या के प्रति अपने प्रेम से जोड़ते हुए जैक मा ने यह भविष्यवाणी की कि 'अलीबाबा' 102 वर्षों तक चलेगा, इसलिए इंटरनेट का जो साम्राज्य उन्होंने वर्ष 1999 में खड़ा किया, वह तीन शताब्दियों तक चल सकता है।"

□

6

सफल उद्यम की शुरुआत

तेज चलो या घर जाओ!

शुरू में जैक मा दिन-रात काम करते थे और पूरे दिन उनकी तात्कालिक बैठकें होती रहती थीं। यदि उनके मन में कोई विचार आता तो वे तुरंत फोन करते और दस मिनट के भीतर ही बैठक के लिए सभी उनके घर पर मौजूद होते। यदि हम 8 बजे सुबह ऑफिस जाते हैं और शाम के 5 बजे वापस आ जाते हैं तो यह कोई उच्च प्रौद्योगिकी-आधारित कंपनी नहीं है और 'अलीबाबा' कभी भी सफल नहीं होगा। यदि हमारे अंदर उस प्रकार की 8 से 5 वाली भावना है तो हमें बस, चले जाना चाहिए तथा कुछ और करना चाहिए।

जैक मा की पत्नी जैंगयिंग, जिनसे उनकी भेंट स्कूल में हुई, जब वे दोनों ही शिक्षक बनने के लिए पढ़ाई कर रहे थे, अलीबाबा की टीम में कंपनी के विभागाध्यक्ष के रूप में जुड़ गईं। 80 के दशक के उत्तरार्द्ध में स्नातक करने के शीघ्र बाद ही दोनों ने विवाह कर लिया और वह उस समय भी शिक्षक ही रहीं, जब जैक मा 'चायना येलो पेजेज' बना रहे थे। लेकिन जब 'अलीबाबा' की स्थापना हुई तो अपने पति की सहायता करने के लिए उन्होंने नौकरी छोड़ दी। शुरू में वे उस तकनीकी शब्दावली को नहीं समझती थीं, जिस पर जैक मा बैठकों के दौरान चर्चा करते थे। फिर भी उन्होंने कंपनी के आरंभिक दिनों में अपना अधिकांश समय कंपनी के कर्मचारियों, ग्राहकों तथा अन्य संबद्ध लोगों के लिए खाना बनाने में बिताया। प्रकटतः उन्होंने कंपनी के लिए फालतू काम भी किए।

चूँकि 'अलीबाबा' का कोई मुनाफा नहीं हुआ था, इसलिए शुरू में उसके

कर्मचारियों की तनख्वाहें 500 युआन प्रतिमाह ही थीं, जो बहुत ही कम थीं और पूरे महीने के उपयुक्त भोजन खरीदने के लिए भी ये पैसे पर्याप्त नहीं थे। इसलिए जैंग यिंग इस बात का पूरा ध्यान रखती थीं कि उनके घर के डाइनिंग रूम में हमेशा ही हर किसी के खाने के लिए पर्याप्त भोजन हो। वे रात के भोजन की गुणवत्ता के बारे में कोई समझौता नहीं करती थीं, क्योंकि वे जैक मा के स्वास्थ्य प्रबंधन पर पूरा नियंत्रण रखती थीं। चूँकि उनके पति को भीड़ पसंद थी और बातचीत एवं परिचर्चा में उन्हें समय का पता ही नहीं चलता था, इसलिए जैंगयिंग हमेशा समय पर फोन करके उन्हें लंबी बैठक को जितना जल्दी संभव हो, स्थगित करने के लिए याद दिलाती थीं। वे उनके लिए खाना पैक करतीं और उन्हें समय पर भोजन कर लेने के लिए तैयार भी करती थीं। कोई भी व्यक्ति जैक मा को दोपहर में खाने के समय उनसे फोन पर बात करते और यह कहते हुए सुन सकता था, "मैंने खाना खा लिया—मांस के दो टुकड़े। आधा मापा हुआ अंडा, ढेर सारी सब्जी भी खा ली है।...अभी मैं फल खा रहा हूँ।" उसी प्रकार वे उनके कपड़ों का भी ध्यान रखती थीं। उनके लिए हर पोशाक वे खुद चुनकर निकालती थीं।

चूँकि उनके पति को भीड़ पसंद थी और बातचीत एवं परिचर्चा में उन्हें समय का पता ही नहीं चलता था, इसलिए जैंगयिंग हमेशा समय पर फोन करके उन्हें लंबी बैठक को जितना जल्दी संभव हो, स्थगित करने के लिए याद दिलाती थीं।

जैंगयिंग ने एक बार एक संवाददाता के सामने वास्तविक स्तर पर अपने जीवन में अचानक एक शिक्षक से राजनीतिक विभागाध्यक्ष बन जाने पर अपने आश्चर्य की बात स्वीकार की—"पहले मैं बहुत अच्छी शिक्षक थी। मैं एक 'बूढ़ी' महिला क्यों बन गई, जो खाने पर आर्थिक सहायता देती थी?" अंततः वे चीन के 'अलीबाबा' की महाप्रबंधक बनीं।

वर्ष 2000 में एक दिन जब हांगकांग से लौटने के बाद जैक मा अपने मित्रों के साथ भोजन कर रहे थे, उन्होंने हैंगजाऊ में एक इंटरनेट शिखर बैठक आयोजित करने का प्रस्ताव किया। यह विचार उनके मित्रों में चलता रहा और

परिणाम उस वर्ष 10 सितंबर को आयोजित 'वेस्ट लेक शिखर सम्मेलन' के रूप में सामने आया। उसमें देश भर के हजारों नागरिकों ने हिस्सा लिया। मीडिया में भी खबर खूब फैली। इसका कारण शायद जैक मा का छोटा यशस्वी व्यक्ति होना था। उस शिखर सम्मेलन का विषय था 'न्यू सेंचुरी, न्यू इकोनॉमी एंड न्यू इंटरनेट हीरोज'। जैक मा ने उस समय परवान चढ़ रहे इंटरनेट के चार दिग्गजों—वांग जिडांग, चार्ल्स जैंग (जैंग चाओयांग), विलियम डिंग (डिंग ले), वांग जूनटाओ तथा जैक—के अतिरिक्त मार्शल आर्ट व हीरो लुई या को भी उस सम्मेलन में भाग लेने के लिए आमंत्रित किया था। वह सम्मेलन इतना अधिक सफल रहा कि वह एक वार्षिक घटना बना गई। प्रतिवर्ष शरद् ऋतु के दौरान इंटरनेट जगत् के प्रमुख श्रेष्ठ नायक निरंतर विकसित हो रही इंटरनेट की दुनिया में होनेवाली घटनाओं पर चर्चा करने के लिए वेस्ट लेक में इकट्ठा होने लगे। 'वेस्ट लेक शिखर सम्मेलन' की सफलता के साथ ही जैक मा हैंगजाऊ में एक जाना-माना प्रतिष्ठित नाम बन गया था।

जैक मा के नेतृत्व में उस समय 'अलीबाबा' का कोई स्थानीय प्रतिस्पर्धी नहीं था और विश्व बाजार में एक नया सफल नेता बनने के लिए इसने तेजी से अपना विस्तार किया। अलीबाबा के लिए जैक मा ने दूसरी बार कोष इकट्ठा किया तथा इस बार वे कुछ प्रमुख वित्तीय नेताओं को आकर्षित करने में सफल रहे। वर्ष 1999 के अंत तक अलीबाबा का प्रबंधन 'वॉल स्ट्रीट निवेश बैंक' से 50 लाख डॉलर के बराबर कोष इकट्ठा करने में सफल रहा। वर्ष 2000 तक जैक मा ने जापान में दूरसंचार क्षेत्र की कंपनी 'मासाचोसी सन ऑफ सॉफ्टबैंक' से और 2 करोड़ डॉलर इकट्ठा किए, जो प्रौद्योगिकी कंपनियों में भी निवेश करती है। अलीबाबा के इस निवेशक के बारे में बात करते हुए जैक

जैक मा के नेतृत्व में उस समय 'अलीबाबा' का कोई स्थानीय प्रतिस्पर्धी नहीं था और विश्व बाजार में एक नया सफल नेता बनने के लिए इसने तेजी से अपना विस्तार किया। अलीबाबा के लिए जैक मा ने दूसरी बार कोष इकट्ठा किया तथा इस बार वे कुछ प्रमुख वित्तीय नेताओं को आकर्षित करने में सफल रहे।

मा ने कहा, "सॉफ्टबैंक से निवेश के लिए हर साल 700 से ज्यादा कंपनियाँ आवेदन देती हैं। वे इनमें से लगभग 10 प्रतिशत में ही निवेश करते हैं और मासाचो के पुत्र (सॉफ्टबैंक के मुख्य कार्यकारी अधिकारी) ने सीधे हम से बात की। मेरे लिए उनके शब्द थे, 'मैं आपके अद्भुत नेतृत्व के कारण ही आपकी कंपनी में निवेश कर रहा हूँ। इसे बनाए रखिए।' 2.5 करोड़ डॉलर की वित्तीय सहायता कंपनी के विकास में महत्त्वपूर्ण रूप से सहायक रही।"

'जिआमेन नेटवर्क ऑपरेटर्स सम्मेलन' के दौरान सितंबर 2001 में जैक मा ने कहा, "सही निवेश कंपनी का पता लगाना विवाह साथी ढूँढ़ने के समान है। कठिन समय में भी हमें साथ-साथ चलने की जरूरत है। आज हो सकता है कि सबकुछ ठीक हो, लेकिन कल यदि हमारा भाग्य पलटता है तो मुझे आपकी मदद की जरूरत होगी।"

सही निवेश कंपनी का पता लगाना विवाह साथी ढूँढ़ने के समान है। कठिन समय में भी हमें साथ-साथ चलने की जरूरत है। आज हो सकता है कि सबकुछ ठीक हो, लेकिन कल यदि हमारा भाग्य पलटता है तो मुझे आपकी मदद की जरूरत होगी।

इस वेबसाइट की लोकप्रियता बहुत ज्यादा बढ़ गई और इसने पूरे विश्व से सदस्यों का ध्यान आकर्षित करना शुरू कर दिया। चीन में घरेलू ई-बाजार में काफी सुधार आया और इससे चीन के उद्यमियों, विशेषकर छोटे व मध्यम आकार के उद्यमियों, को एक उत्पादक माध्यम मिल गया, ताकि वे 'विश्व व्यापार संगठन' (डब्ल्यू.टी.ओ.) की चुनौतियों का सामना कर सकें। शीघ्र ही अलीबाबा का व्यवसाय 240 देशों में फैल गया और चीनी कारखानों को बड़े पैमाने पर अपने उत्पाद पूरे विश्व के लिए प्रदर्शित करने का मौका मिल गया।

"हम पहली बार अगस्त 1999 में मीडिया से मिले, लेकिन किसी तरह अमेरिका में 'बिजनेस वीक' को अलीबाबा के बारे में पता चल गया। पहले तो हमने उनके साक्षात्कार के आग्रह को ठुकरा दिया, बाद में हमने विदेश मंत्रालय एवं जेजिआंग विदेश मंत्रालय के कार्यालय के माध्यम से इसे स्वीकार कर लिया। उस समय हमारे पास एक ऑफिस फोन या फैक्स मशीन तक नहीं थी।

हमारे पास अमेरिका का पता तो था, लेकिन फिर भी हमें पूर्ण रूप से स्थानीय चीनी कंपनी और वैश्विक स्तर पर एक तीसरे दर्जे का उद्यमी नहीं समझा जाएगा। साक्षात्कार के लिए जब हम संवाददाता को रिहायशी क्षेत्र की तरफ ले गए, जहाँ हम केंद्रित थे, तो उन्हें हमारे लिए शंका होने लगी। जब हमने दरवाजा खोला तो हमारे 20 से 30 लोग चार शयन कक्षवाले अपार्टमेंट में ठसे हुए थे। हमारी व्यापक ख्याति तथा हजारों सदस्यों के कारण साक्षात्कारकर्ता ने सोचा कि अलीबाबा एक बहुत बड़ी कंपनी है। अंततः वह लेख कभी छपा ही नहीं।'' जैक मा ने 11 जून, 2002 को हुए 'निंग्बो नेटवर्क ऑपरेटर्स' सम्मेलन के दौरान यह बात बताई।

जब आप एक घर बनाते हैं तो नींव डालने में ही आपका 30 प्रतिशत समय लग जाता है। एक अच्छी कंपनी को स्थायी और अच्छी आय के लिए सफल होने में पाँच वर्ष का समय लगता है। अलीबाबा का तो अभी नींव डालने का काम भी पूरा नहीं हुआ था।

अलीबाबा के इन आरंभिक वर्षों के दौरान जैक मा ने धैर्य के महत्त्व पर जोर दिया—''जब आप एक घर बनाते हैं तो नींव डालने में ही आपका 30 प्रतिशत समय लग जाता है। एक अच्छी कंपनी को स्थायी और अच्छी आय के लिए सफल होने में पाँच वर्ष का समय लगता है। अलीबाबा का तो अभी नींव डालने का काम भी पूरा नहीं हुआ था। हम अपना व्यवसाय इसलिए नहीं कर रहे थे कि दूसरे भी यह कर रहे थे या दूसरे लोग चाहते हैं कि हम व्यवसाय करें, इसलिए हम कर रहे हैं। हम इसलिए यह करते है, क्योंकि हम जो करते हैं, उसमें विश्वास करते हैं। हमें यह करना चाहिए और हमें इसे कैसे प्राप्त करना चाहिए!'' (मा, क्यू एंड ए, 2001) वर्ष 2001 में 'वेनजाऊ नेटवर्क ऑपरेटर्स सम्मेलन' के दौरान उन्होंने कहा, ''मोटे तौर पर छोटे व्यवसायी अपने संचालन पर निर्भर करते हैं, मध्यम व्यवसायी अपने प्रबंधन पर तथा बड़ी कंपनियाँ अपने टीम वर्क पर। इस टीम के लिए तीन महत्त्वपूर्ण चीजें हैं, जो इनके पास होनी चाहिए—व्यापक अंतर्दृष्टि, व्यापक सोच तथा बड़े काम करने की क्षमता, जैसा कि हू जुएयान ने एक बार कहा, ''किसी व्यवसाय को शुरू करना जितना मुश्किल होता है,

उतना ही अधिक आपके पास यदि क्षमता है तो बहुत दूर तक देखने के अवसर होते हैं।''

एक स्वप्नदर्शी के तौर पर जैक मा ने कहा कि ''अपने लक्ष्य के प्रति एकनिष्ठ होना, अपने लक्ष्य पर केंद्रित होना, इसकी प्राप्ति के लिए कार्यरत होना और कभी भी इसकी प्राप्ति से पीछे न हटना आपका काम है।'' अंग्रेजी मुहावरों तथा पारंपरिक चीनी कहावत मिश्रित अपनी व्यावसायिक शब्दावली पर अपने श्रेष्ठ पकड़ के लिए विख्यात जैक मा ने विपरीत परिस्थितियों में भी अपनी मौलिक सपनों की प्राप्ति के लिए उसी प्रकार प्रयासरत रहने की सलाह दी, जिस प्रकार कोई व्यक्ति प्रकाशघर के लिए करता है और दिशा निर्देशित करता है। आपके इन कार्यों से आपके आसपास के लोगों को उस सामान्य लक्ष्य की प्राप्ति के लिए कठिन परिश्रम करने की प्रेरणा मिलेगी और ये चीजें ही किसी व्यक्ति को सफल नेता बनाती हैं।

आज अलीबाबा की सफलता के साथ ही जैक मा विश्व के एक प्रमुख ई-कॉमर्स वेब पोर्टल के संस्थापक के रूप में जाने जाते हैं। लेकिन उन्होंने अपनी सफलता को, भविष्य के प्रति अपनी अंतर्दृष्टि को आच्छादित नहीं होने दिया। उस स्वीकारोक्ति को कि उनका मूल स्थान क्या है?

आज अलीबाबा की सफलता के साथ ही जैक मा विश्व के एक प्रमुख ई-कॉमर्स वेब पोर्टल के संस्थापक के रूप में जाने जाते हैं। लेकिन उन्होंने अपनी सफलता को, भविष्य के प्रति अपनी अंतर्दृष्टि को आच्छादित नहीं होने दिया। उस स्वीकारोक्ति को कि उनका मूल स्थान क्या है? 'अलीबाबा' के पूर्व उपाध्यक्ष संजय वर्मा कंपनी की स्थापना के समय वर्ष 1999 में जैक मा के साथ उनकी महत्त्वाकांक्षा के बारे में देर रात तक लंबी बातचीत को याद करते हैं—''वे सचमुच में छोटे व्यापारियों, छोटी कंपनियों तथा एसएमईज को सशक्त करना चाहते थे।'' संजय ने बताया—''उस समय जैक मा विनम्र थे और वे आज भी विनम्र हैं। जो चीज बदली है, वह है, उनकी ताकत—वह स्पष्टत: अत्यधिक समृद्ध हैं, लेकिन अपने लक्ष्य एवं अपनी अंतर्दृष्टि के मामले में चीजें तनिक भी नहीं बदली हैं।''

वर्ष 2003 में 'फॉर्च्यून लाइफ प्रोग्राम' के भाषण के दौरान जैक मा ने संजय वर्मा के शब्दों को यह कहते हुए सच साबित कर दिया कि ''मैं कंप्यूटर के बारे में कुछ नहीं जानता हूँ, इसलिए, जैसा कि मैं युवा पीढ़ी से कहता हूँ, 'यदि जैक मा सफल हो सकता है तो आप में से 80 प्रतिशत लोग भी कठिन परिश्रम करके सफल हो सकते हैं'।'' उनका विश्वास है कि वह विशेष रूप से प्रतिभाशाली नहीं हैं—''मेरा रूप-रंग, योग्यता एवं शिक्षा समाज के श्रेष्ठता के मापदंड से काफी दूर है; लेकिन मैं मानव स्वभाव को समझता हूँ। आपको सफलता पाने के लिए अपने नकारात्मक भावों पर नियंत्रण रखना चाहिए तथा सकारात्मक भावों का विकास करना चाहिए। मैं टीम भावना तथा साझा लक्ष्य के माध्यम से यह करने का प्रयास करता हूँ।'' ये बातें उन्होंने 28 अक्तूबर, 2008 को काजुओ इनामोरी के साथ वार्तालाप में कहीं। उनकी विनम्रता, आकर्षण, नेतृत्व एवं अंतर्दृष्टि ने ही उन्हें पूरे चीन में लाखों लोगों के लिए प्रेरणा का स्रोत बना दिया है।

□

7

बुरे दिन

"कभी भी हार नहीं मानिए। आज का दिन कठिन है। कल इससे भी बदतर हो सकता है। लेकिन कल के बाद का दिन अच्छा होगा। यदि आप कल ही हार मान जाते हैं तो आप कभी भी अच्छा दिन नहीं देख पाएँगे।" जैक मा निष्ठा की शक्ति में विश्वास करते हैं। वे कहते हैं, "यदि आप हार नहीं मानते हैं तो अभी भी आपके पास एक मौका है।" उनके इसी विश्वास ने उन्हें मैदान में डटे रहने में उस सयम भी मदद की, जब डॉट-काम विफल हुआ। उस समय की अन्य आई.टी. कंपनियों की तरह ही अलीबाबा में भी छँटनी करनी पड़ी थी।

बाद में उन बुरे दिनों के बारे में सोचते हुए जैक मा ने वर्ष 2015 में 'क्लिंटन ग्लोबल इनीशिएटिव वार्षिक सम्मेलन के दौरान धन बचाने के महत्त्व के बारे में कहा, "आप अमेरिकियों को तो आनेवाले कल के पैसे भी आज ही खर्च करने का शौक है और हो सकता है, दूसरों के पैसे भी। हम चीनियों को पैसों की बचत करना बहुत पसंद है। हम शायद पूरे विश्व में सुरक्षित पैसों के सबसे बड़े जमाकर्ता हैं। इसका कारण यह है कि हम वर्षों तक गरीब रहे हैं। जब हमें लाभ हुआ, हमने उन पैसों को बैंक में रख दिया, क्योंकि हमें मालूम है कि किसी दिन विपत्ति भी आएगी और उस बचाए हुए पैसों को हम तब खर्च कर सकते हैं। इसलिए जब अर्थव्यवस्था की हालत खराब है, फिर भी हमारे पास खर्च करने के लिए पैसे हैं। आपके पास शायद नहीं हैं।"

वर्ष 2002 तक अलीबाबा के पास अगले 18 माह तक अपना अस्तित्व बनाए रखने के लिए नकदी लगभग नहीं थी। कंपनी की वेबसाइट पर बहुत

लोग नि:शुल्क सदस्य के रूप में पंजीकृत थे, लेकिन जैक मा को यह मालूम नहीं था कि उनसे पैसे कैसे इकट्ठा करें? उन्होंने अपनी वेबसाइट से जुड़ने के लिए सदस्यता नि:शुल्क रखी, लेकिन उन्हें अनेक चीजें अतिरिक्त रूप में उपलब्ध कराईं, जैसे 'पर्सनल वेब पेज', जिससे उन्हें राजस्व की प्राप्ति हुई।

दिसंबर में जैक मा उद्यमियों के वार्षिक सम्मेलन में भाग लेने के लिए बीजिंग गए तो वहाँ का तापमान 3 या 4 डिग्री सेल्सियस तक गिर चुका था। उन्होंने सुबह के अखबार में झील में बर्फ में जमी एक बत्तख की फोटो देखी। जैक मा ने जब अपना भाषण शुरू किया तो उन्होंने उस बत्तख की चर्चा से अपना भाषण शुरू किया, "एक मूर्ख बत्तख का चित्र आज बीजिंग के एक अखबार में छपा। वह झील की बर्फ में जम गई थी। प्रकट रूप से उस मूर्ख बत्तख ने यह अपेक्षा नहीं की थी कि इस वर्ष जाड़े में सर्दी इतनी ज्यादा होगी। वे बत्तखें, जो पहले से ही तैयार होकर तट पर गईं, वे आज सुरक्षित हैं...उसी तरह, वित्तीय तूफान का हमला इतना भयावह नहीं था। भयावह यह है कि हम तैयार नहीं थे। जैसा कि मैंने कहा, वित्तीय उथल-पुथल का समय अब खत्म हो गया है। तैयार न रहना उस मूर्ख बत्तख की तरह है, क्योंकि आधे वर्ष पहले हम इन गहरे बादलों से अनभिज्ञ थे। यही सबसे भयावह बात है। तूफानी वर्षा तेज है, लेकिन आज सबको इसके बारे में मालूम है। इसलिए स्थिति जल्द ही बेहतर हो जाएगी।"

एक मूर्ख बत्तख का चित्र आज बीजिंग के एक अखबार में छपा। वह झील की बर्फ में जम गई थी। प्रकट रूप से उस मूर्ख बत्तख ने यह अपेक्षा नहीं की थी कि इस वर्ष जाड़े में सर्दी इतनी ज्यादा होगी। वे बत्तखें, जो पहले से ही तैयार होकर तट पर गईं, वे आज सुरक्षित हैं...उसी तरह, वित्तीय तूफान का हमला इतना भयावह नहीं था।

अंतत: उन लोगों ने यू.एस. के खरीदारों से ऑनलाइन मिलने के लिए चीनी निर्यातकर्ताओं के लिए एक उत्पाद तैयार किया। इस मॉडल ने जैक मा की कंपनी को दिवालिएपन से बचा लिया। मार्च 2002 तक अलीबाबा के 10 लाख उपभोक्ता बन गए, जो इसके लिए मील का पहला पत्थर था। इसी समय

अंततः कंपनी का मुनाफा बढ़ने लगा, जैसा कि जैक मा ने अपने समर्थकों से वायदा किया। वर्ष 2002 के अंत तक कंपनी ने 1 डॉलर का मुनाफा हासिल किया।

अलीबाबा हो सकता है कि वर्ष 2002 तक बड़ा मुनाफा अर्जित नहीं कर पाई हो, लेकिन इसने चीनी बाजार में अपनी प्रतिष्ठा स्थापित कर ली। ''इस बीते वर्ष में हमारा विज्ञापन का बजट शून्य था, फिर भी हमारी ख्याति बहुत बढ़ी है। ब्रांडिंग की इस चमत्कारिक वृद्धि ने हार्वर्ड बिजनेस स्कूल का ध्यान भी आकर्षित किया; लेकिन यह कोई चमत्कार नहीं है। वर्ष 1995 से 1999 तक—पाँच वर्षों तक हमने कठिनाई देखी; लेकिन अब अलीबाबा का प्रदर्शन अगले वर्ष और भी बेहतर होगा। हम न सिर्फ अपनी गलतियों से सीखते हैं, बल्कि उन गलतियों से भी सीखते हैं, जो अन्य चीनी कंपनियों ने भी कीं।'' जैक मा ने ट्रस्टपास प्रेस कॉन्फ्रेंस के दौरान 10 मार्च, 2002 को ये बातें कहीं।

> ***इस बीते वर्ष में हमारा विज्ञापन का बजट शून्य था, फिर भी हमारी ख्याति बहुत बढ़ी है। ब्रांडिंग की इस चमत्कारिक वृद्धि ने हार्वर्ड बिजनेस स्कूल का ध्यान भी आकर्षित किया; लेकिन यह कोई चमत्कार नहीं है।***

जैक मा के लिए चीन में पहले से स्थापित और फैलते हुए 'ई-बे' के समक्ष 'अलीबाबा' को स्थापित करना सहज नहीं था। लोग उन्हें पागल कहते थे। लेकिन जैक मा ने इस बात पर कोई ध्यान नहीं दिया। वे अपने विचारों पर दृढ़ता से कायम रहे। एक साक्षात्कार में उन्होंने यह कहा कि ''मैंने हार्वर्ड में वर्ष 2002 में भाषण दिया। मेरी वार्ता के बाद किसी विदेशी कंपनी के सी.ई.ओ. ने कहा कि मैं एक पागल आदमी था। उसने कहा कि वह चीन में अनेक वर्षों तक रहा और उसे इस बात का विश्वास नहीं था कि मैं जिस प्रकार कंपनी का प्रबंधन कर रहा था, वह चीन में सफल होता! मैंने अलीबाबा को देखने के लिए उन्हें आमंत्रित किया। तीन दिन तक विश्राम के बाद उसने कहा, ''अब मेरी समझ में आता है। यहाँ आपके पास आपकी तरह ही पागल सौ और लोग हैं।''

10 मार्च, 2002 को ट्रस्टपास प्रेस कॉफ्रेंस में जैक मा ने यह घोषणा की

कि वे अलीबाबा को एक सफल उपक्रम के उदाहरण के रूप में देखते हैं और उन्होंने इसकी सफलता के पीछे के कारणों को बताया—"आज ई-कॉमर्स की माँग है। इस इंटरनेट बाजार से अनेक कंपनियाँ जुड़ना चाहती हैं, लेकिन सफल उदाहरण के लिए वे कहाँ जाएँ, इसका पता नहीं है। बिना प्रमाण के वे आगे बढ़ने के लिए अनिच्छुक हैं कि इससे उन्हें लाभ मिलेगा। इसलिए जब उन्हें एक सफल परियोजना दिखाने के लिए कहा गया तो मैंने अलीबाबा का उदाहरण दिया। बहुत बड़ी संख्या में झींगों को इकट्ठा करके छोटे से लेकर मध्यम आकार के उद्यमी तक हम व्हेल आकर खाने के लिए आकर्षित कर सकते हैं। तब छोटे एवं मध्यम उपक्रम सफल ई-कॉमर्स के लिए समाधान बन जाते हैं।"

मैंने अलीबाबा के बुरे दिनों से जो शिक्षा ली है, वह यह है कि आपको अपनी टीम को यह बताना है कि उनमें मूल्य, नवीनता तथा अंतर्दृष्टि होनी चाहिए और यह भी कि जब आप छोटे हैं तो आपको केंद्रित होना चाहिए तथा अपने दिमाग पर भरोसा रखना चाहिए, न कि ताकत पर।

उस असफलता के बारे में सोचते हुए जैक मा कहते हैं, "मैंने अलीबाबा के बुरे दिनों से जो शिक्षा ली है, वह यह है कि आपको अपनी टीम को यह बताना है कि उनमें मूल्य, नवीनता तथा अंतर्दृष्टि होनी चाहिए और यह भी कि जब आप छोटे हैं तो आपको केंद्रित होना चाहिए तथा अपने दिमाग पर भरोसा रखना चाहिए, न कि ताकत पर।" वह अलीबाबा को '1,001 गलती' बताते हैं और वे मानते हैं कि एक बहुत बड़ी गलती, जो उन्होंने की, वह थी अलीबाबा का आक्रामकता के साथ अंतरराष्ट्रीय बाजार में विस्तार, जिस कारण अलीबाबा को गंभीर चुनौतियों का सामना करना पड़ा। "वर्ष 1999 में अलीबाबा की आरंभिक रणनीति यह थी कि अपने ही घरेलू ई-कॉमर्स बाजार की अनदेखी करके शीघ्र ही अंतरराष्ट्रीय स्तर पर चले जाना। इसे हम 'प्रथम श्रेणी के ग्रुप 'ए' टीम का सीधे विश्व कप में प्रवेश करना' कहते हैं। लेकिन वर्ष 1999 से 2001 तक अलीबाबा को ख्याति नहीं मिली थी। हमारा ध्यान यूरोप एवं संयुक्त राज्य अमेरिका पर था और तब मैंने वहाँ अनेक भाषण दिए। मेरे लिए सबसे दयनीय

क्षण वह था, जो हमारे जर्मनी में वर्ष 2000 में आयोजित तक आयोजन के दौरान हुआ। हमने 1,500 लोगों के बैठने की व्यवस्था की और उसमें सिर्फ तीन लोग आए। मैं बहुत लज्जित था, लेकिन फिर भी मुझे भाषण तो देना ही था।'' जैक मा ने जुलाई 2005 में 'क्वींगडाऊ नेटवर्क ऑपरेटर्स सम्मेलन' के दौरान यह बात स्वीकार की।

8 दिसंबर, 2005 को बीजिंग यूनिवर्सिटी में 'सी.सी.टी.वी. अन्वेषण फोरम' के दौरान जैक मा ने कहा, ''हैंगजाऊ के एक स्थानीय अखबार में यह अंतर्निहित खबर छपी कि हमारे निजी उद्यम इंटरनेट कंपनी में कोई वास्तविक दम नहीं है। थोड़ा अलग हटकर अपने आपको साबित करने के लिए हमने अपनी कंपनी में अंग्रेजी पी.आर. सामग्री शामिल की, जो अमेरिका से कोरियर द्वारा हमें भेजी गई थी। हम अपनी यू.एस. वेबसाइट से रंगीन पेज छापते, ताकि हम लोगों को यह दिखा सकें कि इंटरनेट की दुनिया में हमारी अंतरराष्ट्रीय स्तर पर उपस्थिति है। यह बड़ी कठिन शुरुआत थी। बाद में हमें यह अहसास हुआ कि खरगोश पहले अपने ही बिल की घास स्वाभाविक रूप से खाते हैं और हमें शुरुआत से ही पहले स्थानीय स्तर पर मित्र बनाना चाहिए था।''

8 दिसंबर, 2005 को बीजिंग यूनिवर्सिटी में 'सी.सी.टी.वी. अन्वेषण फोरम' के दौरान जैक मा ने कहा, ''हैंगजाऊ के एक स्थानीय अखबार में यह अंतर्निहित खबर छपी कि हमारे निजी उद्यम इंटरनेट कंपनी में कोई वास्तविक दम नहीं है। थोड़ा अलग हटकर अपने आपको साबित करने के लिए हमने अपनी कंपनी में अंग्रेजी पी.आर. सामग्री शामिल की, जो अमेरिका से कोरियर द्वारा हमें भेजी गई थी।

लोगों के मन में अलीबाबा जैसी कंपनी की दीर्घकालिक सफलता को लेकर संशय था। प्रबंधन के कुछ विशेषज्ञों का दावा है कि बिचौलिए के रूप में अपना अस्तित्व बनाए रखना कठिन होता है। इसलिए मुझसे प्राय: यह पूछा जाता है कि क्या हम अपना विस्तार करके विक्रय क्षेत्र में आएँगे, या भविष्य के विकास को सुनिश्चित करने के लिए उत्पादन के क्षेत्र में जाएँगे? जब

टेलीफोन का आविष्कार हुआ था तो लोगों ने कहा कि डाकघर का जमाना खत्म हो गया, लेकिन डाकघर चलते रहे। किसी भी एक उद्योग के लिए किसी दूसरे उद्योग का स्थान लेना बहुत कठिन है। ई-कॉमर्स बिचौलिए को विस्थापित नहीं करेगा, लेकिन इसका विकास एक नए प्रकार के बिचौलिए के साथ होगा। कोई भी उद्योग बुरा नहीं है, केवल गलत व्यापार हैं। बीच में चलनेवाली यह व्यवस्था ज्यादा-से-ज्यादा प्रौद्योगिकीय कौशल पर निर्भर करेगी। वे उन परिवर्तनों को समझेंगे, जिनकी जरूरत होगी। इस प्रकार निश्चित रूप से भविष्य में उनकी जरूरत होगी, यहाँ तक कि आज से एक सौ साल बाद भी।'' जैक मा ने कहा, जैसा कि 26 जनवरी, 2006 को पहली बार 'फाइनेंशियल डेली' में यह प्रकाशित हुआ।

दुर्भाग्यवश, अलीबाबा के संचालन तथा इसके विकास पर ध्यान केंद्रित करने का जैक मा के व्यक्तिगत जीवन पर भी असर पड़ा। उन्होंने और उनकी पत्नी जैंग ने अलीबाबा पर अपना इतना समय लगा दिया कि उनके पास अपने पुत्र मा युआकुन के लिए ही समय नहीं था, जिसका जन्म सन् 1992 में हुआ था। चूँकि जैंग अलीबाबा के चीन मुख्यालय की महाप्रबंधक थीं। अतः वह भी समान रूप से व्यस्त रहती थीं। सप्ताह के पाँच दिन उनके बेटे को 'डे केयर' में ही रहना पड़ता था और वह अपने माता-पिता से सप्ताहांत में ही मिल पाता था। एक साक्षात्कार में जैंग ने यह स्वीकार किया कि उन लोगों ने अपनी कंपनी के विकास के लिए प्रभावशाली रूप से अपने बेटे का त्याग कर दिया। माता-पिता के दिशा-निर्देश के अभाव में अंततः मा युआनकुन को दस वर्ष की कोमल उम्र में ऑनलाइन खेल की लत पड़ गई। वह खाली समय में घर लौटने की बजाय अपना अधिकांश समय इंटरनेट कैफे में ही बिताना पसंद करता था।

दुर्भाग्यवश, अलीबाबा के संचालन तथा इसके विकास पर ध्यान केंद्रित करने का जैक मा के व्यक्तिगत जीवन पर भी असर पड़ा। उन्होंने और उनकी पत्नी जैंग ने अलीबाबा पर अपना इतना समय लगा दिया कि उनके पास अपने पुत्र मा युआकुन के लिए ही समय नहीं था, जिसका जन्म सन् 1992 में हुआ था।

इससे पहले कि परिवार में बिखराव आता, जैक मा ने मा युआनकुन के बारे में अपनी चिंता अपनी पत्नी से व्यक्त की। उस समय उनके दो बच्चों के लिए उनसे घर पर ही रहने का आग्रह किया। खबर यह है कि उन्होंने अपनी पत्नी, पैसों और बेटे में से एक का चयन करने के लिए कहा और उन्हें समझाया कि कंपनी से ज्यादा परिवार को उनकी जरूरत है।

इस आग्रह से जैंग नाखुश थीं और उन्होंने सोचा कि जैक उन्हें शतरंज के एक मोहरे की तरह प्रयोग कर रहे हैं। जब उन्होंने पहले शादी की और गृहिणी बनना चाहती थीं तो धोखा देकर अलीबाबा के साथ लगा लिया और अब, जबकि कंपनी अंतत: सफल हो गई है तो वे चाहते हैं कि वह अलीबाबा के चीन के महाप्रबंधक के पद को छोड़ दें और वापस एक गृहिणी बन जाएँ! यद्यपि पहले वे अनिच्छुक थीं, पर अंत में उन्होंने धन की बजाय परिवार को प्राथमिकता दी और एक देखभाल करनेवाली गृहिणी की भूमिका को अपना लिया।

जैंग ने जो त्याग किया, उसे जैक मा स्वीकार करते हैं और अपनी पत्नी की प्रशंसा करते हैं। जब अलीबाबा और परिवार की सफलता का श्रेय देने की बात होती है तो वे कहते हैं, ''वह मेरे कॅरियर और परिवार में मेरी बहुत मदद करती हैं।'' जैंग के निरंतर सहयोग के कारण ही जैक अपने लक्ष्य के प्रति शांत एवं आश्वस्त रहे तथा डॉट-कॉम असफलता के कठिन समय में भी वांछनीय परिणाम के प्रति केंद्रित रहे।

□

8

ताओबाओं की मदद से उत्थान

वर्ष 2003 में 'ई-बे' के पास चीन के ऑनलाइन नीलामी बाजार का बहुत बड़ा हिस्सा था, जबकि अलीबाबा का अभी भी कोई मुनाफा नहीं था। जैक मा का प्रतिस्पर्धा की स्थिति में अपने उत्साह को बनाए रखने में कठोर विश्वास है—"विजेता शिकायत नहीं करते हैं।" वे यह स्वीकार करते हैं कि यदा-कदा प्रतिस्पर्धियों तथा परिस्थितियों द्वारा हो सकता है कि हमारे अंदर भी आक्रोश एवं निराशा की भावना पैदा की जाती हो; लेकिन निरंतर आक्रोश व्यक्त करना, विफलता की निश्चित निशानी है। वे मित्रवत् प्रतिस्पर्धा की भावना में विश्वास करते हैं तथा अपने प्रतिस्पार्धियों को शत्रु नहीं मानते हैं। वे उनके साथ मित्र की तरह व्यवहार करते हैं, जिनसे कि वे सीख सकते हैं और जो उन्हें अपनी पूर्ण क्षमता को प्राप्त करने की चुनौती देते हैं।

जैक मा यह जानते हैं कि हर प्रयास को ही कठिनाई, चुनौतियों तथा बाधाओं का सामना करना पड़ता है; लेकिन कोई व्यक्ति उनसे कैसे निपटता है, उसी से व्यवसाय की सफलता निर्धारित होती है। अपनी गलतियों से सीखना बहुत महत्त्वपूर्ण है। सभी महान् नेताओं की तरह ही जैक मा भी यह स्वीकार करते हैं कि हार मान लेना सबसे बड़ी विफलता है—"यदि आप हार नहीं मानते हैं तो आपके पास अब भी एक मौका है और जब आप छोटे हैं तो आपको अपना ध्यान केंद्रित रखना चाहिए तथा आपको अपने दिमाग पर, न कि अपनी ताकत पर, भरोसा रखना चाहिए।"

जैक मा के व्यावसायिक दर्शन का एक सबसे अद्‌भुत पक्ष यह था कि वे जिस किसी के साथ भी प्रतिस्पर्धा करते थे; स्वयं को उसके बराबर समझते

थे, यहाँ तक कि स्वयं को विश्व स्तर पर ख्याति-प्राप्त 'ई-बे' के भी समान समझते थे और उसी तरह का आचरण करते थे—"हर बड़ा व्यवसाय कहीं-न-कहीं से शुरू ही हुआ है। आपका व्यवसाय भी कहीं-न-कहीं शुरू हुआ है। टेबल पर एक सीट पाने के लिए सभी योग्य हैं।" लेकिन वे इस बात के प्रति सावधान रहते थे कि कभी किसी विचार की चोरी नहीं करनी है। आपको अपने प्रतिस्पर्धी से सीखना जरूर चाहिए, लेकिन उनकी नकल नहीं करनी चाहिए। नकल की तो आपकी प्रतिभा खत्म। कार्य की नैतिकता को जैक मा बहुत सम्मान देते थे—"कभी किसी को धोखा नहीं दीजिए—व्यवसाय में भी और जीवन में भी। वर्ष 1995 में चार कंपनियों ने मेरे साथ धोखा किया। वे चारों कंपनियाँ आज बंद हो गई हैं। धोखा करके कोई भी कंपनी बहुत आगे नहीं बढ़ सकती है।"

> *जैक मा नई रणनीतियों के साथ आगे आए और उन्होंने कंपनी के संचालन को सफलतापूर्वक पहचाना। अनेक अंतरराष्ट्रीय शाखाओं को बंद करना तथा सबसे पहले चीनी बाजार में अलीबाबा की स्थिति को मजबूत करने पर ध्यान केंद्रित करना उनकी रणनीति के अंग थे।*

जैक मा नई रणनीतियों के साथ आगे आए और उन्होंने कंपनी के संचालन को सफलतापूर्वक पहचाना। अनेक अंतरराष्ट्रीय शाखाओं को बंद करना तथा सबसे पहले चीनी बाजार में अलीबाबा की स्थिति को मजबूत करने पर ध्यान केंद्रित करना उनकी रणनीति के अंग थे। 'अलीबाबा डॉट-कॉम' के साथ जैक मा के पास एक ऐसा ई-कॉमर्स प्लेटफॉर्म था, जो चीन में तथा शेष विश्व में कंपनियों के बीच व्यापारिक लेन-देन को संभव बनाता था। चार वर्ष के बाद उन्होंने 'ताओबाओ डॉट कॉम' के नीलामी स्थल के साथ ही उपभोक्ता व्यापार के क्षेत्र में कदम बढ़ाया, जिसका अभिप्राय था 'कोष की तलाश'। जैक मा ने अपने पूर्व आवास 'लेकसाइड गार्डन' पर ताओबाओ के गुप्त अन्वेषण तथा विकास के लिए दर्जनों व्यक्तियों की एक टीम को छुपा रखा था। बाद में यह तीन कमरों का अपार्टमेंट समस्त नई परियोजनाओं पर विचार-मंथन तथा अन्वेषण के लिए अलीबाबा का 'क्रांतिकारी स्थल' बन गया।

बहुराष्ट्रीय ई-कॉमर्स प्रमुख ई-बे के विरुद्ध सफल होने के लिए दृढ़ प्रतिज्ञ जैक मा ने 'ताओबाओ' का संचालन आरंभ किया तथा ऑनलाइन व्यापार करनेवाले लाखों व्यापारियों के लिए इसे कमीशन-मुक्त बाजार स्थल बनाया। शीघ्र ही 'ताओबाओ' ई-बे के लिए एक गंभीर प्रतिद्वंद्वी बनकर उभरा, जो चीनी उपभोक्ता बाजार में सापेक्ष रूप से एक नवागंतुक था। 'ताओबाओ' के लिए कमीशन-मुक्त नीति के कारण अलीबाबा पर महत्त्वपूर्ण वित्तीय दबाव पड़ा। लेकिन जैक मा को मालूम था कि उस समय उन्हें पैसों तथा लाभ से आगे का सोचना है। उन्होंने यह बात मन में रखी कि उन्होंने सिर्फ पैसों के लिए इस व्यापार की शुरुआत नहीं की है। इस नीति को अपनाने के पीछे उनका मुख्य उद्देश्य था—एक विशेष प्रकार की जीवन-शैली का निर्माण करना, या, जैसा कि जैक मा कहते हैं, ''आपकी आत्मा और मन की जरूरतों को पूरा करना।'' उन्होंने सही फैसला करने के लिए अपने आपको इस यात्रा पर अपना ध्यान केंद्रित करने की याद दिलाई, न कि पैसों पर। ''जिस रास्ते पर आपने चलना शुरू किया है, उस पर पूरे मनोयोग और महत्त्वाकांक्षा के साथ चलते रहिए, पैसा अपने आप आएगा।''

ताओबाओ के साथ ही अलीबाबा ने भी तीन वर्ष की निःशुल्क सेवा शुरू की। बाद में जैक मा ने कहा कि ''हमारी लगभग समस्त सेवाएँ पहले वर्ष या दो वर्षों के लिए निःशुल्क शुरू की गईं। इसका प्रमुख कारण था—उस अवधि के दौरान उपभोक्ताओं की जरूरतों को समझना। बाद में हमने उसी के अनुसार सामंजस्य बिठा लिया।

ताओबाओ के साथ ही अलीबाबा ने भी तीन वर्ष की निःशुल्क सेवा शुरू की। बाद में जैक मा ने कहा कि ''हमारी लगभग समस्त सेवाएँ पहले वर्ष या दो वर्षों के लिए निःशुल्क शुरू की गईं। इसका प्रमुख कारण था—उस अवधि के दौरान उपभोक्ताओं की जरूरतों को समझना। बाद में हमने उसी के अनुसार सामंजस्य बिठा लिया। लेकिन उस समय यदि आपको यह पता लगता है कि निःशुल्क सेवा के तौर पर भी आप ग्राहकों को आकर्षित नहीं कर पाते हैं तो यह निराशाजनक हो सकता है कि आपका कोई मूल्य ही न हो। अपनी

नि:शुल्क अवधि के दौरान हमें बहुत सारे अनुभव हुए और इसी के कारण आज चीजें बेहतर हैं। आज हमारे पास 1 अरब अमेरिकी डॉलर हैं तथा हम और अधिक नि:शुल्क सेवाएँ उपलब्ध करवा सकते हैं।''

लेकिन जैक मा को तब यह भी मालूम था कि 'नि:शुल्क' एक बहुत ही महँगा शब्द है। जब वे यह कहते हैं तो इसमें जान है, ''जब कोई चीज 'नि:शुल्क' रूप से देते हैं तो आप अपना मुनाफा देते हैं और इसके साथ इसके विकास, इसे लागू करने तथा निरंतर आगे बढ़ने पर खर्च किए गए मानव संसाधन तथा संभवत: महान् विचार के रूप में बौद्धिक संपदा भी दे देते हैं। ऐसा विज्ञापन चलाने से पहले ध्यान से सोचिए! वास्तव में कुछ भी नि:शुल्क नहीं होता है।''

आपको जो प्रश्न जरूर पूछना चाहिए, वह यह है कि यदि हम अपनी ही बचत से प्रतिस्पर्धी मूल्य संघर्ष में निवेश करते हैं (न कि निवेशकर्ताओं के पैसे से) तो क्या हमें पूरा सहयोग मिलेगा?' अधिकांश कंपनियों की जो जरूरत है, वह पूँजी या प्रौद्योगिकी की इतनी नहीं है, जितनी महत्त्वपूर्ण विचारों की है।

अस्तित्व को बनाए रखने के लिए कंपनी ने ऑनलाइन व्यापारियों से बहुत थोड़े से पैसे लेकर उन्हें 'कस्टम वेब पेज' जैसी मूल्य-वर्द्धित सहायता सेवा भी उपलब्ध कराई। प्रतिस्पर्धियों के बीच मूल्य को लेकर संघर्ष के बारे में भी उनके ऐसे ही विचार हैं। अगस्त 2012 में अलीबाबा के कर्मचारियों को दिए आंतरिक भाषण में जैक मा ने कहा, ''आपको जो प्रश्न जरूर पूछना चाहिए, वह यह है कि यदि हम अपनी ही बचत से प्रतिस्पर्धी मूल्य संघर्ष में निवेश करते हैं (न कि निवेशकर्ताओं के पैसे से) तो क्या हमें पूरा सहयोग मिलेगा?' अधिकांश कंपनियों की जो जरूरत है, वह पूँजी या प्रौद्योगिकी की इतनी नहीं है, जितनी महत्त्वपूर्ण विचारों की है। हमेशा अपने आप से यह पूछिए आप किसके लिए संघर्ष कर रहे हैं? आप क्यों संघर्ष कर रहे हैं? और आप कैसे संघर्ष करेंगे? फिर सबसे बुरे परिणाम के लिए खुद को तैयार कीजिए। हमें उपभोक्ताओं के अधिकारों तथा उत्पादकों के हितों—दोनों की अधिकतम रक्षा करनी चाहिए।

सफलता का यही मुख्य सिद्धांत है। यदि आपके 'सम्मान' के लिए यह मूल्य-संघर्ष उत्पादकों को बंधक बनाने के लिए निवेशकों के पैसों का उपयोग करता है तथा उपभोक्ताओं को धोखा देता है तो इसकी कीमत बहुत ज्यादा है।

जैक को यह मालूम था कि अलीबाबा की स्थापना के कुछ वर्षों तक मुनाफा कमाना एक चुनौती था। जून 2014 में 'हैंगजाऊ नेटवर्क ऑपरेटर्स सम्मेलन' के दौरान उन्होंने कहा, "कठिनाइयों और दैनिक संघर्ष के लिए तैयार हो जाइए। कोई भी व्यक्ति बिल्कुल शुरू से सफल नहीं होता है। मैंने शुरू में ही बहुत सारी गलतियाँ कीं,तथा बहुत सारे अनुभव हासिल किए। किसी भी उद्यमी के लिए यह अच्छा है। सिर्फ यह मत सोचिए कि आप कितना पैसा कमा सकते हैं? यदि आप ऐसा करते हैं तो आप स्वयं ही अपने लिए कुछ दु:खद पाठ के लिए स्थिति पैदा करते हैं, विशेषकर इंटरनेट के क्षेत्र में व्यवसाय शुरू करने में। आज हो सकता है कि अनेक सफल नेटवर्क ऑपरेटर्स है, लेकिन उनमें से किसी ने भी अपने पहले तीन वर्षों में मुनाफा नहीं कमाया।" (मा, 'नेटवर्क ऑपरेटर्स सम्मेलन', 2004 में भाषण)

> ***हो सकता है कि ई-बे की स्थिति समुद्र में शार्क की तरह हो, लेकिन मेरी स्थिति यांगत्सी नदी में घड़ियाल की तरह है। यदि हम समुद्र में लड़ते हैं तो हम हार जाते हैं, लेकिन हम यदि नदी में लड़ते हैं तो जीत हमारी होती है।"***

यूट्यूब के लिए चार्ली रोस को दिए अपने साक्षात्कार में तथा 'फोर्ब्स ग्लोबल' के लिए जस्टिन दोई बोले के साथ अपने व्यापार की शुरुआत पर परिचर्चा में जैक मा अपने चुनौती भरे समय को याद करते हैं और कहते हैं, "हो सकता है कि ई-बे की स्थिति समुद्र में शार्क की तरह हो, लेकिन मेरी स्थिति यांगत्सी नदी में घड़ियाल की तरह है। यदि हम समुद्र में लड़ते हैं तो हम हार जाते हैं, लेकिन हम यदि नदी में लड़ते हैं तो जीत हमारी होती है।" 23 अक्तूबर, 2004 को सी.एन.बी.सी. को दिए गए साक्षात्कार में जैक मा ने कहा, "हमारे ही देश में हमसे लड़ने के लिए ई-बे चीन आया, जहाँ कि हमें हमारा गृह क्षेत्र होने का लाभ है। यहाँ हमारे लिए 300 युआन की तुलना में 3 युआन

में एक कटोरी नूडल्स खाना अच्छा है। ई-बे ने चीनी बाजार में 70 अरब युआन का निवेश किया, जबकि हमारा निवेश मात्र 10 करोड़ युआन का था। लेकिन हम से बेहतर वे क्या कर सकते हैं?"

जिस तेजी के साथ ताओबाओ वेबसाइट सफल हुई, उसने सभी को आश्चर्यचकित कर दिया, यहाँ तक कि अमेरिकी मीडिया को भी; क्योंकि यह एक सामान्य धारणा थी कि ई-बे अजेय है। लेकिन 13 जून, 2004 को 'हैंगजाऊ नेटवर्क ऑपरेटर्स सम्मेलन' के दौरान जैक मा ने अलग विचार व्यक्त किए, "अभी भी चीनी कंपनियों एवं बड़ी अंतरराष्ट्रीय कंपनियों के बीच उल्लेखनीय अंतर था। लेकिन पश्चिमी संस्कृति बड़े उद्यमों की ओर आकर्षित होती है, जबकि हमारी 1.3 अरब की 'चींटियाँ' छोटे और मध्यम आकार की कंपनियों से उत्पन्न थीं। यहीं पर भविष्य की विजय केंद्रित है। छोटी व मध्यम आकार की कंपनियों पर आधारित 'चीनी नेटवर्क ऑपरेटर्स' का समूह बड़े उद्यमियों के लिए चुनौती है। इसलिए अपना लक्ष्य निर्धारित करने में सावधानी रखिए। यदि हम कल बिक्री से 1 अरब डॉलर प्राप्त करने का लक्ष्य निर्धारित करते हैं तो हम असफलता के माहौल में खुद को बस, थकाएँगे; लेकिन यदि हमारा लक्ष्य है कि कंपनी का संचालन श्रेष्ठ तरीके से करें और हम किसी प्रकार की अवास्तविक संख्या को अपना लक्ष्य न बनाएँ तो हमारे पास 1.3 अरब चींटियों की फौज होगी, जिनके विचार स्पष्ट होंगे तथा वे बड़े हाथियों को परास्त करने के लिए तत्पर होंगी।" (वर्ष 2004 के 'नेटवर्क ऑपरेटर्स सम्मेलन' में मा के भाषण के अंश)

पश्चिमी संस्कृति बड़े उद्यमों की ओर आकर्षित होती है, जबकि हमारी 1.3 अरब की 'चींटियाँ' छोटे और मध्यम आकार की कंपनियों से उत्पन्न थीं। यहीं पर भविष्य की विजय केंद्रित है। छोटी व मध्यम आकार की कंपनियों पर आधारित 'चीनी नेटवर्क ऑपरेटर्स' का समूह बड़े उद्यमियों के लिए चुनौती है।

विशुद्ध रूप से चीनी वेबसाइट होने के बावजूद 'ताआबाओ' ने ई-बे, याहू तथा ऐसी ही अन्य बड़ी कंपनियों को चुनौती दी और उपभोक्ताओं से संबंधित

इसके आँकड़ों ने अमेरिकन विश्लेषकों को चीन को एक नए दृष्टिकोण से देखने के लिए विवश किया। तभी हर किसी को यह लगने लगा कि चीन के भीतर सी.ई.सी. प्रतिस्पर्धा, उनकी कल्पनाओं से परे, कहीं ज्यादा आक्रामक थी।

जैक मा कहते हैं कि अमेरिका के ई-कॉमर्स की तुलना में चीन के ई-कॉमर्स में कहीं ज्यादा अंतर है। प्रमुख रूप से यह चीन में अधिक महत्त्वपूर्ण है—''यू.एस. में ई-कॉमर्स की स्थिति मिष्ठान के समान है। यह मुख्य व्यवसाय की पूरक है, लेकिन चीन में यही मुख्य व्यवसाय है।'' ये बातें जैक मा ने 9 जून, 2015 को न्यूयॉर्क के 'इकॉनोमिक क्लब' में कहीं। अपने वक्तव्य की व्याख्या करते हुए उन्होंने आगे कहा, ''अमेरिकी दृष्टिकोण से संभवत: 'अमेजॉन' ही ई-कॉमर्स के लिए एकमात्र व्यापार आदर्श है, लेकिन नहीं...हम तो उनसे भिन्न हैं। हमारे मन में 'अमेजॉन' तथा 'ई-बे' के लिए बड़ा सम्मान है; लेकिन मैं समझता हूँ कि अमेरिका में छोटे व्यापारियों को चीन जाकर चीन में अपने उत्पाद बेचने में उनकी मदद करने के लिए हमारे पास अवसर एवं रणनीति दोनों हैं। पिछले 20 वर्षों से चीन का पूरा ध्यान निर्यात पर ही केंद्रित रहा है और मैं समझता हूँ कि अगले दस से बीस वर्षों तक चीन को अपना ध्यान आयात पर केंद्रित करना चाहिए। चीन को पैसे खर्च करना सीखना चाहिए, चीन को खरीदना सीखना चाहिए। चीन को अपनी ढेर सारी चीजें विश्व स्तर पर खरीदनी चाहिए और मैं मानता हूँ कि अमेरिका के छोटे उद्यमियों को (बेचने के लिए) अमेरिकी निर्मित उत्पादों को बेचने के लिए इंटरनेट का प्रयोग करना चाहिए और चीन जाना चाहिए।'' (वर्ष 2015 में 'न्यूयॉर्क इकॉनोमिक क्लब' में जैक मा का भाषण)

अमेरिकी दृष्टिकोण से संभवत: 'अमेजॉन' ही ई-कॉमर्स के लिए एकमात्र व्यापार आदर्श है, लेकिन नहीं...हम तो उनसे भिन्न हैं। हमारे मन में 'अमेजॉन' तथा 'ई-बे' के लिए बड़ा सम्मान है; लेकिन मैं समझता हूँ कि अमेरिका में छोटे व्यापारियों को चीन जाकर चीन में अपने उत्पाद बेचने में उनकी मदद करने के लिए हमारे पास अवसर एवं रणनीति दोनों हैं।

'अलीबाबा' को लेकर अपने सपनों के बारे में बोलते हुए जैक मा ने 15 सितंबर, 2007 को 'हैंगजाऊ नेटवर्क ऑपरेटर्स सम्मेलन' के दौरान कहा, "चाहे जो भी हो, आपको सपने जरूर देखने चाहिए। शुरू करने के लिए यह श्रेष्ठ कार्यशील पूँजी है। दूसरी बात, सपनों को सच करने के लिए प्रयासरत रहिए। हो सकता है कि आप से ज्यादा चतुर और मेहनती लोग हों; लेकिन हम ही क्यों सफल हुए और मुनाफा कमाया और दूसरों ने क्यों नहीं? हम प्रयास करते रहे। दूसरों को इंटरनेट या सर्च इंजन, ई-कॉमर्स या बी2बी नेटवर्क का कोई भविष्य नजर नहीं आया। दूसरे लोग दिवालिया हो गए, जबकि हम इसमें लगे रहे...यह नहीं सोचकर कि उन्हें दूसरी नौकरी तो मिल ही जाएगी, हमारे कर्मचारी हमारा साथ देते रहे और तब तक प्रयास करते रहे, जब तक कि हम अधिक बेहतर नहीं हो गए।" (मा, 'नेटवर्क व्यवसायियों का उत्थान', 2007)

मैं यह कभी नहीं कहता कि मैं विजेता हूँ, बल्कि मैं सफलता का दावा करता हूँ। मैं यह कहना पसंद करता हूँ कि मैंने अनेक कठिनाइयों पर विजय प्राप्त की है। प्रतिदिन मैं चुनौतियों का सामना करता तथा समस्याओं का सामना करता, जिस पर विजय प्राप्त करनी ही चाहिए। यही मेरी प्रमुख सफलता है।

वर्ष 2004 में 'सी.सी.टी.वी. वेबसाइट' को दिए एक साक्षात्कार में जैक मा ने 'ताओबाओ' बनाम 'ई-बे' की चीन में लड़ाई में स्वयं को विजेता कहने से विनम्रतापूर्वक इनकार कर दिया—"मैं यह कभी नहीं कहता कि मैं विजेता हूँ, बल्कि मैं सफलता का दावा करता हूँ। मैं यह कहना पसंद करता हूँ कि मैंने अनेक कठिनाइयों पर विजय प्राप्त की है। प्रतिदिन मैं चुनौतियों का सामना करता तथा समस्याओं का सामना करता, जिस पर विजय प्राप्त करनी ही चाहिए। यही मेरी प्रमुख सफलता है। पहले दिन से ही हर उद्यमी को यह मालूम होता है कि उसका दिन असफलताओं व कठिनाइयों से जूझते हुए बीतेगा, न कि 'सफलता' द्वारा परिभाषित रूप से बीतेगा। मेरा सबसे कठिन समय अभी भी नहीं आया है, लेकिन निश्चित रूप से यह आएगा। लगभग

एक दशक की उद्यमशीलता के अनुभव से इस कठिन समय से बचा नहीं जा सकता है या आपके बदले कोई और इसे नहीं झेल सकता है। उस उद्यमी को असफलता का सामना करने में समर्थ होना चाहिए और उसे कभी हार नहीं माननी चाहिए।'' (मा द्वारा 'सी.सी.टी.वी. वेबसाइट' को दिया गया साक्षात्कार, 2004)

अगस्त 2007 में 'चीन में विजय' शो के दौरान 'जीने की कला' पर परिचर्चा के दौरान जैक मा ने कहा, ''जब विपत्ति आती है तो अपने ग्राहकों के बारे सोचिए। फिर अपने कर्मचारियों के बारे में सोचिए और फिर इसके बाद अपने प्रतिद्वंद्वी के बारे में सोचिए। वास्तव में, प्रतिद्वंद्वी के बारे में नहीं सोचना ही बेहतर है, क्योंकि आपको पहले अपनी कठिनाइयों के बारे में सोचना है। संकट का सामना करने के लिए सोचिए कि यह किस प्रकार आपके ग्राहकों को प्रभावित करता है और फिर अपने कर्मचारियों के बारे में साचिए। यदि आपके ग्राहकों को यह बात स्पष्ट है कि इस स्थिति में किस प्रकार सही ढंग से प्रतिक्रिया करनी है, तो दीर्घकाल तक आपका अपना अस्तित्व बनाए रखने की संभावना बढ़ जाती है।'' जैक मा कहते हैं कि बुरे विचारों का आना कोई गलत बात नहीं है। जिस बात से वे ज्यादा भयभीत हैं, वह है, विचारों का न आना। वे सलाह देते हैं कि वर्तमान एवं भविष्य की समस्याओं के समाधान के लिए शीघ्र काररवाई करने से भयभीत नहीं होना चाहिए। अलीबाबा के बारे में वे कहते हैं कि उन लोगों ने अपने प्रतिद्वंद्वियों के बारे में पुनर्विचार किया, यह देखने के लिए कि किन अच्छे विचारों को शीघ्र ही चलन में लाया जा सकता है!

अगस्त 2007 में 'चीन में विजय' शो के दौरान 'जीने की कला' पर परिचर्चा के दौरान जैक मा ने कहा, ''जब विपत्ति आती है तो अपने ग्राहकों के बारे सोचिए। फिर अपने कर्मचारियों के बारे में सोचिए और फिर इसके बाद अपने प्रतिद्वंद्वी के बारे में सोचिए।

बाद में, उसी वर्ष एक प्रेस कॉन्फ्रेंस के दौरान जैक मा ने कहा, ''ई-कॉमर्स से भविष्य में बहुत लाभ मिल सकता है; लेकिन कभी-कभी कठिनाइयों का

सामना भी होगा। जबकि आज इसमें कठिनाई हो सकती है, आनेवाला कल और भी कठिन हो सकता है, लेकिन कल के बाद आनेवाला दिन सुंदर हो सकता है। अपना धैर्य बनाए रखिए और बहुत बुरे समय के लिए भी तैयार रहिए, जो हो सकता है कि आनेवाले कल में हो, तभी आप आनेवाले कल के बाद का सूर्योदय देख पाएँगे।''

□

9

याहू कोण

वर्ष 2005 में ताओबाओ की सफलता ने जैक मा को यू.एस.-आधारित उपभोक्ता सेवा उपलब्ध करानेवाली कंपनी 'याहू' के साथ ऐतिहासिक सौदा कराने में मदद की। जब चीन के लोगों का प्रयोग करना शुरू किया तो उस समय याहू चीन में सबसे ज्यादा लोकप्रिय वेबसाइट थी; लेकिन शीघ्र ही यह पिछड़ गई और इसकी स्थिति में तब तक सुधार नहीं हुआ, जब तक कि इसने 'अलीबाबा' के साथ सौदा नहीं कर लिया।

याहू के साथ सौदे के समय अलीबाबा का मूल्य 4 अरब डॉलर था। 'ताओबाओ' की तेजी से बढ़ती लोकप्रियता को देखकर ई-बे को खरीदने उसने का प्रस्ताव किया, लेकिन जैक मा ने उसके प्रस्ताव को अस्वीकार कर दिया और बदले में याहू के सह-संस्थापक जेरी यांग की सहायता से याहू के साथ सौदा कर लिया। जैक मा एवं जेरी यांग उनकी बीजिंग में सात वर्ष पहले हुई पहली मीटिंग के समय से ही एक-दूसरे को जानते थे, जब जैक मा ने जेरी के साथ एक पर्यटक गाइड के रूप में काम किया था और उनके साथ अच्छे संबंध बना लिये थे। चूँकि अलीबाबा एक निजी कंपनी थी, इसलिए जेरी यांग को सरकारी सौदों में होनेवाली अनावश्यक देरी को नहीं झेलना पड़ा और दोनों ही कंपनियों का एक सामान्य निवेशक था—सॉफ्टबैंक, जिसके पास याहू के कुल निवेश का 42 प्रतिशत और अलीबाबा के निवेश का 27 प्रतिशत हिस्सा था।

खबर के अनुसार, इस क्रांतिकारी सौदे की शुरुआत मई 2005 में हुई, जब कैलिफोर्निया के पेवेल गोल्फ बीच में यू.एस. तथा चीन प्रौद्योगिकी के प्रमुख के लिए आयोजित रात्रिभोज के दौरान जैक मा जेरी यांग से मिले थे। उस दिन

के बारे में सोचते हुए जैक मा जेरी के साथ अपनी सैर को याद करते हैं—"उस दिन बहुत ज्यादा ठंड थी और दस मिनट के बाद मैं इसे और सहन नहीं कर सकता था। मैं भागता हुआ अंदर चला गया, लेकिन उस दस मिनट में ही हमने विचारों का आदान-प्रदान किया। मैंने उन्हें स्पष्ट रूप से यह बताया कि मैं सर्च व्यापार में प्रवेश करना चाहता था और मेरा विचार था कि सर्च इंजन भविष्य में ई-कॉमर्स के क्षेत्र में महत्त्वपूर्ण भूमिका निभाएँगे।" इस दस मिनट की परिचर्चा ने ही पंद्रह दिन बाद होनेवाले सौदे की रूपरेखा तैयार कर दी, जब दो संस्थापक उसी वर्ष बीजिंग में होनेवाले 'फॉर्च्यून ग्लोबल फोरम' के दौरान मिले।

दस वर्ष बाद उस सौदे के बारे में बात करते हुए जेरी यांग ने कहा कि जब वर्ष 2005 में यह सौदा हुआ, याहू के पास 3 अरब अमेरिकी डॉलर था और अलीबाबा में 1 अरब अमेरिकी डॉलर के निवेश के कारण कंपनी की रणनीतिक योजनाओं को लेकर चिंता की जाने लगी।

दस वर्ष बाद उस सौदे के बारे में बात करते हुए जेरी यांग ने कहा कि जब वर्ष 2005 में यह सौदा हुआ, याहू के पास 3 अरब अमेरिकी डॉलर था और अलीबाबा में 1 अरब अमेरिकी डॉलर के निवेश के कारण कंपनी की रणनीतिक योजनाओं को लेकर चिंता की जाने लगी। पुनरावलोकन करने पर यह शायद एक बड़ी बाजी थी, लेकिन जब आप जैक से मिले और आपको उन्हें जानने तथा उनकी अंतर्दृष्टि को देखने का अवसर मिला, तब आपको निश्चित रूप से यह लगा, इसका मूल्य है और वास्तव में उनके पास इसे चीन का प्रमुख वाणिज्यिक स्थल बनाने की आंतरिक योजना थी और इसी से वस्तुतः हमें बड़ी राहत मिली।

याहू ने अलीबाबा में रणनीतिक निवेश किया और 'अलीबाबा डॉट-कॉम' का 40 प्रतिशत हिस्सा 1 अरब अमेरिकी डॉलर में खरीद लिया। यह सौदा दोनों ही दलों के लिए लाभप्रद था, क्योंकि याहू ने अलीबाबा में 40 प्रतिशत हिस्सेदारी से सिर्फ आई.पी.ओ. में ही विशाल 10 अरब डॉलर कमाए। अलीबाबा के लिए इस सौदे ने महत्त्वपूर्ण कोष उपलब्ध कराया, जिससे जैक

मा को अपनी अंतरराष्ट्रीय विकास रणनीति को लागू करने में मदद मिली। अलीबाबा के लिए यह कोष बहुत था, क्योंकि उस समय यह चीन में ई-बे को मात देने की कोशिश कर रहा था। याहू के साथ सौदे से अलीबाबा को चीन में ई-बे को गिरा देने तथा अपनी छाप छोड़ने का अस्त्र मिल गया। चीन से ई-बे को बाहर करके उसने छह से कम वर्ष में चीन के बाजार को जीत लिया।

जब कोई इस बात का आकलन करता है कि इस सौदे से किस कंपनी को ज्यादा लाभ मिला तो समय के साथ उनके संबंधों के आधार पर कोई भी कह सकता है कि वर्ष 2005 में विश्वास के दृढ़ मत के आधार पर अलीबाबा अधिक लाभ की स्थिति में थी; क्योंकि तब कंपनी को वास्तव में चीन से ई-बे को निकाल बाहर करने के लिए इतने बड़े निवेश की जरूरत थी और अब, जबकि अलीबाबा को इतनी सफलता मिल गई है, तो कोई भी यह कह सकता है कि याहू ने वर्ष 2005 में जो निवेश किया, उससे उसे लाभ मिला।

''यह एक दुःखद प्रक्रिया है, जो आपकी कंपनी को विकास करने के लिए मजबूर करती है। प्रतिस्पर्धा के लिए श्रेष्ठ को चुनिए, कभी भी इसे व्यक्तिगत रूप से नहीं लीजिए। अपने प्रतिद्वंद्वियों से मत लड़िए, बल्कि उन्हें गले लगाइए और उनकी मुख्य धारणाओं का आकलन कीजिए।

इस सौदे की घोषणा के साथ ही 'न्यूयॉर्क टाइम्स' ने जैक को चीन के नए 'इंटरनेट किंग' की संज्ञा दी। अपनी विशिष्ट हास्य शैली में जैक मा ने ई-बे पर टिप्पणी की और कहा, ''ई-बे' आपका धन्यवाद। आपके कारण ही यह सबकुछ संभव हो पाया।'' जैक मा का मानना है कि प्रतियोगिता का होना बहुत जरूरी है—''यह एक दुःखद प्रक्रिया है, जो आपकी कंपनी को विकास करने के लिए मजबूर करती है। प्रतिस्पर्धा के लिए श्रेष्ठ को चुनिए, कभी भी इसे व्यक्तिगत रूप से नहीं लीजिए। अपने प्रतिद्वंद्वियों से मत लड़िए, बल्कि उन्हें गले लगाइए और उनकी मुख्य धारणाओं का आकलन कीजिए। कोई भी प्रतिद्वंद्वी आपको मार नहीं सकता है, सिर्फ आप ही अपने आपको मार सकते हैं।'' ये बातें उन्होंने जुलाई 2005 के 'शंघाई नेटवर्क ऑपरेटर्स सम्मेलन' के दौरान कहीं।21

अक्तूबर, 2004 के 'बीजिंग मॉर्निंग पोस्ट' में जैक को यह कहते हुए उद्धृत किया गया है कि, ''यह दुःखद है कि अलीबाबा का कोई प्रतिद्वंद्वी नहीं है। हम हर जगह इसके प्रतिद्वंद्वी की तलाश करके थक गए, लेकिन 'ताओबाओ' इतना सौभाग्यशाली है कि ई-बे के रूप में उसका एक बड़ा प्रतिद्वंद्वी है। यदि आपको माइक टॉयसन के साथ मुक्केबाजी करनी है तो शायद आपको अपने आपको दुर्भाग्यशाली समझना पड़े; लेकिन इस प्रकार के विश्व स्तरीय प्रतिद्वंद्वी अच्छे हैं। अगर आपको माइकल जॉर्डन के विरुद्ध बास्केटबॉल खेलने का मौका मिले तो आप स्वयं को सौभाग्यशाली समझें। 'ताओबाओ', 'ई-बे' जैसे प्रतिस्पर्धी से बहुत कुछ सीख सकता है।''

जैक मा को प्रतिद्वंद्विता में आनंद आता है और वर्ष 2008 की 'बीजिंग नेटवर्क ऑपरेटर्स सम्मेलन' के दौरान कहा कि ''क्या मुझे प्रतियोगिता पसंद है? हाँ, प्रतियोगिता से आपको स्वयं को सुधारने तथा इस प्रक्रिया श्रेष्ठ बनाने और अपने प्रतिस्पर्धियों को क्रोधित करने का अवसर मिलता है। क्रोधित लड़ाकू एक अच्छा लड़ाकू नहीं हो सकता है।''

जैक मा को प्रतिद्वंद्विता में आनंद आता है और वर्ष 2008 की 'बीजिंग नेटवर्क ऑपरेटर्स सम्मेलन' के दौरान कहा कि ''क्या मुझे प्रतियोगिता पसंद है? हाँ, प्रतियोगिता से आपको स्वयं को सुधारने तथा इस प्रक्रिया श्रेष्ठ बनाने और अपने प्रतिस्पर्धियों को क्रोधित करने का अवसर मिलता है। क्रोधित लड़ाकू एक अच्छा लड़ाकू नहीं हो सकता है।''

जैक मा ने अपने सभी प्रतिद्वंद्वियों को गंभीरता से लिया और वे पूरी शिष्टता के साथ प्रतिस्पर्धा करने में विश्वास करते हैं—''यदि आप अपने प्रतिद्वंद्वियों के साथ शत्रु जैसा व्यवहार करते हैं तो आपको ही शत्रु के रूप में देखा जाएगा। आप चारों ओर से घिर जाएँगे; आप व्यावसायिक प्रतिस्पर्धा में शिष्टता के साथ प्रवेश कीजिए, अपने प्रतिद्वंद्वियों के सम्मान के साथ और यह याद रखते हुए कि अगली बार यह लहर दूसरी तरह से पलट सकती है।'' हर व्यापार के विकास के लिए वे स्वस्थ प्रतिस्पर्धा में विश्वास करते हैं—''यदि हमारा प्रतिद्वंद्वी गोले-

बारूद से लैस है तो हम उससे दीवार पर गोली चलवाने की कोशिश करेंगे, सही रणनीति के साथ। प्रतिस्पर्धा आनंद, एक खेल होना चाहिए, न कि दु:ख का एक स्रोत। यह कल्पना करते हुए कि इस खेल की रणनीति आपके कर्मचारियों तथा आपको एकजुट करती है, याद रखिए, जो पहले अपना मनोभाव खोता है, खेल में वही हारता है।'' उन्होंने वर्ष 2005 के 'शंघाई नेटवर्क ऑपरेटर्स सम्मेलन' के दौरान ये बातें कहीं। इसी मनोभाव के कारण वे चीन में ई-बे जैसे प्रमुख प्रतिस्पर्धी को भी परास्त कर पाए। जैक मा अपने सभी प्रतिद्वंद्वियों का एक जैसा सम्मान करते हैं। वे यह विश्वास करते हैं कि जब प्रतियोगिता शुरू होती है तो जीतने के लिए समान अवसर होते हैं और आप जिसकी अनदेखी करते हैं, हो सकता है कि वह ही आपको मात दे!

जब प्रतियोगिता का सामना हो तो चार चीजों पर ध्यान दीजिए। पहला, वह है, जिसे आप देख नहीं सकते हैं। दूसरा, वह है, जिसकी आप अनदेखी करते हैं। तीसरा, वह है, जो आप समझ नहीं सकते हैं और अंतत: चौथा, वह है कि सभी तरीके अपनाने के बाद आप उसका लगातार पालन नहीं कर सकते।'' जैक मा ने 'क्विडो नेटवर्क ऑपरेटर्स सम्मेलन' के दौरान 22 जुलाई, 2005 को यह बात कही।

जब प्रतियोगिता का सामना हो तो चार चीजों पर ध्यान दीजिए। पहला, वह है, जिसे आप देख नहीं सकते हैं। दूसरा, वह है, जिसकी आप अनदेखी करते हैं। तीसरा, वह है, जो आप समझ नहीं सकते हैं और अंतत: चौथा, वह है कि सभी तरीके अपनाने के बाद आप उसका लगातार पालन नहीं कर सकते।

याहू सौदे के कारण जैक मा को याहू के चीन में संचालन का नियंत्रण तथा 'अलीबाबा' को सर्च में लेने का अवसर मिल गया। उस समय चीन में 'गूगल' या 'बैदू' श्रेष्ठ सर्च इंजन थे। जैक मा ने यह संकल्प लिया कि वे याहू के चीनी भाषा सर्च इंजन को उतना ही प्रभावी बनाएँगे, जितना गूगल था। यह उनकी अगली इंटरनेट सफलता थी। 23 सितंबर, 2005 को 'चीनी याहू दल' के अलीबाबा में एक स्वागत भाषण में जैक मा ने कहा, ''हम अपने कुछ उद्योगों में प्रथम स्थान पर हैं और कुछ में दूसरे स्थान पर हैं। हमारे कुछ उपक्रम

मुनाफा देने में विफल रहे और वे मिट गए। थोड़े पैसे खर्च करके दूसरे स्थान पर होना, अच्छा मुनाफा कमाना और प्रभावशाली होना अच्छा है। वास्तव में, हमारे कुछ ई-कॉमर्स को विशेष रूप से इस दूसरे स्थान पर रखने का लक्ष्य किया गया है; लेकिन हमारे किसी भी ई-कॉमर्स को तीसरे स्थान पर लाने का लक्ष्य नहीं किया गया है। या तो प्रथम स्थान पर रहो या दूसरे पर, तीसरे पर कभी नहीं। अगर दो वर्ष तक तीसरे स्थान पर रहने के बाद हम दूसरे स्थान पर नहीं पहुँच सकते हैं तो फिर समझें कि उस उपक्रम को बंद करने का समय आ गया है।'' (अलीबाबा समूह, 2010)

28 दिसंबर, 2004 को जैक मा को 'इकॉनोमिक पर्सन ऑफ द ईयर इन चायना' पुरस्कार से सम्मानित किया गया। श्रोताओं को दिए गए एक भाषण के दौरान उन्होंने कहा, ''पाँच वर्ष पहले मैं और मेरे सहकर्मी विश्व की सबसे बड़ी कंपनी की स्थापना करना चाहते थे।

28 दिसंबर, 2004 को जैक मा को 'इकॉनोमिक पर्सन ऑफ द ईयर इन चायना' पुरस्कार से सम्मानित किया गया। श्रोताओं को दिए गए एक भाषण के दौरान उन्होंने कहा, ''पाँच वर्ष पहले मैं और मेरे सहकर्मी विश्व की सबसे बड़ी कंपनी की स्थापना करना चाहते थे। बहुत से लोग समझते थे कि इस तरह की बातें पागलपन की हैं; लेकिन इस बात से प्रभावित हुए बिना कि लोग क्या कह रहे हैं, ऐसी कंपनी बनाने का मेरा सपना कभी नहीं बदला। वर्ष 2001-02 की 'इंटरनेट मंदी' के समय हम किसी तरह अपना अस्तित्व बनाए रखने की बातें करते थे। यहाँ तक कि अन्य इंटरनेट कंपनियों का अस्तित्व मिट गया, लेकिन हमें अपना अस्तित्व बनाए रखना था और हम ऐसा कर पाए; इसलिए कि हमने हार नहीं मानी, हमने अपने सपनों पर भरोसा बनाए रखा। इस निरंतर प्रयास तथा अपनी गलतियों से सीखते रहने की हमारी क्षमता ने ही हमारी सफलता का मार्ग प्रशस्त किया। आज का दिन कठिन है, आनेवाला कल इससे भी ज्यादा कठिन हो सकता है; लेकिन कल के बाद आनेवाला दिन हो सकता है कि सुंदर हो! लेकिन बहुत ज्यादा लोग आनेवाले कल की रात से पहले ही कठिन समय के बाद हार मान जाएँगे। इसलिए आप कभी भी हार नहीं मानिए।''

वर्ष 2006 के आरंभिक दिनों में हुआई ब्रदर्स ने जैक मा के साथ साझेदारी की, जिसने 'याहू सर्च' के लिए वीडियो विज्ञापन तैयार करने के लिए 30 लाख युआन का निवेश किया। उस विज्ञापन के बारे में उत्साह भरी परिचर्चा हुई और जैक मा ने तीन ख्याति-प्राप्त चीनी निर्देशक—जैंग जिजहोंग, चेन काइगे तथा फेन जिआओगैंग को उस व्यावसायिक विज्ञापन को बनाने के लिए आमंत्रित किया। जैक मा के सहायक चेन वे ने उस विज्ञापन के लिए कमेंट्री लिखी—'जस्ट ऐज आई विश, विद अ मेअर स्नेप ऑफ द फिंगर्स—याहू सर्च!'

चीन की सरकार ने 'याहू चीन' पर सूचना के अधिकार के तहत कुछ प्रतिबंध लगा दिया था, जिसके कारण घरेलू उपभोक्ताओं की चीनी राजनीतिक सुधार या मानव अधिकार से संबंधित वेबसाइट पर स्वचालित रूप से पहुँच प्रतिबंधित हो जाती थी। दूसरी ओर, जैक मा को प्रौद्योगिकी की क्रांतिकारी संभाव्यता में दृढ़ विश्वास था। 'सैन फ्रांसिस्को क्रॉनिकल' को दिए साक्षात्कार में जैक मा ने कहा, ''चीन में इंटरनेट निश्चित रूप से कई तरह से चीन को सुधार रहा था—वित्तीय, राजनीतिक और सामाजिक रूप से। आज मुझे लगता है कि चीनी सरकार बहुत तेजी से बदल रही है। यह इंटरनेट के कारण है या नहीं, यह मैं नहीं जानता।''

चीन की सरकार ने 'याहू चीन' पर सूचना के अधिकार के तहत कुछ प्रतिबंध लगा दिया था, जिसके कारण घरेलू उपभोक्ताओं की चीनी राजनीतिक सुधार या मानव अधिकार से संबंधित वेबसाइट पर स्वचालित रूप से पहुँच प्रतिबंधित हो जाती थी। दूसरी ओर, जैक मा को प्रौद्योगिकी की क्रांतिकारी संभाव्यता में दृढ़ विश्वास था।

इसके बाद मा ने अलीबाबा की सेवाओं का विस्तार किया और इसकी अंतरराष्ट्रीय विस्तार रणनीति को फिर से आरंभ किया। 'वैश्विक ई-कॉमर्स प्रणाली' में सुधार के लिए जैक मा ने वर्ष 2003 में 'अलीपे', 'अलीमामा' एवं 'लिंकस' की स्थापना की और वृहद् विकास (जैसे कि 'टी मॉल' तथा 'अली एक्सप्रेस') तथा अधिग्रहण द्वारा अनेक सहायक कंपनियों की स्थापना की।

प्रमुख कार्यकारी अधिकारी के रूप में जैक मा के साथ ही अलीबाबा अब चीन की सबसे बड़ी इंटरनेट कंपनी बन गई।

अलीबाबा के 'व्यापार मॉडल' की सफलता को देखकर जैक मा से जब यह पूछा गया कि क्या अलीबाबा की नकल की जा सकती है तो उन्होंने जवाब दिया, ''हो सकता है कि हमारे तरीकों की नकल की जा सकती है, लेकिन हमारी टीम और अपनी गलतियों से अर्जित हमारे ज्ञान की नहीं। न ही आप हमारे विचारों, हमारे ग्राहकों के विश्वास और उन्होंने हमें जो अवसर उपलब्ध कराए, उसकी नकल कर सकते हैं। इसका अभिप्राय यह नहीं है कि कोई अन्य कंपनी हम से कभी आगे नहीं निकल सकती है। हो सकता है कि हम एक सौ, दो सौ, यहाँ तक कि हजार ई-कॉमर्स वेबसाइट बनते देखें। चीन के ई-कॉमर्स बाजार में मैं आशा करता हूँ कि कई और वेबसाइटें अन्वेषण करेंगी तथा अवसरों का दोहन करेंगी। यदि अलीबाबा की अपनी ही वेबसाइट का काम प्रगति पर रहता है तो आज से पाँच वर्ष तक हमारी नकल करने की शायद ही कोई जरूरत होगी।'' (वर्ष 2008 के 'नेटवर्क ऑपरेटर्स सम्मेलन' में दिया गया मा का भाषण)।

> *आपकी कंपनी की मुख्य प्रतिस्पर्धात्मकता आप और आपकी टीम है। दूसरे लोग आपके मॉडल की हो सकता है कि नकल कर सकते हैं, लेकिन आपके निरंतर संकल्प और उत्साह की नहीं। निस्संदेह, श्रेष्ठ आविष्कार के पीछे एक मजबूत सहयोग प्रणाली, प्रतिभा तथा कार्यान्वयन होता है। इसके बिना मूल्य की यह एक कहानी मात्र है।*

अगस्त 2007 में 'विन इन चायना' पर दिए गए भाषण के दौरान जैक मा ने आगे और इस विषय पर बातचीत की और कहा, ''आपकी कंपनी की मुख्य प्रतिस्पर्धात्मकता आप और आपकी टीम है। दूसरे लोग आपके मॉडल की हो सकता है कि नकल कर सकते हैं, लेकिन आपके निरंतर संकल्प और उत्साह की नहीं। निस्संदेह, श्रेष्ठ आविष्कार के पीछे एक मजबूत सहयोग प्रणाली, प्रतिभा तथा कार्यान्वयन होता है। इसके बिना मूल्य की यह एक कहानी मात्र

है।'' जैक मा का विश्वास है कि अन्य बड़ी कंपनियों के प्रति ईर्ष्यालु होना बेकार है। किसी भी व्यक्ति को अपनी वर्तमान कंपनी को उस समय तक श्रेष्ठ मानना चाहिए, जब तक कि उनके लक्ष्य, उनके उद्देश्य एवं उनके मूल्य सामान्य हैं।

वर्ष 2007 के उत्तरार्द्ध में 'अलीबाबा वेबसाइट' ने 12.9 करोड़ डॉलर के राजस्व पर 3.9 करोड़ डॉलर की कमाई की। आज चीनी आपूर्तिकर्ताओं से खरीदनेवाली अमेरिकी व यूरोपीय कंपनियों के लिए यह एक लोकप्रिय बी2बी साइट है।

□

10

एक प्रतिष्ठित आई.पी.ओ.

अलीबाबा की कमान सँभालने के साथ ही जैक मा लगातार उन्नति के रास्ते तलाशते रहे। वह जापान के सॉफ्टबैंक तथा चीन की 'हुआई ब्रदर्स मीडिया कॉरपोरेशन' के बोर्ड के सदस्य बन गए। वर्ष 2009 में जैक मा 'द नेचर कंजरवेंसी' के चीन के प्रोग्राम के ट्रस्टी बन गए और बाद में वर्ष 2010 में वे इसके निदेशकों के वैश्विक बोर्ड से जुड़ गए। 'द नेचर कंजरवेंसी' के बोर्ड के वे पहले चीनी नागरिक थे।

नवंबर 2012 तक अलीबाबा के ऑनलाइन व्यापार का आँकड़ा 1 ट्रिलियन युआन या 170 अरब अमेरिकी डॉलर पार कर गया। यह इसके प्रतिद्वंद्वी ई-बे तथा 'अमेजन डॉट-कॉम' के सम्मिलित व्यापार से ज्यादा था। इस सफलता ने जैक मा के लिए 'ट्रिलियन हो' का उपनाम अर्जित किया, जिसका अर्थ होता है—'मरकिस ऑफ ट्रिलियन युआन'। इसी वर्ष अलीबाबा ने पुनः खरीद समझौते के तहत याहू से अपने 52.3 करोड़ के शेयर को 7,082 डॉलर में खरीदा। कंपनी की लगभग 22 प्रतिशत हिस्सेदारी याहू के पास बची थी।

वर्ष 2013 में अलीबाबा की साझेदारी में 30 लोग थे, जिनमें 24 सदस्य प्रबंध, 5 सदस्य छोटे व लघु वित्तीय सेवा कंपनियों के तथा 1 सदस्य चीनी स्मार्ट लॉजिस्टिक्स का था। छोटे व लघु वित्तीय सेवा कंपनियों के 2 सदस्य प्रबंधन के सदस्य भी थे। अधिकार कुछ ही लोगों के हाथों में केंद्रित थे, क्योंकि इन 30 लोगों के पास बोर्ड के अधिकांश निदेशकों को नामित करने का अधिकार है। शेयरधारकों की स्वीकृति बाद में आती थी। इसका आशय यह था कि नामित व्यक्ति को तब तक हटाया नहीं जा सकता था, जब तक कि 95

प्रतिशत शेयरधारकों का मत इसके विरुद्ध नहीं था। इस प्रकार, साझेदारी का बोर्ड पर बहुत बड़ा प्रभाव था।

वर्ष 2013 जैक मा एवं अलीबाबा के जीवन में महत्त्वपूर्ण था। 15 जनवरी, 2013 को जैक मा ने अपने कर्मचारियों को एक खुली चिट्ठी लिखी, जिसमें उन्होंने 10 मई, 2013 के बाद अलीबाबा ग्रुप के सी.ई.ओ. के पद से अवकाश ग्रहण करने की मंशा व्यक्त की थी। यद्यपि उन्होंने सी.ई.ओ. के अपने दायित्वों को छोड़ दिया, लेकिन वे अलीबाबा ग्रुप के कार्यकारी अध्यक्ष बने रहे। अगले ही दिन वे 'द नेचर कंजरवेंसी' के चीनी प्रोग्राम के बोर्ड के अध्यक्ष बन गए।

उसी वर्ष सितंबर में, जैक मा ने यह फैसला किया कि अलीबाबा के सार्वजनिक होने का समय आ गया है। उन्हें यह कहते हुए बताया गया कि "सार्वजनिक होना अलीबाबा के लिए मील का पत्थर है। समय सही था। हमारी बी2बी कंपनी स्थापित है, बाजार की स्थिति अच्छी है तथा प्रबंधन मजबूत है। जिस प्रकार इसका स्वागत किया गया, उससे यह स्थापित हो गया कि चीन की मुख्य भूमि की कोई कंपनी हांगकांग में सूचीबद्ध हो सकती है और उसे फिर भी प्रबल मूल्य एवं वैश्विक निवेशकर्ताओं का रुझान मिल सकता है।"

सार्वजनिक होना अलीबाबा के लिए मील का पत्थर है। समय सही था। हमारी बी2बी कंपनी स्थापित है, बाजार की स्थिति अच्छी है तथा प्रबंधन मजबूत है। जिस प्रकार इसका स्वागत किया गया, उससे यह स्थापित हो गया कि चीन की मुख्य भूमि की कोई कंपनी हांगकांग में सूचीबद्ध हो सकती है और उसे फिर भी प्रबल मूल्य एवं वैश्विक निवेशकर्ताओं का रुझान मिल सकता है।

आरंभ में अलीबाबा का हांगकांग में सूचीबद्ध किया जाना प्रस्तावित था, न कि यू.एस. में। हांगकांग शेयर बाजार में सूचीबद्धता के नियम सख्त हैं, जो हर एक शेयर के लिए शेयरधारक को एक ही मत की अनुमति देता है। 30 सदस्यों पर आधारित अलीबाबा का साझेदारी ढाँचा असामान्य था, जिसमें शीर्ष अधिकारियों को नियंत्रण का अधिक अधिकार था। इसलिए अलीबाबा

सूचीबद्ध होने के लिए हांगकांग के शेयर बाजार के नियमों के अनुरूप नहीं थी तथा हांगकांग के अधिकारियों ने कोई अपवाद बनाने से भी मना कर दिया। इसलिए जैक मा ने यू.एस. शेयर बाजार में सूचीबद्ध होने का फैसला किया, क्योंकि इसमें अधिक स्वामित्व ढाँचों को सूचीबद्ध होने की अनुमति थी और वहाँ यह स्वीकार्य था। आई.पी. प्रस्ताव का प्रबंधन, क्रेडिट सुइस, ड्यूश बैंक, गोल्डमैन सैश, जे.पी. मॉर्गन चेज, मॉर्गन स्टैनली तथा सिटी ग्रुप द्वारा किया जाता था। अलीबाबा के बाजार पूँजीकरण का 150 से 250 अरब डॉलर पहुँच जाना अपेक्षित था और इसके साथ ही कंपनी यू.एस. की फेसबुक, ओरेकल तथा आई.बी.एम. जैसी शीर्ष प्रमुख प्रौद्योगिकी कंपनियों की श्रेणी में आ जाएगी।

जैक मा का निर्णय अत्यंत लाभदायी साबित हूआ, क्योंकि उन्होंने अलीबाबा के सार्वजनिक होने के समय 'पे डेट' पर प्रहार किया। उनकी टीम ने न्यूयॉर्क शेयर बाजार में सूचीबद्ध होकर कंपनी के लिए 20 लाख अरब डॉलर से भी ज्यादा धन इकट्ठा किया, जो अमेरिकी वित्तीय इतिहास में अद्भुत था।

जैक मा का निर्णय अत्यंत लाभदायी साबित हूआ, क्योंकि उन्होंने अलीबाबा के सार्वजनिक होने के समय 'पे डेट' पर प्रहार किया। उनकी टीम ने न्यूयॉर्क शेयर बाजार में सूचीबद्ध होकर कंपनी के लिए 20 लाख अरब डॉलर से भी ज्यादा धन इकट्ठा किया, जो अमेरिकी वित्तीय इतिहास में अद्भुत था। न्यूयॉर्क शेयर बाजार के इतिहास में अमेरिका से सूचीबद्ध किसी भी कंपनी के लिए यह सबसे बड़ा आरंभिक सार्वजनिक निवेश था। न्यूयॉर्क शेयर बाजार में अपनी पहली उपस्थिति के साथ ही उसके शेयरों के मूल्य में 38 प्रतिशत का जबरदस्त उछाल आया तथा निवल व्यापार आकार या जी.एम.वी. की दृष्टि से अलीबाबा विश्व की सबसे बड़ी ई-व्यापार कंपनी बन गई, यह माप इसके लगभग 150 अरब अमेरिकी डॉलर के बाजार पूँजीकरण पर आधारित है। इसने सभी रिकॉर्ड तोड़ दिए। सूचीबद्ध होने के बाद जैक मा ने पाँच वर्षों से अधिक समय तक कंपनी से जुड़े रहनेवाले अपने कर्मचारियों को एक बैठक के लिए बुलाया और उनसे पूछा,

''अब अलीबाबा के पास अरबों डॉलर हैं। दूसरों की नजरों में हम बड़े सफल हैं। हम क्यों सफल हैं, क्योंकि दूसरों की तुलना में हमने कहीं अधिक कठिन परिश्रम किया? मैं ऐसा नहीं देखता हूँ। यद्यपि हम बड़े परिश्रमी हैं, लेकिन इस विश्व में हमसे भी ज्यादा कठिन परिश्रम करनेवाले लोग हैं; क्योंकि हम दूसरों की तुलना में अधिक चालाक हैं? मैं समझता हूँ, इसकी जरूरत नहीं।''

अलीबाबा को स्थापित करनेवाले समय के बारे में बात करते हुए उन्होंने यह रेखांकित किया कि शुरू में अलीबाबा के लिए भरती करना मुश्किल होता था, लेकिन पाँच वर्ष के बाद कंपनी की बढ़ती लोकप्रियता के कारण यह प्रक्रिया आसान हो गई, क्योंकि हर कोई कंपनी की संस्कृति की ओर आकर्षित था। जैक मा अलीबाबा की सफलता का श्रेय कुछ हद तक भाग्य को देते हैं। यह कहते हुए कि उनके कर्मचारी सबसे ज्यादा चालाक या बुद्धिमान नहीं भी हैं, फिर भी ये साधारण लोग समृद्ध बन गए हैं—''क्योंकि हम सौभाग्यशाली हैं, वास्तव में हम बेवकूफ हैं।''

अलीबाबा के आई.पी.ओ. के बाद अंतरराष्ट्रीय सनसनी बनने के बावजूद जैक मा की विनम्रता वैसी ही थी और वे अपने लक्ष्य पर केंद्रित रहे। जब उनसे उनकी विनम्रता के बारे में पूछा गया तो उनकी प्रतिक्रिया थी, ''मैंने विनम्र हूँ, क्योंकि कई वर्ष पहले लोगों ने कहा कि 'ठीक है, अलीबाबा एक बहुत बुरी कंपनी है' और हमें पता था कि हम इतने बुरे नहीं हैं। हम काफी अच्छे थे। लोग हमें जैसा समझते थे, हम उससे अच्छे थे; लेकिन आज, जबकि लोगों को हमसे काफी अपेक्षाएँ हैं, तो मैं चिंतित होने लगता हूँ और घबरा जाता हूँ, क्योंकि हम फिर भी इतने अच्छे नहीं हैं। हमारी कंपनी तो सिर्फ पंद्रह साल

मैंने विनम्र हूँ, क्योंकि कई वर्ष पहले लोगों ने कहा कि 'ठीक है, अलीबाबा एक बहुत बुरी कंपनी है' और हमें पता था कि हम इतने बुरे नहीं हैं। हम काफी अच्छे थे। लोग हमें जैसा समझते थे, हम उससे अच्छे थे; लेकिन आज, जबकि लोगों को हमसे काफी अपेक्षाएँ हैं, तो मैं चिंतित होने लगता हूँ और घबरा जाता हूँ, क्योंकि हम फिर भी इतने अच्छे नहीं हैं।

पुरानी है। हम चीन में इंटरनेट का व्यवसाय कर रहे हैं। यहाँ चीन में युवाओं की औसत उम्र 28 वर्ष है। इसलिए यह नई कंपनी है, नया उद्योग है। यह इतना आसान नहीं है। जब हमसे लोगों की बड़ी अपेक्षाएँ होती हैं तो मैं स्वयं को तथा अपने दल को यह कहना चाहता हूँ कि 'आप स्वाभाविक रहिए। वही कीजिए, जिस पर हमें विश्वास है कि यह सही है। मुझे शेयरों का मूल्य देखने की हिम्मत नहीं होती है'''जब लोग यह सोचते हैं कि आप अच्छे हैं तो आपको यह सुनिश्चित करना होता है कि आप वास्तव में अच्छे हैं। जब लोग समझते हैं कि आप बुरे हैं तो आपको यह स्पष्ट करना होता है कि आप सचमुच में इतने बुरे हैं भी कि नहीं।'' (मा, 'स्क्वैक ऑन द स्ट्रीट सी.एन.बी.सी.', 2014) जैक मा स्वयं को तथा अपने कर्मचारियों को यह याद दिलाते रहे कि वे कौन हैं और कहाँ से आते हैं। "

6 नवंबर को जब अलीबाबा को सूचीबद्ध किया गया तो हमें पता था कि अलीबाबा सचमुच में बहुत बड़ा है। फिर भी, हमने पूछा कि इसका बाजार मूल्य इतना ज्यादा कैसे हो सकता है? मेरे लिए तो नवंबर 6 या नवंबर 5 एक समान है। मुझे कोई अंतर नहीं लगता।''

6 नवंबर को जब अलीबाबा को सूचीबद्ध किया गया तो हमें पता था कि अलीबाबा सचमुच में बहुत बड़ा है। फिर भी, हमने पूछा कि इसका बाजार मूल्य इतना ज्यादा कैसे हो सकता है? मेरे लिए तो नवंबर 6 या नवंबर 5 एक समान है। मुझे कोई अंतर नहीं लगता।

वर्ष 2016 के आँकड़ों के अनुसार, जापान-आधारित सूचना प्रौद्योगिकी कंपनी सॉफ्टबैंक के पास अलीबाबा की 32.4 प्रतिशत हिस्सेदारी है। यू.एस.-आधारित सूचना प्रौद्योगिकी कंपनी याहू के पास वाबा शेयर बकाया का 16.3 प्रतिशत है, जैक मा के पास 7.8 प्रतिशत तथा जोसेफ सी साई, जो कर्मचारी उपाध्यक्ष हैं, के पास 3.2 प्रतिशत हिस्सेदारी है। ये दो शेयर धारक कंपनी से जुड़े व्यक्ति हैं, जो कंपनी की स्थापना के समय सन् 1999 से ही इससे जुड़े हुए हैं। इसी श्रेणी में यू.एस.-आधारित निजी इक्विटी कंपनी 'सिल्वरलेक एफीलिएटेड इंटिटीज' है, जिसके पास अभी कंपनी की 2.2 प्रतिशत हिस्सेदारी

है। कुल मिलाकर साफ्टबैंक, याहू और जैक मा के पास वर्ष 2016 में कंपनी की कुल हिस्सेदारी का 56 प्रतिशत है।

जिस दिन अलीबाबा को सार्वजनिक किया गया, उस दिन जैक मा ने न्यूयॉर्क शेयर बाजार में फोन भी नहीं किया; बल्कि उन्होंने अलीबाबा के आठ ग्राहकों से पहली घंटी बजवाई, क्योंकि उनका यह प्रबल विश्वास है कि ग्राहक ही कंपनी का मुख्य आधार है। जैक मा अपने ग्राहकों को प्राथमिकता देते हैं, दूसरा स्थान अपने कर्मचारियों तथा तीसरा स्थान शेयरधारकों को देते हैं। वे कहते हैं, ''एक नेता के रूप में आपके पास समय और ऊर्जा की एक निश्चित मात्रा होती है। अपना समय और अपनी ऊर्जा पहले उनको दीजिए, जो आपके व्यवसाय को समर्थ बनाते हैं—आपके ग्राहक, जो आपका व्यवसाय चलाते हैं, उनका दूसरा स्थान है। शेयरधारकों को समय और संसाधन तभी दिए जाते हैं, जब प्रथम दो संतुष्ट हो जाते हैं। अनेक व्यवसायों के मालिक पूरा दिन, हर दिन शेयरधारकों पर ही बिता देते हैं। संसाधनों का यह वितरण सतत नहीं है।'' उनके लिए अलीबाबा एक नौकरी मात्र नहीं है। यह एक सपना है, एक ध्येय है। उन्होंने अलीबाबा में ऐसी कार्य-संस्कृति बनाई है कि निष्ठा, ईमानदारी, उत्साह तथा टीम भावना को सबसे ज्यादा महत्त्व दिया जाता है। आई.पी.ओ. के बाद उन्होंने सी.एन.बी.सी. को बताया, ''आज हमें जो प्राप्त हुआ है, वह पैसा नहीं है; जो हमें मिला है, वह है लोगों का विश्वास।''

उनके लिए अलीबाबा एक नौकरी मात्र नहीं है। यह एक सपना है, एक ध्येय है। उन्होंने अलीबाबा में ऐसी कार्य-संस्कृति बनाई है कि निष्ठा, ईमानदारी, उत्साह तथा टीम भावना को सबसे ज्यादा महत्त्व दिया जाता है।

जैक मा ने सच्चा प्रयास तथा ग्राहकों एवं निवेशकों का दिल जीतने से अपने नाम के साथ विश्वसनीयता लाने की बात की—''बहुत अनुसंधान के बाद हमने पाया कि ई-कॉमर्स के लिए सबसे महत्त्वपूर्ण चीज है भरोसा एवं विश्वसनीयता। व्यापारी वर्ग इस बात के लिए बहुत चिंतित होते हैं। पिछले वर्ष राष्ट्रीय व अंतरराष्ट्रीय मीडिया—दोनों ने ही कहा कि अनेक लोगों ने

अलीबाबा की वेबसाइट को देखा; लेकिन लोगों को भरोसा नहीं था, क्योंकि यह चीन-आधारित थी और इसके अधिकांश उपभोक्ता भी चीनी थे। उनका दावा था कि यूरोपीय वेबसाइटें यद्यपि छोटी हैं, लेकिन वे परिचित इंटरनेट प्रदर्शन हॉल की तरह थीं। हमारी बड़ी वेबसाइट इंटरनेट बाजार की तरह ज्यादा थी। बाद में हमने अधिक विश्वसनीय प्रणाली स्थापित करने के तरीके ढूँढ़े और उसका विस्तार करने की योजना बनाई।'' उन्होंने ये बातें 10 मार्च, 2002 को 'ट्रस्टपास प्रेस कान्फ्रेंस' में कहीं।

अब मैं सौभाग्यशाली हूँ, क्योंकि यदि मुझे इस कंपनी को छोड़ना हो, तो भी मैं 3 करोड़ अमेरिकी डॉलर की पूँजी सिर्फ एक फोन कॉल करके इकट्ठी कर सकता हूँ। यही विश्वसनीयता है। हमारे पास बड़ी संख्या में उद्यमी विद्यार्थी हैं और उनका भरोसा मेरी विश्वसनीयता पर आधारित है।

'सी.सी.टी.वी. नवप्रवर्तन फोरम' के दौरान 8 दिसंबर, 2005 को बीजिंग यूनिवर्सिटी में जैक मा ने कहा, ''अब मैं सौभाग्यशाली हूँ, क्योंकि यदि मुझे इस कंपनी को छोड़ना हो, तो भी मैं 3 करोड़ अमेरिकी डॉलर की पूँजी सिर्फ एक फोन कॉल करके इकट्ठी कर सकता हूँ। यही विश्वसनीयता है। हमारे पास बड़ी संख्या में उद्यमी विद्यार्थी हैं और उनका भरोसा मेरी विश्वसनीयता पर आधारित है। निस्संदेह, आपको इस विश्वसनीयता का सही प्रयोग जरूर करना चाहिए तथा वह कीजिए, जो आप कहते हैं। इसी विश्वास पर भरोसा करते हुए हमने रास्ते तय किए हैं।''

सफलता के साथ ही जैक मा की संपत्ति में अथाह वृद्धि हुई और इसने उन्हें चीन के समृद्धतम व्यक्तियों में से एक बना दिया। उनकी संपत्ति का अनुमानित कुल मूल्य 25 अरब डॉलर था। उनकी संपत्ति का एक बड़ा हिस्सा अलीबाबा तथा इसकी सहायक कंपनियों—'यनफेंग कैपिटल' एवं 'अलिप सी' से जुड़ा हुआ है। वर्ष 2014 में 'फोर्ब्स' द्वारा प्रकाशित वार्षिक रैंकिंग में जैक मा को विश्व के सबसे शक्तिशाली व्यक्तियों में 30वाँ स्थान प्राप्त हुआ।

आई.पी.ओ. की सफलता का जश्न मनाने के लिए अलीबाबा के कर्मचारियों

ने कंपनी के मुख्यालय हैंगजाऊ में एक भव्य पार्टी का आयोजन किया। कर्मचारी बड़े उत्साहित थे और उनमें एक कर्मचारी ने तो पार्टी में चकित करनेवाले प्रस्ताव की भी योजना बनाई। जैक मा ने प्रेस कॉन्फ्रेंस के बाद अपने कर्मचारियों को संबोधित किया और कहा कि उन्हें आशा है कि वे अपने इस अभी-अभी प्राप्त धन का उपयोग 'सचमुच में श्रेष्ठ व्यक्तियों का एक समूह, ऐसे व्यक्तियों का समूह बनाने में, जो दूसरों को मदद करने में समर्थ हैं तथा जो दयालु और खुश हैं', बनाने में करेंगे। उनका मानना है कि ई-कॉमर्स चलाने के लिए सबसे महत्त्वपूर्ण चीज है—जो आप अभी कर रहे हैं, उसे ही उत्साह के साथ करते रहिए और उसे बनाए रखिए।

फरवरी में कर्मचारियों के हुए एक सम्मेलन में मैंने कहा कि जब सर्दी आती है तो हमें उसके लिए तैयार रहने की जरूरत होती है। यह वह समय नहीं होता कि हम चीजों को गंभीरता से न लें। जब यह विचार चल रहा था कि सूचीबद्ध होने के बाद हमारे शेयरों के मूल्य तीन गुना बढ़ जाएँगे तो भी उत्साह प्रशंसा के बीच भी मैं बुरे समय के प्रति सावधान था।

अलीबाबा के कर्मचारियों को भेजे गए 'द विंटर मिशन' ई-मेल में जैक मा ने कहा, ''फरवरी में कर्मचारियों के हुए एक सम्मेलन में मैंने कहा कि जब सर्दी आती है तो हमें उसके लिए तैयार रहने की जरूरत होती है। यह वह समय नहीं होता कि हम चीजों को गंभीरता से न लें। जब यह विचार चल रहा था कि सूचीबद्ध होने के बाद हमारे शेयरों के मूल्य तीन गुना बढ़ जाएँगे तो भी उत्साह प्रशंसा के बीच भी मैं बुरे समय के प्रति सावधान था। उत्साह व उत्तेजना, जो तेजी से आते हैं, वे उस चकित करनेवाली गति से समाप्त हो सकते हैं। मैं शेयर मूल्य में इस तीव्र उछाल से भ्रमित होकर तर्क को छोड़ने का इच्छुक नहीं था। सूचीबद्ध होने के समारोह के दौरान मैंने कहा था कि हम इसे सामान्य रूप से लेते हैं। हमारा उद्देश्य नहीं बदलने वाला है। शेयर मूल्यों में उतार-चढ़ाव को भूल जाओ और इस बात को याद रखो कि हमारे लिए ग्राहक सबसे ज्यादा महत्त्वपूर्ण हैं। हमारा ग्राहकों, समाज, शेयरधारकों तथा उनके परिवार से दीर्घकालिक वायदा है। जब

ये वायदे पूरे हो जाते हैं, तब हमारे शेयरों के मूल्य से ही कंपनी द्वारा बनाए गए इसके मूल्य का पता चलेगा।'' (मा, 'द विंटर मिशन', 2008)

''हम आज इसलिए सफल नहीं हुए, क्योंकि हमने आज महान् काम किए। 15 वर्ष पहले ही हमने एक सपना देखा था,'' जैक मा ने कहा। कंपनी के बारे में अपनी अंतर्दृष्टि को साझा करते हुए उन्होंने कहा कि, ''मेरा सपना ई-कॉमर्स का एक वातावरण तैयार करना है, जो ग्राहकों एवं व्यापारियों को व्यापार के समस्त पहलुओं को ऑनलाइन करने में समर्थ करता है। हम याहू के साथ सर्च के क्षेत्र में प्रवेश कर रहे हैं तथा हमने ऑनलाइन नीलामी व अदायगी का काम शुरू कर दिया है। मैं नौकरियों के 10 लाख अवसर पैदा करना चाहता हूँ, चीन के सामाजिक व आर्थिक वातावरण को बदलना चाहता हूँ तथा इसे विश्व का सबसे बड़ा इंटरनेट बाजार बनाना चाहता हूँ।''

जैक मा के 'छोटा ही सुंदर है' के संदेश ने अनेक व्यापारियों को प्रेरित किया है। इसने चीन में ई-कॉमर्स को सफलतापूर्वक बदल दिया है और उस बाजार में अलीबाबा का प्रभुत्व है। यह विश्व की सबसे बड़ी बी2बी वेबसाइट है। अलीबाबा समूह की साइटों द्वारा चीन में पहुँचाए जानेवाले 60 प्रतिशत पार्सलों के साथ ही यह एशिया की सबसे बड़ी ई-कॉमर्स वेबसाइट है।

जैक मा के 'छोटा ही सुंदर है' के संदेश ने अनेक व्यापारियों को प्रेरित किया है। इसने चीन में ई-कॉमर्स को सफलतापूर्वक बदल दिया है और उस बाजार में अलीबाबा का प्रभुत्व है। यह विश्व की सबसे बड़ी बी2बी वेबसाइट है। अलीबाबा समूह की साइटों द्वारा चीन में पहुँचाए जानेवाले 60 प्रतिशत पार्सलों के साथ ही यह एशिया की सबसे बड़ी ई-कॉमर्स वेबसाइट है। जैक मा का यह भी मानना है कि आई.पी.ओ. तो एक शुरुआत मात्र थी और अलीबाबा तो बस, ''आगे की लंबी यात्रा के लिए गैस स्टेशन पर ईंधन ही ले रहा था।''

'न्यूयॉर्क टाइम्स' के लिए 'छोटा ही सुंदर है' के बारे में बात करते हुए अक्तूबर 2009 में जैक मा ने कहा, ''आनेवाले दशक में इंटरनेट बाजार

व्यवस्था को वास्तविक अधोसंरचना बनाने का चिर प्रतीक्षित परिवर्तन करेगा, जिससे छोटी कंपनियाँ, जो वास्तव में नवप्रवर्तन के क्षेत्र में अग्रणी हैं, को प्रमुख व्यापार संघों के साथ प्रभावशाली रूप से प्रतिस्पर्धा करने में समर्थ करेगा। पूरे विश्व में नए व्यापारिक अवसरों को पहचानने तथा उत्पन्न करने की क्षमता अनंत होगी। उदाहरण के लिए, एक व्यापार, जो चीन या भारत में शुरू होता है, के पास इंडियाना के व्यापार के साथ प्रतिस्पर्धा करने की क्षमता होगी। सबसे बढ़कर, इंडियाना के उस व्यापार का यदि सही मनोभाव तथा वैश्विक दृष्टिकोण है तो वह न सिर्फ भारत या चीन में प्रतिस्पर्धा करने में समर्थ होगा, बल्कि अमेरिका व यूरोप के अधिक बड़े व्यापार समूहों के साथ भी वह प्रतिस्पर्धा करने में समर्थ होगा।''

जैक मा को चीन की विकसित होती अर्थव्यवस्था के लिए बड़ी आशाएँ हैं। उन्होंने 23 जनवरी, 2015 को 'विश्व आर्थिक मंच' की बैठक के दौरान चार्ली रोस को दिए एक साक्षात्कार में कहा, ''यदि चीनी अर्थव्यवस्था के विकास की दर 9 प्रतिशत रहती है तो जरूर कहीं कुछ गलत है। आपको कभी भी नीला आकाश नहीं दिखाई देगा, आपको कभी भी गुणवत्ता नहीं मिलेगी। चीन को अर्थव्यवस्था की गुणवत्ता पर ध्यान देना चाहिए। मैं समझता हूँ कि इसका विकास भी मनुष्य के विकास की तरह ही है। यह शरीर कभी भी लगातार बढ़ता नहीं रह सकता है। एक निश्चित समय पर शरीर की वृद्धि धीमी होने लगती है; आपको अपने मस्तिष्क का विकास करना चाहिए। अपनी संस्कृति, अपने मूल्यों, अपने ज्ञान का विकास करना चाहिए। मैं समझता हूँ कि चीन उसी दिशा में आगे बढ़ रहा है।

□

11

विश्व-विजय

दिसंबर 2015 में अलीबाबा ने साउथ चायना मॉर्निंग पोस्ट (एस.सी.एम.पी.) का अधिग्रहण कर लिया। यह चीन और हांगकांग का प्रमुख अंग्रेजीभाषी अखबार है, जो चीन की राजनीति के लिए खबरों पर केंद्रित होता है। जैक मा ने मलेशिया के अरबपति रॉबर्ट कोक से इस मीडिया समूह का स्वामित्व लिया, जो वर्ष 1993 से ही एस.सी.एम.पी. का एक प्रमुख शेयरधारक था। 26.6 करोड़ डॉलर में इसका अधिग्रहण करके अलीबाबा अपने व्यवसाय का विस्तार ई-कॉमर्स से आगे मीडिया उद्योग में करना चाहता है। अपने इस कदम के साथ ही जैक मा चीन में मीडिया को 'वस्तुनिष्ठ, निष्पक्ष और सटीक' बनाना चाहते हैं। वे चीनी मीडिया में घटना की रिपोर्ट में विविधता लाकर इसे पश्चिमी खबरों तथा मीडिया विचारों तक ही सीमित रखना नहीं चाहते हैं।

अलीबाबा ग्रुप होल्डिंग लिमिटेड (बीएबीए) अधिग्रहण तथा जैवीय विकास द्वारा एक व्यापक प्रौद्योगिकी-आधारित खुदरा व्यापार संघ बन गया है। जैक मा प्रौद्योगिकी से लेकर संचालन तथा उससे परे अनेक छोटी कंपनियों के अधिग्रहण द्वारा अलीबाबा का विविधीकरण करना चाहते हैं।

अलीबाबा संघ अनेक प्रकार के व्यवसायों का संचालन करता है तथा विस्तृत होकर यह एक नियंत्रक कंपनी बन गई है, जिसकी अनेक प्रमुख सहायक कंपनियाँ हैं। आवश्यक रूप से यह ई-बे, इंक (ईबे), ग्रुपन (जीआर पीएन), पेपाल तथा गूगल के कुछ हिस्से एवं अमेजॉन डॉट कॉम इंक (एएम जेडएन) तथा बहुत सारी कंपनियों का समावेश इस एक कंपनी में है। वर्ष 2015 में स्टैनफोर्ड ग्रेजुएट स्कूल ऑफ बिजनेस में जेरी यांग को दिए एक साक्षात्कार

के दौरान जैक मा से पूछा गया कि अलीबाबा तथा ई-बे एवं अमेजॉन जैसी ई-कॉमर्स कंपनियों में क्या अंतर है? उन्होंने जवाब दिया, ''हम ई-बे एवं अमेजॉन जैसी ई-कॉमर्स कंपनी नहीं हैं, यद्यपि हमारा ई-कॉमर्स का विश्व में सबसे बड़ा व्यवसाय है। हम ई-बे नहीं हैं। हम खरीदते और बेचते नहीं हैं। हम लोगों को ई-कॉमर्स कंपनी बननें में मदद करते हैं। हम अन्य कंपनियों को ई-कॉमर्स करने में समर्थ करते हैं। हमारे और अमेजॉन के बीच यही अंतर है। हमारा विश्वास है कि हर कंपनी को अमेजॉन जैसा होना चाहिए। अमेजॉन एक पारंपरिक व्यवसाय है, जिसके पास संयोग से अपनी वेबसाइट है। (मा, 2015)

जब अलीबाबा का विस्तार इस स्तर तक नहीं हुआ था, जैक मा से पूछा गया था कि अलीबाबा केवल सात कंपनियों में ही क्यों व्यस्त हैं, तो उन्होंने जवाब दिया कि हर व्यक्ति की प्रबंधन क्षमता सीमित है। बाद में उन्होंने कहा कि साझेदारी के एक उपक्रम के लिए रणनीतिक लक्ष्यों के विकास तथा व्यापार के सफल संचालन के लिए इसे केंद्रित होना चाहिए।

शुरू में, जब अलीबाबा का विस्तार इस स्तर तक नहीं हुआ था, जैक मा से पूछा गया था कि अलीबाबा केवल सात कंपनियों में ही क्यों व्यस्त हैं, तो उन्होंने जवाब दिया कि हर व्यक्ति की प्रबंधन क्षमता सीमित है। बाद में उन्होंने कहा कि साझेदारी के एक उपक्रम के लिए रणनीतिक लक्ष्यों के विकास तथा व्यापार के सफल संचालन के लिए इसे केंद्रित होना चाहिए। कोई भी व्यक्ति अधिकतम सात टीमों का प्रबंधन कर सकता है, ''सात से कम में कोई समस्या नहीं, सात से ज्यादा होने पर निश्चित रूप से समस्या होगी।'' बाद में जैक मा ने दायित्वों का हस्तांतरण अपने विश्वसनीय मित्रों एवं व्यापार साझीदारों को कर दिया और अलीबाबा का इतना विस्तार किया कि लगभग हर खुदरा क्षेत्र को इसमें समा सकें, चाहे वह 'बिजनेस कंज्यूमर' या 'कंज्यूमर-टू-कंज्यूमर' बाजार क्षेत्र ही क्यों न हो! यह कहना सही होगा कि कंपनी टीमों के बीच वस्तुओं के आदान-प्रदान के लगभग सभी पक्षों में सक्रिय है। इसमें वस्तुओं के मँगवाने से लेकर वस्तुओं को व्यक्तिगत उपभोक्ताओं सहित अदायगी के

आदान-प्रदान तथा संचालन करने में भी मदद करती है।

यह आत्म-पोषित वातावरण प्रत्येक नए व्यवसाय के आरंभ के साथ ही और भी विस्तृत हो जाता है। वर्ष 2009 में जैक मा ने अपने व्यापार के प्रति अपने प्रेम के बारे में बताया और कहा, "मैं हमेशा उत्साहित क्यों महसूस करता हूँ? मेरे आठ बच्चे हैं। पिछले 15 वर्षों में मैंने आठ कंपनियाँ बनाईं। उनमें से सात मजबूत हैं और एक को मैंने बेच दिया। जब मैं अपने बच्चों—अलीबाबा, ताओबाओ, अली और अन्य सभी कंपनियों 'ऑल क्लाइड' को देखता हूँ, हमारे पास एक नवजात शिशु दो माह पहले ही आया है, तो मैं हमेशा ही उत्साहित महसूस करता हूँ, क्योंकि आपको आशा नजर आती है और आप जानते हैं, "यह बच्चा मुझे बदल देने वाला है। यह बच्चा इस विश्व को बदलने वाला है।"

> ***'अलीबाबा डॉट कॉम' अलीबाबा समूह का पहला व्यवसाय है। यह वैश्विक ऑनलाइन थोक बाजार है, जो छोटे चीनी थोक विक्रेताओं को अंतरराष्ट्रीय ग्राहकों से जोड़ता है। यह वैश्विक खरीदारों को उत्पादों एवं आपूर्तिकर्ताओं को शीघ्रता व कुशलतापूर्वक ढूँढ़ने में मदद करता है"***

अलीबाबा के पारितंत्र का विश्लेषण इस प्रकार है—

'अलीबाबा डॉट कॉम' अलीबाबा समूह का पहला व्यवसाय है। यह वैश्विक ऑनलाइन थोक बाजार है, जो छोटे चीनी थोक विक्रेताओं को अंतरराष्ट्रीय ग्राहकों से जोड़ता है। यह वैश्विक खरीदारों को उत्पादों एवं आपूर्तिकर्ताओं को शीघ्रता व कुशलतापूर्वक ढूँढ़ने में मदद करता है, साथ-ही-साथ यह आपूर्तिकर्ताओं को अपने उत्पाद के लिए वैश्विक ग्राहकों तक पहुँचने के लिए आवश्यक उपक्रम उपलब्ध कराता है। इसके उत्पादकों एवं वितरकों का एक प्रमुख वर्ग चीन, भारत, पाकिस्तान, अमेरिका या थाईलैंड में स्थित है।

'1688 डॉट कॉम' छोटे चीनी घरेलू व्यापारियों के लिए चीन का एक प्रमुख ऑनलाइन थोक बाजार है। चीन में '1688' को शुभ माना जाता है, क्योंकि जब इसका उच्चारण किया जाता है तो इसका आशय होता है—'दीर्घ अवधि

में सौभाग्य बनाना।' वर्ष 1999 में आरंभ की गई यह साइट बी2बी व्यवस्था (बिजनेस-टू-कस्टमर) तथा बी2सी व्यवस्था (बिजनेस-टू-कंज्यूमर) पर संचालित है। चीनी बाजार पर इसका मुख्य केंद्र होने के साथ ही यह चीनी उत्पादकों को अलीबाबा के माध्यम से व्यापार करनेवाले छोटे चीनी व्यापारियों से जोड़ता है। इसका एक प्रमुख लक्षित ग्राहक ताओबाओ स्टोर विक्रेता तथा खुदरा व्यापारी है। '1688' बिक्री के लिए वस्तुओं को आयात करने का एक प्रमुख स्रोत बन गया, क्योंकि विदेशों के ज्यादा-से-ज्यादा थोक विक्रेता तथा सीधे आपूर्तिकर्ता कम कीमत होने के कारण इसके माध्यम से अपने उत्पाद मँगवाते हैं। हर उत्पाद के लिए न्यूनतम ऑर्डर मात्रा आवश्यकता (मिनिमम ऑर्डर क्वांटिटी रिक्वायरमेंट) होती है, जिससे कि थोक मूल्य में काफी गिरावट आ जाती है तथा मुनाफा काफी बढ़ जाता है।

'ताओबाओ मार्केप्लेस' अलीबाबा की ग्राहक सेवाओं में प्रथम है। यह आवश्यक रूप से चीन में खरीदारी का ऑनलाइन बाजार है, जहाँ लाखों चीनी विक्रेता एवं दुकानें सी-टू-सी (कंज्यूमर-टू-कंज्यूमर) व्यवस्था के तहत संचालित होते हैं।

'ताओबाओ मार्केप्लेस' अलीबाबा की ग्राहक सेवाओं में प्रथम है। यह आवश्यक रूप से चीन में खरीदारी का ऑनलाइन बाजार है, जहाँ लाखों चीनी विक्रेता एवं दुकानें सी-टू-सी (कंज्यूमर-टू-कंज्यूमर) व्यवस्था के तहत संचालित होते हैं। मई 2003 में शुरू की गई यह वेबसाइट निजी समूहों के बीच विक्रय के मामले में एक मध्यस्थ प्लेटफॉर्म के रूप में काम करती है, क्योंकि इसकी वेबसाइट पर कोई भी व्यक्ति ऑनलाइन दुकान खोल सकता है। अलीबाबा के अनुसार, यह चीन का सबसे लोकप्रिय मोबाइल वाणिज्य ऐप है। यह ऐसे ग्राहकों को आकर्षित करता है, जो व्यापक चयन, मूल्य तथा सुविधा की तलाश में हैं; क्योंकि इस पर लाखों उत्पाद एवं सेवाएँ सूचीबद्ध हैं। 'आई रिसर्च' के अनुसार, मासिक सक्रिय उपभोक्ताओं की दृष्टि से ताओबाओ का मोबाइल ऐप वर्ष 2015 में चीन की शीर्ष ई-कॉमर्स एप्लिकेशन बन गई। 15 अरब डॉलर से अधिक के वार्षिक व्यापार के साथ ही इसकी वैश्विक इंटरनेट बाजार में महत्त्वपूर्ण हिस्सेदारी है।

'अलीमामा' ऑनलाइन बाजार प्रौद्योगिकी का एक प्रमुख प्लेटफॉर्म है, जिसकी शुरुआत वर्ष 2007 में हुई। यह अलीबाबा समूह के ऑनलाइन बाजार से जुड़े विक्रेताओं को पर्सनल कंप्यूटर तथा मोबाइल उपकरणों के भीड़वाले बाजार से 'प्रतिस्पर्धा विक्रेताओं में असाधारण' दिखाने में मदद करने के लिए ऑनलाइन विपणन सेवाएँ उपलब्ध कराता है। इसका एक संबद्ध विपणन कार्यक्रम भी है, जिसके माध्यम से यह विक्रेताओं को तीसरी टीम की वेबसाइट तथा मोबाइल ऐप पर बिक्री प्रदर्शन देने में समर्थ करता है। इससे उनके विपणन और विज्ञापन की पहुँच अलीबाबा समूह के अपने बाजार स्थलों से परे उपभोक्ताओं तथा संपत्तियों तक जाती है।

टीमॉल में मिलनेवाली हर चीज के शीर्ष गुणवत्तावाले उत्पादकों के असली ब्रांड उपलब्ध होते हैं, क्योंकि इसका लक्ष्य तेजी से बढ़ते परिष्कृत चीनी ग्राहकों को खरीदारी का श्रेष्ठ अनुभव उपलब्ध कराना है। 'आई रिसर्च' के अनुसार, सक्रिय मासिक उपभोक्ताओं की दृष्टि से 'टीमॉल डॉटकॉम' 2015 में अनेक प्रमुख ब्रांड तथा खुदरा व्यापारियों के लिए सबसे बड़ा तीसरा दलीय प्लेटफॉर्म था।

'टीमॉल' चीन का सबसे बड़ा ब्रांड तथा खुदर प्लेटफॉर्म है, जहाँ सीधे उत्पादकों द्वारा बेचे गए उत्पाद प्रदर्शित होते हैं और यहाँ तक कि विक्रेता के हर पेज पर गुणवत्ता का प्रमाण-पत्र व अनुपालन होता है। अप्रैल 2008 में शुरू की गई यह व्यापार साइट अधिक पारंपरिक बी2बी व्यवस्था (बिजनेस-टू-कंज्यूमर) पर संचालित होती है, जहाँ अधिमूल्य भंडार सीधे संपन्न ग्राहकों को अपना सामान बेचते हैं। टीमॉल में मिलनेवाली हर चीज के शीर्ष गुणवत्तावाले उत्पादकों के असली ब्रांड उपलब्ध होते हैं, क्योंकि इसका लक्ष्य तेजी से बढ़ते परिष्कृत चीनी ग्राहकों को खरीदारी का श्रेष्ठ अनुभव उपलब्ध कराना है। 'आई रिसर्च' के अनुसार, सक्रिय मासिक उपभोक्ताओं की दृष्टि से 'टीमॉल डॉटकॉम' 2015 में अनेक प्रमुख ब्रांड तथा खुदरा व्यापारियों के लिए सबसे बड़ा तीसरा दलीय प्लेटफॉर्म था।

'अलीयून' चीन का प्रमुख 'समूह उपलब्धकर्ता' है। सितंबर 2009 में

स्थापित यह अलीबाबा का क्लाउड कंप्यूटिंग अंग तथा व्यापार इकाई है, जो विश्व भर में विकसित हो रहे उद्योगों को व्यापक वैश्विक क्लाउड कंप्यूटिंग सेवाएँ उपलब्ध कराता है। यह व्यापारियों को अलीबाबा तंत्र के भीतर एक बेहतर साझीदार बनने में मदद करने के लिए आँकड़ों के प्रबंधन एवं मूल्यांकन में मदद करता है। बदले में यह बाजार के अंतरराष्ट्रीय प्रदर्शन एवं उपयोगिता, क्लाउड सुरक्षा तथा अग्रणी शोधन एवं विकास को प्रेरित करता है। अलीयून द्वारा प्रदत्त सेवाओं में आँकड़ा संरक्षण, संबद्ध डाटाबेस, बिग डाटा प्रोसेसिंग, एंटी डी.डी.ओ.एस. संरक्षण, सामग्री सुपुर्दगी नेटवर्क (जी.डी.एन.) शामिल हैं।

'जुहुआसुआन' (शाब्दिक अनुवाद : सस्ते सौदे के लिए एकत्रित) चीन का दैनिक लेन-देन का एक लोकप्रिय बाजार स्थल है, जिसका आरंभ मार्च 2010 में किया गया था। यह बिक्री एवं विपणन का स्थल है, जो 'ताओबाओ' एवं 'टीमॉल' के व्यापारियों को अद्‌भुत विशेष छूट तथा विज्ञापन संबंधी घटनाओं के द्वारा बेहतर परिणाम प्राप्त करने में मदद करता है। 'जुहुआसुआन' कुछ चुने हुए ब्रांड तथा निजी उत्पादों—ऐसे उत्पाद, जो ग्राहकों की विशिष्ट माँग के अनुरूप बनाए गए हैं तथा सेवाएँ, जैसे समूह पर्यटन पैकेज, भी उपलब्ध कराता है। वर्ष 2015 के उत्तरार्द्ध में ग्राहकों में खरीदारी की नई प्रवृत्तियों को प्रोत्साहित करने की अपनी क्षमता द्वारा जुहुआसुआन का व्यापार बढ़कर 3 करोड़ दैनिक उपभोक्ता तक पहुँच गया। कंपनी के प्रवक्ता के अनुसार, जुहुआसुआन को यह उपलब्धि "क्षणिक बिक्री द्वारा प्राप्त हुई, जिसमें उत्पादों को वृद्धिगत मूल्य पर सीमित अवधि के लिए उपलब्ध कराया जाता है।"

'जुहुआसुआन' (शाब्दिक अनुवाद : सस्ते सौदे के लिए एकत्रित) चीन का दैनिक लेन-देन का एक लोकप्रिय बाजार स्थल है, जिसका आरंभ मार्च 2010 में किया गया था। यह बिक्री एवं विपणन का स्थल है, जो 'ताओबाओ' एवं 'टीमॉल' के व्यापारियों को अद्‌भुत विशेष छूट तथा विज्ञापन संबंधी घटनाओं के द्वारा बेहतर परिणाम प्राप्त करने में मदद करता है।

'अलीएक्सप्रेस डॉटकॉम' अलीबाबा का वैश्विक ऑनलाइन खुदरा बाजार है, जो अंतरराष्ट्रीय खरीदारों को कम मात्रा में फैक्टरी मूल्य पर उच्च गुणवत्ता के अनेक उत्पाद उपलब्ध कराता है। अप्रैल 2010 में शुरू किया गया 'अलीएक्सप्रेस' चीन में छोटे व्यापारियों को रूस, अमेरिका, ब्राजील, स्पेन, फ्रांस तथा इंग्लैंड सहित पूरे विश्व में ग्राहकों को कुछ भी बेचने के लिए आयोजक की भूमिका निभाता है। 'अलीएक्सप्रेस' '1688 डॉटकॉम' के समान है। अंतर केवल यह है कि इसका केंद्र वे अंतरराष्ट्रीय खरीदार हैं, जो कम मात्रा में वस्तुएँ खरीदते हैं। खरीदी जानेवाली वस्तु का मूल्य एक वस्तु के बराबर भी हो सकता है तथा उपभोक्ता खरीदार सुरक्षा सेवा द्वारा सुरक्षित रूप से अदायगी कर सकते हैं।

> ***'आंट फाइनेंशियल सर्विसेज ग्रुप' (जेजिआंग आंट स्माल एंड माइक्रो फाइनेंशियल सर्विसेज ग्रुप) अलीबाबा का वित्तीय अंग है, जिसकी स्थापना 'विश्व में छोटे, पर सुंदर बदलाव लाने' की दृष्टि से की गई थी।***

'आंट फाइनेंशियल सर्विसेज ग्रुप' (जेजिआंग आंट स्माल एंड माइक्रो फाइनेंशियल सर्विसेज ग्रुप) अलीबाबा का वित्तीय अंग है, जिसकी स्थापना 'विश्व में छोटे, पर सुंदर बदलाव लाने' की दृष्टि से की गई थी। इसका नाम 'आंट', इसका केंद्र-बिंदु उन छोटे व्यापारियों की जरूरतों को पूरा करने के लिए लिया गया है, जो अलीबाबा के माध्यम से अपनी वस्तुएँ बेचते हैं। यह अलीपे, यू'अबाओ, जाओ काई बाओ, आंट फार्चून, आंट चेक लेटर, 'आंट फाइनेंशियल' क्लाऊट, सीसेम क्रेडिट तथा माइबैंक जैसे व्यापार को संचालित करता है। वर्ष 2011 में विदेशी स्वामित्व को घेरनेवाले चीनी बैंकिंग नियमों के बाद 'आंट फाइनेंशियल' अलीबाबा से अलग हो गया। जैक मा एवं अलीबाबा के कुछ शीर्ष कर्मचारी अब इस समूह को नियंत्रित करते हैं। आंट फाइनेंशियल का लक्ष्य है—समाज की भविष्य की वित्तीय जरूरतों में मदद करना और इसने अलीबाबा के साथ मिलकर 'एले.मी' जैसे अनेक निवेश किए हैं। 'एले.मी' एक चीनी खाद्य सुपुर्दगी ऐप है।

'ई ताओ' एक समेकित खरीदारी सर्च इंजन है, जहाँ आगंतुक चीन के व्यापारियों एवं उत्पादों के बारे में सूचनाओं की तुलना कर सकते हैं। यह ऑनलाइन खरीदारी से पहले और बाद में चीनी ग्राहकों को होनेवाली समस्याओं का समाधान करता है तथा ग्राहकों को इंटरनेट पर उपलब्ध उच्च गुणवत्ता एवं निम्न मूल्यवाले उत्पादों को पहचानने में मदद करके उन्हें खरीदारी की जानकारी तथा निर्णय लेने की सलाह देता है। 'ई ताओ' पर 2,000 से अधिक बी-टु-सी (बिजनेस-टु-कंज्यूमर) व्यापारियों तथा 660 दैनिक लेन-देन करनेवाली वेबसाइटों के 60 करोड़ से भी ज्यादा उत्पाद सूचीबद्ध हैं।

'अलीपे' 'पेपाल' की तरह एक तीसरा टीम ऑनलाइन अदायगी प्लेटफॉर्म है, जिसका नियंत्रण अलग से जैक मा एवं अलीबाबा के अन्य संचालकों द्वारा किया जाता है। वर्ष 2014 से ही इसने विश्व के सबसे बड़े मोबाइल व ऑनलाइन प्लेटफॉर्म के रूप में अपनी स्थिति बनाई हुई है, जहाँ 623 अरब डॉलर का डिजिटल पेमेंट प्रोसेस किया जाता है और पूरे विश्व में इसके 45 करोड़ उपभोक्ता हैं। अक्तूबर 2016 में 40 करोड़ उपभोक्ता तथा चीन के ऑनलाइन अदायगी बाजार के आधे नियंत्रण के साथ ही चीन के बाजार में इसकी सबसे ज्यादा बाजार हिस्सेदारी थी। इसकी सेवा का तेजी से दक्षिण-पूर्वी एशिया तथा यू.एस.ए. में विस्तार हो रहा है, विशेषकर ऐसे बाजारों में, जहाँ चीनी पर्यटकों का आवागमन बहुत ज्यादा होता है।

'अलीपे' 'पेपाल' की तरह एक तीसरा टीम ऑनलाइन अदायगी प्लेटफॉर्म है, जिसका नियंत्रण अलग से जैक मा एवं अलीबाबा के अन्य संचालकों द्वारा किया जाता है। वर्ष 2014 से ही इसने विश्व के सबसे बड़े मोबाइल व ऑनलाइन प्लेटफॉर्म के रूप में अपनी स्थिति बनाई हुई है''

वर्ष 2011 में जैक मा ने 'जेशांग ऑनलाइन' के साथ ही 'अलीपे' की शुरुआत के बारे में चर्चा की थी—''आज जबकि अलीपे बहुत सफल प्रतीत होता है, इसके बारे में विचारों के साथ आने के लिए हमें विवश किया गया। उस समय ताओबाओ के माध्यम से लेन-देन कठिन होता था, क्योंकि सुरक्षित

अदायगी की समस्या का हमने समाधान नहीं किया था। हमारे बड़े घरेलू बैंक इसमें शामिल नहीं होना चाहते थे, इसलिए हमने विदेशी बैंकों जैसे सिटी ग्रुप एवं एच.एस.बी.सी. से संपर्क किया। उसी वर्ष एक सम्मेलन में, एक कार्यपालक ने सलाह दी, ''आप किस प्रकार नई खोज करते हैं तथा भविष्य के संबंध में फैसला करते हैं, यही आपका लक्ष्य है। तभी हमने 'अलीपे' की शुरुआत की। हम बिल्कुल स्वच्छता एवं पारदर्शिता के साथ यह करते हैं, हर तिमाही संबद्ध विभाग को इसकी सूचना देते हैं।'' (डेंग 2011) जब जैक मा ने अंतत: 'अलीपे' की शुरुआत की, तब अनेक बैंकों तथा व्यापारियों ने उनके इस कदम को 'मूर्खतापूर्ण' कहा। लेकिन जैक मा को इसकी संभाव्यता पर पूरा भरोसा था और उन्होंने कहा, ''कोई भी मूर्खतापूर्ण काम—यदि आप इसमें प्रतिदिन सुधार करते हैं तो यही बहुत सफल होगा।'' वर्ष 2014 से अलीपे ने विश्व के सबसे बड़े मोबाइल व ऑनलाइन प्लेटफॉर्म के रूप में अपनी स्थिति बनाई हुई है, जिसके नियंत्रण में चीन के ऑनलाइन अदायगी बाजार का आधा हिस्सा है। यह 623 अरब डॉलर का डिजिटल पेमेंट प्रोसेस करता है तथा पूरे विश्व में इसके 45 करोड़ उपभोक्ता हैं।

> ***''कोई भी मूर्खतापूर्ण काम—यदि आप इसमें प्रतिदिन सुधार करते हैं तो यही बहुत सफल होगा।'' वर्ष 2014 से अलीपे ने विश्व के सबसे बड़े मोबाइल व ऑनलाइन प्लेटफॉर्म के रूप में अपनी स्थिति बनाई हुई है, जिसके नियंत्रण में चीन के ऑनलाइन अदायगी बाजार का आधा हिस्सा है।***

जैक मा को चुनौतियाँ बहुत पसंद हैं। चीन में सबसे बड़ा ई-कॉमर्स प्लेटफॉर्म होने के कारण अलीबाबा को संचालन संबंधी चुनौतियों का सामना करना पड़ता था, क्योंकि यह तीसरी टीम के लिए संचालन व्यवस्था करनेवालों के साथ काम करता था। अलीबाबा के माध्यम से खरीदारी करनेवाले को देर से डिलीवरी तथा सामान के खो जाने की समस्या होती थी, जो विज्ञापन संबंधी घटनाओं के समय और भी बढ़ जाती थी। डिलीवरी संबंधी घटनाओं में बढ़ोतरी के कारण प्राय: साझेदारों की सुविधा पर बड़ा जोर पड़ने की खबरें आती थीं, क्योंकि इतनी बड़ी मात्रा में निवेश

के कारण उन्हें जगह तथा मानव संसाधन की कमी होती थी। इस समस्या का समाधान करने के लिए जैक मा ने चीन के संचालन नेटवर्क को मजबूत बनाने का फैसला किया। मई 2013 में जैक मा ने 'कैनिआओ नेटवर्क टेक्नोलॉजी कंपनी लि.' की स्थापना करने के लिए चिनताई ग्रुप, फोसन ग्रुप, फॉरचून लॉजिस्टिक्स, एस.एफ. एक्सप्रेस, वाई.टी.ओ. एक्सप्रेस, एस.टी.ओ. एक्सप्रेस, जेड.टी.ओ. एक्सप्रेस तथा यन दा एक्सप्रेस के साथ हाथ मिला लिया। दो वर्ष बाद 28 मई, 2015 को अलीबाबा ने आधिकारिक रूप से 'काचनिआओ जिआंगहू असेंबली' के दौरान 'काचनिआओ' की शुरुआत की। अलीबाबा की 'काचनिआओ' की घोषणा तथा जैक मा के संचालन-क्षेत्र में प्रवेश ने पारंपरिक संचालन परितंत्र में व्यवधान एवं बदलाव की अटकलों को हवा दे दी।

जैक मा का संकल्प चौबीस घंटे किसी भी सामान की चीन में कहीं भी डिलीवरी करवाने के लिए 'चायना स्मार्ट लॉजिस्टिक्स नेटवर्क' (सी.एस.एन.) बनाने का था। इसने अपनी ही डिलीवरी टीम की बजाय अलीबाबा ने एक केंद्रीकृत डाटा प्लेटफॉर्म बनाया, जो इसके एक्सप्रेस डिलीवरी साझेदारों के साथ जुड़ा हुआ था और नवीन प्रौद्योगिकीय खोज को प्रेरित करता था। शीघ्र ही पूरे संचालन-क्षेत्र में कुशलता सुधार पर महत्त्वपूर्ण प्रभाव को महसूस किया गया। बेहतर योजना और अधिक संचालन कुशलता के कारण संचालन साझेदार अधिक संतुष्ट होने लगे व अलीबाबा के मोबाइल ऐप के कारण डिलीवरी तीव्र तथा सुविधाजनक हो गई। इस कदम के कारण जैक मा को राजस्व का एक नया स्रोत मिल गया, क्योंकि 'काचनिआओ' अपनी तीसरी टीम के संचालन नेटवर्क से सेवा शुल्क वसूल करता था।

जैक मा का संकल्प चौबीस घंटे किसी भी सामान की चीन में कहीं भी डिलीवरी करवाने के लिए 'चायना स्मार्ट लॉजिस्टिक्स नेटवर्क' (सी.एस.एन.) बनाने का था। इसने अपनी ही डिलीवरी टीम की बजाय अलीबाबा ने एक केंद्रीकृत डाटा प्लेटफॉर्म बनाया, जो इसके एक्सप्रेस डिलीवरी साझेदारों के साथ जुड़ा हुआ था और नवीन प्रौद्योगिकीय खोज को प्रेरित करता था।

अलीबाबा के नियंत्रण में अब प्रत्यक्ष स्वामित्व और या मूवी स्टूडियो का स्वामित्व अधिकार वेंचर कैपिटल फंड, याहू चीन, स्वास्थ्य प्रौद्योगिकी निर्माता, इंटरनेट मैसेजिंग एवं वॉइस ऐप, आपूर्ति प्रणाली प्रबंधन कंपनी, टैक्सी हेलिंग ऐप सेवा, वीडियो स्ट्रीमिंग साइट सोशल मीडिया ऐप, ऑनलाइन पोशाक विक्रेता तथा और भी बहुत कुछ थे। इसने एक फिल्म निर्माता कंपनी 'चायना विजिन' का भी अधिग्रहण कर लिया, जिसे आज 'अलीबाबा पिक्चर्स' के नाम से जाना जाता है।

अलीबाबा का सपना इंटरनेट से जुड़ी कारों को सबसे बड़ा खुला प्लेटफॉर्म बन जाने में समर्थ करने का है, जो सभी प्रकार की सेवाएँ उपलब्ध कराने में सक्षम हो। जैंग चुनहुई, 'एनओएस' के अध्यक्ष ने कहा, ''भविष्य में हम इंटरनेट से जुड़ी कारों को चुस्त नगरों एवं चुस्त परिवहन के विकास का ठोस आधार बनने की आशा करते हैं।''

जुलाई 2016 में अलीबाबा ने ऑटोमोबाइल क्षेत्र में प्रवेश किया तथा चीन के राज्य-नियंत्रित कार निर्माताओं में से एक 'साइक' (SAIC) के सहयोग से अपनी पहली 'इंटरनेट कार' का संचालन किया। अलीबाबा की 'टेक्नोलॉजी स्टीअरिंग कमेटी' के अध्यक्ष वांग जिआन ने कहा, ''हम जो बना रहे हैं, वह 'कार में इंटरनेट' नहीं है, बल्कि वह 'इंटरनेट पर कार' है। कार उद्योग में यह मील का एक महत्त्वपूर्ण पत्थर है। स्मार्ट संचालन व्यवस्था का दूसरा इंजन बन गया, जबकि आँकड़ा नया ईंधन बना गया। अलीबाबा का सपना इंटरनेट से जुड़ी कारों को सबसे बड़ा खुला प्लेटफॉर्म बन जाने में समर्थ करने का है, जो सभी प्रकार की सेवाएँ उपलब्ध कराने में सक्षम हो। जैंग चुनहुई, 'एनओएस' के अध्यक्ष ने कहा, ''भविष्य में हम इंटरनेट से जुड़ी कारों को चुस्त नगरों एवं चुस्त परिवहन के विकास का ठोस आधार बनने की आशा करते हैं।''

विश्व की सबसे बड़ी ई-कॉमर्स कंपनी के संस्थापक के रूप में जैक मा अपने साम्राज्य का विस्तार करने के लिए नई परियोजनाओं तथा निवेश में स्वयं

को व्यस्त रखते हैं। अलीबाबा एक ऐसा नाम है, जो विश्व प्रौद्योगिकी उद्योग में सफलता के रूप में गूँजता है।

पूरे चीन में 'ताओबाओ विलेजेस' के नाम से पूरे शहर हैं, जिनका अस्तित्व ही अलीबाबा प्लेटफॉर्म—'ताओबाओ' एवं 'टीमॉल' के साथ व्यापार की वजह से ही है। वर्ष 2016 में किए गए एक सर्वेक्षण के अनुसार, चीन में ई-कॉमर्स के माध्यम से की गई बिक्री समस्त खुदरा व्यय का 13.5 प्रतिशत है, क्योंकि चीन की बहुसंख्या छोटे या किसी प्रमुख खरीदारी केंद्र के निकट नहीं रहती है और इस कारण ऑनलाइन खरीदारी की एक मजबूत संस्कृति बन गई है चीन का ऑनलाइन खुदरा बाजार विश्व में सबसे बड़ा है, जो संयुक्त राज्य अमेरिका के खुदरा बाजार से लगभग 80 प्रतिशत बड़ा है तथा यूनाइटेड किंगडम को छोड़कर सभी बड़ी व्यवस्थाओं के खुदरा बाजार से भी बड़ा है।

यद्यपि अलीबाबा की शुरुआत एक चीनी कंपनी के रूप में हुई, जो अपने मुनाफे का बहुत बड़ा हिस्सा चीन में तेजी से विकसित होते उपभोक्ता बाजार से प्राप्त कर रही थी, लेकिन शीघ्र ही इसका प्रभाव पूरी दुनिया में फैल गया। जैक मा ने अमेरिकी बाजार में बहुत बड़ा निवेश किया, जहाँ उनका केंद्र मोबाइल तथा ई-कॉमर्स के क्षेत्र में स्थापित होनेवाली नई कंपनियाँ थीं। उन्होंने 11 मेन के नाम से पोशाक, घरेलू सामान तथा आभूषण जैसे श्रेष्ठ वस्त्रालय उत्पादों के लिए एक ई-कॉमर्स प्लेटफॉर्म खोला।

जैक मा ने अमेरिकी बाजार में बहुत बड़ा निवेश किया, जहाँ उनका केंद्र मोबाइल तथा ई-कॉमर्स के क्षेत्र में स्थापित होनेवाली नई कंपनियाँ थीं। उन्होंने 11 मेन के नाम से पोशाक, घरेलू सामान तथा आभूषण जैसे श्रेष्ठ वस्त्रालय उत्पादों के लिए एक ई-कॉमर्स प्लेटफॉर्म खोला।

अलीबाबा ने मैसेजिंग ऐप तांगो, फोटो मैसेजिंग ऐप स्नैपचैट, खेल संबंधी स्मृति चिह्नों का ऑनलाइन रिटेलर फनैटिक्स, सैन फ्रांसिस्को आधारित 'लिफ्ट' के नाम से जाना जानेवाला राइड शेयरिंग ऐप, 'कावम' के नाम से वीडियो गेम के क्षेत्र में कदम रखनेवाली नई कंपनी, शापर्नर, सिंगापुर पोस्ट आदि अनेक

क्षेत्रों में भी निवेश किया। उनके व्यापार का विस्तार लैटिन अमेरिका एवं यूरोप में भी हो रहा है। इटली एवं फ्रांस में सरकारी सौदे के माध्यम से अलीबाबा को टीमॉल पर सहज विक्रय प्राप्त हुआ। इसने ब्राजील में छोटे उद्योगों को चीन में अपने उत्पाद बेचने के लिए अलीपे का प्रयोग करने की अनुमति देने के लिए सरकारी स्वामित्ववाली डाक सेवा कंपनी 'कोरेइअस' के साथ साझेदारी की। बदले में इन कंपनियों को चीन के बाजार में सीधी पहुँच प्राप्त हुई।

वर्ष 2016 तक अलीबाबा के पास पहले से ही चीन के कुल खुदरा विक्रय के दसवें हिस्से (इसमें 75 प्रतिशत ऑनलाइन बिक्री भी शामिल है) से भी ज यादा था और इससे प्राप्त राजस्व विस्मित कर देनेवाला 50 प्रतिशत वार्षिक क्लिप था। उसी वर्ष जैक मा ने बोडोक्स में चैटिओ डि सॉअर्स, कोटस बार्ग में चैटिओ गरी तथा बलाए में चैटिओ डे पेरोन, कोटेस दी बोटडॉक्स का अधिग्रहण कर लिया। बाद में उन्होंने 'न्यू रिटेल' की धारणा की वकालत की, जो ऑनलाइन, ऑफलाइन, संचालन तथा आँकड़ों का एक ही महत्त्वपूर्ण नेटवर्क में संयोजन था। अपने पहले भौतिक स्टोर की स्थापना से लेकर प्रमुख डिपार्टमेंटल स्टोर शृंखला, 'इंटाइम रिटेल' के 2.6 अरब डॉलर के अधिग्रहण के साथ अलीबाबा तेजी से आगे बढ़ रहा है। पर यह तो बस, शुरुआत है।

वर्ष 2016 तक अलीबाबा के पास पहले से ही चीन के कुल खुदरा विक्रय के दसवें हिस्से (इसमें 75 प्रतिशत ऑनलाइन बिक्री भी शामिल है) से भी ज्यादा था और इससे प्राप्त राजस्व विस्मित कर देनेवाला 50 प्रतिशत वार्षिक क्लिप था।

वर्ष 2017 में अलीबाबा ने सरकारी स्वामित्ववाले सुपर मार्केट, मॉल तथा डिपार्टमेंटल स्टोर शृंखला के साथ एक साझेदारी समझौते पर हस्ताक्षर किए, जिसके पूरे चीन में 4,700 स्टोर हैं, ताकि नवीन भौतिक स्टोरों के साथ ई-कॉमर्स प्रमुख की भागीदारी के लिए खुदरा क्षेत्र में नए अवसरों की तलाश हो सके। इस समझौते के तहत कार्य-कुशलता को मजबूत करने तथा बड़े आँकड़ों व कृत्रिम बुद्धि का प्रयोग करते हुए खुदरा प्रौद्योगिकी का विकास करने के लिए साझेदार ऑफलाइन खुदरा शाखाओं, व्यापारिक क्षमताओं तथा

संचालन एवं अदायगी की साझेदारी करेंगे। इस साझेदारी के कारण इसमें ब्रिटेन के स्टोर को ऑफलाइन खरीदारों को अलीपे का प्रयोग करने तथा वायलियन के 'सेफपास' तथा 'ओके कार्ड' का संयोजन करने की अनुमति होगी। अलीबाबा के एक प्रवक्ता ने कहा, ''व्यापारी तेजी से नए आँकड़े एवं नई खोज को अपनाएँगे, ताकि अपने ग्राहकों से बेहतर ढंग से पहचान कर पाएँ, उन तक पहुँच पाएँ, उनका मूल्यांकन तथा उन्हें बेहतर सेवा दे पाएँ और उनकी डिजिटल क्रांति अलीबाबा परितंत्र तक सशक्त की जाएगी।''

हो सकता है कि अलीबाबा का 'न्यू रिटेल' सपना नई खोज की दृष्टि से चीन को अमेरिका व यूरोप से भी आगे कर दे! इस बदलते परिदृश्य में प्रगतिशील विचारधारावाले सभी पारंपरिक खुदरा विक्रेताओं को सहयोग करना है, क्योंकि यदि इस प्रतिस्पर्धा में वे अकेले रह जाते हैं तो उनका पतन निश्चित है। जैक मा खुदरा क्षेत्र की पुनः खोज के आकांक्षी हैं तथा वायलियन समूह के साथ यह साझेदारी उसी दिशा में बढ़ता एक और कदम है, जो ऑफलाइन एवं ऑनलाइन खुदरा व्यापार को खत्म करेगा तथा एक नए 'एक मार्गीय' अनुभव को जन्म देगा, जहाँ 'ई-कॉमर्स बनाम भौतिक स्टोर' की धारणा लगभग अप्रासंगिक हो जाएगी।

□

12

अलीबाबा विवाद

जैक मा और उनके सपनों की कंपनी अलीबाबा की खाक से लाख बनने की दिलचस्प कहानी है। पहले वर्ष 1999 में हैंगजाऊ के एक छोटे से अपार्टमेंट में जब उनकी कंपनी की स्थापना की गई थी तो किसी को भी यह अपेक्षा नहीं थी कि वह कुछ ही वर्षों में अरबों डॉलर की कंपनी बन जाएगी। अलीबाबा की सफलता की उल्लासपूर्ण कहानी पर टिप्पणी करते हुए जैक मा ने कहा, ''आज लोग अलीबाबा की सफलता की कहानियों के बारे में लिखते हैं और सच में, मैं यह नहीं समझता कि हम इतने स्मार्ट भी थे। हमने इतनी गलतियाँ कीं और कभी-कभी तो हम मूर्ख की तरह व्यवहार करते थे। इसलिए, किसी दिन जब मैं वास्तव में व्यक्तिगत रूप से लिखना चाहूँगा तो वे होंगी अलीबाबा की 1001 गलतियाँ! यही चीजें हैं, जो लोगों को याद करनी चाहिए और उन्हें सीखना चाहिए।'' लेकिन अलीबाबा के तीव्र विकास से लोगों को अचरज हुआ। अनेक चीनी कंपनियों की तरह ही अलीबाबा का स्वामित्व ढाँचा भी जटिल है और कुछ संचालन विशेषज्ञों ने इस बात पर प्रश्न भी उठाए कि अलीबाबा का व्यापार कैसे चलता है?

समय के दौरान जैक मा को व्यक्तिगत एवं व्यावसायिक व्यापार में घालमेल को लेकर आलोचना का सामना भी करना पड़ा। अलीबाबा के साझेदार 26 अन्य सदस्यों के साथ ही जैक मा की अलीबाबा में हिस्सेदारी 7.8 प्रतिशत थी। कंपनी की ओर से उन्होंने कुछ निवेश भी किए थे, जबकि कुछ लोगों पर अलीबाबा का ऋण था। जैक मा की निवेश-सूची तथा अलीबाबा के नियंत्रण के बीच स्पष्ट सीमा न होने के कारण यह निर्धारित करना कठिन था कि कोई

निवेश या तो व्यक्तिगत है या व्यावसायिक है।

जैक मा को अपने तरीके से काम करने की आदत पड़ गई थी और वे नियमित रूप से उन व्यापारियों के साथ लेन-देन करते थे, जिनके साथ वे मिलते-जुलते थे। इन व्यक्तियों में गो गुआनचांग, फोसन समूह के मालिक, चानी चीनताई, होल्डिंग्स के शेन गोजन तथा ऑनलाइन गेमिंग कंपनी जॉइंट इंटरएक्टिव के अध्यक्ष शी यूजू जैसे चीन के सफलतम उद्यमी शामिल थे। जैक मा ने अपने विश्वासपात्रों का एक समूह बना रखा था और उन श्रेष्ठ व्यक्तियों के साथ अंत:संबंध बनाए रखने के लिए एक पूरा तंत्र बना रखा था, ताकि व्यक्तिगत एवं कॉरपोरेट लाभ—दोनों प्राप्त हो सकें। यद्यपि उन्होंने यह घोषणा की कि यह समूह हितों के विवाद के संबंधों में नियमों का पालन करता है, लेकिन इस प्रकार की गतिविधियाँ हमेशा पारदर्शी नहीं होती हैं। इस विषय के संबंध में श्री शेन ने कहा, ''सार्वजनिक कंपनियों के पर्यवेक्षण के सख्त नियम होते हैं, जिनका हमें पालन करना होता है। हम तो केवल सहयोग करते हैं।''

जैक मा ने अपने विश्वासपात्रों का एक समूह बना रखा था और उन श्रेष्ठ व्यक्तियों के साथ अंत:संबंध बनाए रखने के लिए एक पूरा तंत्र बना रखा था, ताकि व्यक्तिगत एवं कॉरपोरेट लाभ—दोनों प्राप्त हो सकें। यद्यपि उन्होंने यह घोषणा की कि यह समूह हितों के विवाद के संबंधों में नियमों का पालन करता है, लेकिन इस प्रकार की गतिविधियाँ हमेशा पारदर्शी नहीं होती हैं।

अलीबाबा अपने अंत:संबंधित समूहों तथा कंपनी के बीच आक्रामक सौदे को लेकर जानी जाती है। व्यापारियों ने मिलकर संयुक्त उद्यम बना लिये थे और उनके सहयोग से अलीबाबा ने इंटरनेट टी.वी. कंपनी तथा ऑनलाइन वीडियो साइट से लेकर नौ परिवहन प्रणाली, यहाँ तक कि व्यावसायिक सॉकर टीम, का भी अधिग्रहण कर लिया था।

वर्ष 2010 में जैक मा ने अलीबाबा से अलग एक अन्य वेंचर कैपिटल कंपनी की स्थापना के लिए जेजिआंग गैंग के साथ साझेदारी की। तब से यह निजी

इक्विटी कंपनी अलीबाबा से जुड़े अन्य लेन-देन को सहज बनाने में एक माध्यम की भूमिका निभाती है। यद्यपि विश्लेषक तथा कॉरपोरेट मूल्यों के विशेषज्ञ इस प्रकार की गतिविधियों को गलत नहीं मानते हैं, लेकिन वे शेयरधारकों को इस प्रकार के जटिल लेन-देन ढाँचों को आंशिक रूप से सार्वजनिक करने के प्रति सावधान जरूर करते हैं, लेकिन इस प्रकार के लेन-देन में मा के व्यक्तिगत लाभ को सीमित करने के लिए कदम जरूर उठाए गए हैं।

28 सितंबर, 2014 को '60 मिनट' के संवाददाता लारा लॉगन को दिए एक साक्षात्कार में जैक मा ने अलीबाबा को एक स्वतंत्र एवं सरकारी हस्तक्षेप से मुक्त बताया। उन्होंने चीन में हमेशा ही इस प्रकार के किसी बयान और गतिविधि के प्रति सावधानी बरती है, जिससे उनके व्यापार में किसी प्रकार की बाधा आ जाए। उन्होंने स्वीकार किया कि, ''जब आपके पास लाखों ऐसी कंपनियाँ हैं, जो आपकी साइट का प्रयोग कर रही हैं और उस पर अरबों डॉलर का प्रतिदिन लेन-देन होता है तो सरकार उस पर नजर रखती है।'' जैक मा का यह विश्वास है कि चीनी सरकार इस बात का ध्यान रखती है कि वह अलीबाबा तथा इसके उपक्रमों के माध्यम से देश में स्थिरता ला सकती है। समय के साथ जिस रफ्तार से उनके साम्राज्य का विस्तार हुआ है, उन्होंने लाखों रोजगारों का सृजन किया है। जैक मा अर्थव्यवस्था को धीरे-धीरे अधिक अन्वेषक तथा उपभोग-आधारित अर्थव्यवस्था बनाने में सफल रहे हैं। चीन की विकसित होती अर्थव्यवस्था के लिए यह महत्त्वपूर्ण है और जैक मा इस बात के प्रति भलीभाँति जागरूक हैं। उन्होंने कहा, ''मैंने सरकार को बताया, 'यदि लोगों के पास कोई नौकरी नहीं है तो आप के लिए यह परेशानी है—सरकार मुसीबत में होगी।' मेरा काम है लोगों को ज्यादा नौकरियाँ उपलब्ध कराने में मदद करना।

> *''जब आपके पास लाखों ऐसी कंपनियाँ हैं, जो आपकी साइट का प्रयोग कर रही हैं और उस पर अरबों डॉलर का प्रतिदिन लेन-देन होता है तो सरकार उस पर नजर रखती है।''*

''लोग कहते हैं कि ठीक है जैक, यदि आप चीन में सफल हुए हैं तो

आपका जरूर सरकार के साथ कोई-न-कोई मजबूत गुप्त समर्थन रहा होगा, आदि। हमारे पिता समृद्ध नहीं थे। हमारे कोई शक्तिशाली चाचा नहीं थे। हमारे पास तो सिर्फ ग्राहक हैं, जो हमारी मदद करते हैं।'' जैक ने यह बात वर्ष 2014 में न्यूयॉर्क की 'क्लिंटन ग्लोबल इनीशिएटिव कॉन्फ्रेंस' में कही।

जब जैक मा ने अलीबाबा की स्थापना की तो उन्होंने अपनी टीम से कहा, ''सरकार से प्यार करो, उनसे विवाह मत करो; लेकिन उनका सम्मान जरूर करो।'' सरकार के साथ अपने सहयोग के संबंध में उनके विचार के बारे में जैक मा ने एक बार कहा, ''बहुत सारे लोग कहते हैं कि हाँ, सरकारी अधिकारी भी इंटरनेट, सेंसरशिप आदि के बारे में बातें कर रहे हैं। मैं समझता हूँ कि यह एक अवसर भी है और जिम्मेदारी भी, उनसे बात करना और उनको यह बताना कि इंटरनेट किस प्रकार सहायता कर सकता है।''

बहुत सारे लोग कहते हैं कि हाँ, सरकारी अधिकारी भी इंटरनेट, सेंसरशिप आदि के बारे में बातें कर रहे हैं। मैं समझता हूँ कि यह एक अवसर भी है और जिम्मेदारी भी, उनसे बात करना और उनको यह बताना कि इंटरनेट किस प्रकार सहायता कर सकता है।

जैसे-जैसे अलीबाबा का विकास होता गया, जैक मा की लगातार यह कोशिश रही कि उनके संबंध सरकार के साथ बेहतर रहें, ताकि सरकारी विरोध को दबाया जा सके, क्योंकि अंततः कंपनी का अस्तित्व सरकारों की दया पर निर्भर करता है। चीन में बाजार को लेकर नियम व कानून बदल सकते हैं। तीव्र रेटिंग प्राप्त करनेवाले सी.ई.ओ. जेम्स जेलर्ट ने 'फॉक्स बिजनेस' को बताया, ''ध्यान दीजिए, चीनी सरकार के साथ जितने ही घनिष्ठ संबंध होंगे, उतना ही ज्यादा अलीबाबा आई.पी.ओ. को चीन में सफल देखने के निहित स्वार्थ होंगे और उनके स्टॉक को चीनी प्रौद्योगिकी प्रमुख के लिए महत्त्वपूर्ण माना जाएगा।

जैक मा ने अपने दल में उच्च पदस्थ सरकारी अधिकारियों को शामिल करके इस बात को सुनिश्चित किया है कि सरकारी नियमों में बदलाव का प्रभाव अलीबाबा की सफलता पर न पड़े। सम्मिलित रिकॉर्ड के अनुसार, बोयो

कैपिटल, सी.डी.बी. कैपिटल तथा न्यू होमीजोन कैपिटल जैसी राजनीतिक रूप से जुड़ी अनेक कंपनियों में अलीबाबा में निवेश किया है। देश के सबसे बड़े सरकार-नियंत्रित कंगलोमेरेट के साथ ही 'सिटिक ग्रुप' के साथ अनेक सौदे हुए। प्रकटत: आक्रामक सरकारी हस्तक्षेप के विरुद्ध बीमा के रूप में जैक मा अलीबाबा के माध्यम से सरकार के साथ समझौते करते रहे हैं। 'अलीबाबा यूथ बिजनेस काउंसिल' के प्रमुख आयोजकों में से एक थी। यह सरकार के समर्थन से चलनेवाली एक धर्मार्थ संस्था है, जिसके चीन के अति शक्तिशाली अधिकारियों में से एक अधिकारी के साथ संबंध हैं। जैक मा के संस्कृति मंत्रालय के साथ भी संबंध हैं और वे इसकी गैर-लाभकारी संस्था 'चायना कल्चरल इंडस्ट्री एसोसिएशन' के उपाध्यक्ष के रूप में इस मंत्रालय को अपनी सेवा देते हैं। सही व्यक्तियों के साथ मित्रवत् संबंध बनाकर जैक मा ने सरकारी स्वीकृति तथा लाइसेंस प्राप्त करने के अवसरों को सुधार लिया है।

> ***जैक मा के संस्कृति मंत्रालय के साथ भी संबंध हैं और वे इसकी गैर-लाभकारी संस्था 'चायना कल्चरल इंडस्ट्री एसोसिएशन' के उपाध्यक्ष के रूप में इस मंत्रालय को अपनी सेवा देते हैं।***

पीछे वर्ष 2007 में जैक मा को उस समय कठोर आलोचना का सामना करना पड़ा था, जब पूरे विश्व के लोगों ने यह विरोध किया था कि अलीबाबा ने अपने पोर्टल के माध्यम से अपार मुनाफा कमाया है। पूरे विश्व के प्रकृति-प्रेमियों के हितों का ध्यान रखते हुए जैक मा ने अलीबाबा के ऑनलाइन पोर्टल के माध्यम से शार्क के मांस से बने उत्पाद की बिक्री पर रोक लगा दी।

यद्यपि अलीबाबा तेजी से विकसित होती अर्थव्यवस्था में सबसे बड़ी ई-कॉमर्स साइट बन गई, लेकिन इसे अपनी सबसे बड़ी कमजोरी—अपनी उग्र जालसाजी, जो इसके अनेक सूचीबद्ध शेयरों में व्याप्त थी, से लड़ना था। अलीबाबा उस समय विवादों में उलझ गई, जब उसके कॉरपोरेट कार्यालय ने यह स्वीकार किया कि 2,000 से भी ज्यादा व्यापारियों, जिन्हें 'चायना गोल्ड सप्लायर प्रोग्राम' के तहत निष्ठा का चिह्न प्राप्त हुआ था, ने बाद में पहले से न सोचे हुए खरीदारों के साथ धोखा किया। जैक मा इस विवाद को लेकर उग्र हो

गए तथा कंपनी के एक बयान के अनुसार, उस समय 'अलीबाबा डॉट कॉम' के महाप्रबंधक यान लिमिन को दुराचार के आरोप में बरखास्त कर दिया गया। लगभग 28 अन्य कर्मचारियों पर भी धोखाधड़ी के सौदे में शामिल होने का संदेह था। इस घोषणा के बाद अलीबाबा के शेयर मूल्यों में अचानक गिरावट आई। लोगों का विश्वास जीतने के लिए जैक मा को व्यक्तिगत रूप से संघर्ष करना पड़ा। धोखाधड़ी के विवाद के बाद जैक मा वर्ष 2011 में सरकारी अधिकारियों से 40 से 50 बार मिले और कोई समाधान निकाल सके—''मैंने उनसे बात करने के लिए अपना श्रेष्ठ प्रयास किया और उन्हें यह विश्वास दिलाने का भी प्रयास किया कि हम क्या कर रहे हैं।''

हम कभी भी वह वायदा नहीं करते हैं कि अलीबाबा के कर्मचारी के रूप में निर्बाध पदोन्नति मिलती रहेगी और इसकी अथाह संपत्तियों में आपको हिस्सा मिलता रहेगा; लेकिन हम यह जरूर वायदा करते हैं कि हमारी कठिनाइयों, मंदी तथा पीड़ा में आपको जरूर भागीदार होना पड़ेगा।

जब कंपनी संकट से गुजर रही थी तो अलीबाबा के कर्मचारियों को कार्य करने के वातावरण में असुविधा हो रही थी। अलीबाबा के कर्मचारियों को 27 अगस्त, 2011 को भेजे गए एक आंतरिक ई-मेल में जैक मा ने कुछ सख्ती से कहा, ''हम कभी भी वह वायदा नहीं करते हैं कि अलीबाबा के कर्मचारी के रूप में निर्बाध पदोन्नति मिलती रहेगी और इसकी अथाह संपत्तियों में आपको हिस्सा मिलता रहेगा; लेकिन हम यह जरूर वायदा करते हैं कि हमारी कठिनाइयों, मंदी तथा पीड़ा में आपको जरूर भागीदार होना पड़ेगा। यदि आप एक वर्ष से कम समय से हमारे साथ जुड़े हुए हैं तो अलीबाबा की रणनीतिक रिपोर्ट एवं विकास योजनाओं के लिए हमें क्षमा कीजिए। आपके लिए बेहतर है कि अपना मुँह खोलने की बजाय बाहर जाने का दरवाजा खोलिए और निकल जाइए। लेकिन यदि आप कम-से-कम तीन वर्ष से यहाँ हैं तो अपने विकास के लिए आपकी सलाह को मैं पूरे मनोयोग से सुनूँगा और हमें और बेहतर बनाने के आपके सुझावों के लिए आपका आभारी रहूँगा। याद रखिए, अलीबाबा आपको आपके व्यक्तिगत विकास के लिए पैसे नहीं देती है,

बल्कि अपने ग्राहकों को उनके विकास में आपकी मदद के लिए आपको पैसे देती है। ग्राहकों के माध्यम से ही हम खुद का विकास करते हैं।''

28 जनवरी, 2015 को चीन के 'एडमिनिस्ट्रेशन फॉर इंडस्ट्री एंड कॉमर्स' ने एक आधिकारिक रिपोर्ट जारी की, जिसमें अलीबाबा की कंपनी में बौद्धिक संपदा अधिकार उल्लंघन को सँभालने के कमजोर प्रयासों की निंदा की गई थी। एक आधिकारिक नमूने के परिणाम के आधार पर ताओबाओ में सूचीबद्ध समस्त उत्पादों में 37.25 प्रतिशत तथा अलीबाबा में सूचीबद्ध समस्त उत्पादों में केवल 85.7 प्रतिशत ही सही उत्पाद थे। अलीबाबा की धोखाधड़ी का मुख्य स्रोत ताओबाओ अंग है, जो अलीबाबा के निवल व्यापार आकार का एक बहुत बड़ा हिस्सा है। चीन में सबसे बड़ी ई-कॉमर्स साइट होने के कारण तथा सी2सी (कंज्यूमर-टू-कंज्यूमर) व्यवस्था के आधार पर संचालित होने के कारण हर उत्पाद पर कॉपीराइट लागू करने की चुनौनियाँ आती हैं। ताओबाओ से भी ज्यादा विवादास्पद 'अलीएक्सप्रेस' है, जिसके विरुद्ध यू.एस. में सैकड़ों कानूनी मुकदमे एवं वर्ग काररवाइयाँ लंबित हैं। 'खरीदार रक्षा' के बड़े दावे के बावजूद यह खबर आई है कि 'अलीएक्सप्रेस' के ग्राहकों को बिना उत्पाद सौंपे ही जाली व्यापार घपला होता है या सामान कस्टम्स में पकड़ लिये जाते हैं तो प्राय: उन्हें उनके पैसे वापस देने से मना कर देता है।

'एस.ए.आइ.सी.' की रिपोर्ट आने के बाद अलीबाबा के विरुद्ध केरिंग (गूकी, बेलिसिआगा तथा सेंट लॉरेंट जैसे ब्रांड के मालिक) तथा 'अमेरिकन अपरल एंड फुटवियर एसोसिएशन' (लगभग हजार ब्रांड का प्रतिनिधित्व करनेवाले) जैसे अंतरराष्ट्रीय पोशाक निर्माताओं द्वारा कानूनी मुकदमे दायर किए गए।

'एस.ए.आइ.सी.' की रिपोर्ट आने के बाद अलीबाबा के विरुद्ध केरिंग (गूकी, बेलिसिआगा तथा सेंट लॉरेंट जैसे ब्रांड के मालिक) तथा 'अमेरिकन अपरल एंड फुटवियर एसोसिएशन' (लगभग हजार ब्रांड का प्रतिनिधित्व करनेवाले) जैसे अंतरराष्ट्रीय पोशाक निर्माताओं द्वारा कानूनी मुकदमे दायर

किए गए। कंपनी पर जाली सामान के नकली आयात का आरोप लगाया गया, लेकिन अलीबाबा ने किसी भी प्रकार के गलत काम में संलिप्त होने से इनकार कर दिया। इसने यह दावा किया कि कंपनी अपने प्लेटफॉर्म पर जालसाजी की गतिविधियों के विरुद्ध अपने आई.पी.ओ. से पहले से लड़ाई लड़ रही है। वर्ष 2016 में 'ट्रेंड रिप्रेजेंटेटिव यू.एस. कार्यालय' ने ताओबाओ को कुख्यात धोखाधड़ी प्लेटफॉर्म के रूप में सूचीबद्ध किया।

यद्यपि अलीबाबा की इस प्रकार की गतिविधियों पर नियंत्रण पाने के प्रयास में आईपी के बाद प्रमुख रूप से वृद्धि हुई है, धोखाधड़ी से कंपनी की प्रतिष्ठा पर धब्बा लगा है। अपनी खोई हुई प्रतिष्ठा को वापस लाना अलीबाबा के लिए एक कठिन लड़ाई थी। कंपनी ने नकली के विरुद्ध और अधिक सख्त कारवाई की। जॉर्ज डब्ल्यू. बुश प्रशासन में प्रमुख वकील जेम्स मेनडनहॉल को अलीबाबा के लिए लगाया गया। कंपनी ने जाली के विरुद्ध लड़ाई पर 16.1 करोड़ डॉलर एक वर्ष में खर्च किया और इसने अपने 2,000 कर्मचारियों को दल बनाकर उसे सिर्फ जाली वस्तुओं को ढूँढ़ने और उसे अपनी सूची से निकालने के काम पर नियुक्त कर रखा है। ताओबाओ ने बताया कि उसी वर्ष 6.3 करोड़ जाली उत्पाद निकाले। जैक मा के लिए जाली सामान की समस्या से जूझना आसान नहीं था। नवंबर 2015 में 'फोर्ब्स' को दिए एक साक्षात्कार में उन्होंने अपनी उलझन की व्याख्या की और बताया, "यह काला और सफेद नहीं है। यदि आप सिर्फ यह कहते हैं, 'इसे हटा दो,' तो यह उस व्यक्ति (विक्रेता) के लिए अनुचित है। हमें इन व्यक्तियों को भी बचाना है, केवल अच्छे ब्रांड का व्यवसाय ही नहीं। आपको हर व्यक्ति एवं उसके अधिकारों के लिए सोचना होता है।"

> ***यद्यपि अलीबाबा की इस प्रकार की गतिविधियों पर नियंत्रण पाने के प्रयास में आईपी के बाद प्रमुख रूप से वृद्धि हुई है, धोखाधड़ी से कंपनी की प्रतिष्ठा पर धब्बा लगा है। अपनी खोई हुई प्रतिष्ठा को वापस लाना अलीबाबा के लिए एक कठिन लड़ाई थी।***

अलीबाबा ने 1,000 से भी ज्यादा मामलों की जाँच-पड़ताल में अधिकारियों

के साथ सहयोग किया, जिसके परिणामस्वरूप 400 अभियुक्तों की गिरफ्तारी हुई। अलीबाबा ने क्यू.आर. (QR) कोड कंपनी 'विजुआलिड' के साथ साझेदारी की और क्यू.आर. कोड को लागू किया, जिसके माध्यम से खरीदार किसी भी उत्पाद के असली होने के बारे में जानकारी हासिल कर सकता है। दिसंबर में 'यू.एस. ट्रेड रिप्रेजेंटेटिव' ने यह स्वीकार किया कि ताओबाओ नकली उत्पादों पर नियंत्रण के लिए महत्त्वपूर्ण प्रयास कर रही है।

कुछ नाराज लोग अपने ऑनलाइन स्टोर को नकली सामान बेचने या अपनी विश्वसनीयता के बारे में बढ़ा-चढ़ाकर बातें करने के आरोप में निलंबित किए जाने के बाद अलीबाबा के कार्यालय में आए। अपने ऊपर लगाए गए आरोपों के विरुद्ध तर्क देते हुए वे प्रायः यह कहते, "अन्य विक्रेताओं ने मुझसे भी बुरे उल्लंघन किए हैं।" जैक मा के सहायक चेन वे तब उस व्यक्ति का नाम बताने के लिए उस विक्रेता से आग्रह करते, "यदि आप जो कुछ कह रहे हैं, उसके सच होने की पुष्टि होती है तो हम उनके स्टोर भी बंद कर देंगे; लेकिन आप किसी व्यक्ति का बलात्कार इसलिए नहीं कर सकते कि किसी ने किसी की हत्या की और वह बच निकला! मैं समझता हूँ कि आपको तर्क समझ में आ गया होगा। मैं जो कर सकता हूँ, करूँगा। मैं आपके मामले पर पुनर्विचार करूँगा। यदि सजा बहुत सख्त हुई तो हम उस पर पुनर्विचार करेंगे।"

कुछ नाराज लोग अपने ऑनलाइन स्टोर को नकली सामान बेचने या अपनी विश्वसनीयता के बारे में बढ़ा-चढ़ाकर बातें करने के आरोप में निलंबित किए जाने के बाद अलीबाबा के कार्यालय में आए।

नकली उत्पादों की समस्या से निपटने के लिए जैक मा ने ताओबाओ पर सूचीबद्धता शुल्क को बढ़ा दिया। उनके इस कदम का हजारों छोटे व्यापारियों ने ऑनलाइन विरोध किया। उन्होंने हैंगजाऊ में ताओबाओ के मुख्यालय के बाहर इकट्ठे होकर ताओबाओ की सूचीबद्धता शुल्क की वृद्धि के विरोध में प्रदर्शन किया। जैक मा, जो विश्व के सबसे बड़े ई-कॉमर्स नेटवर्क का संचालन करते हैं, हमेशा स्थानीय उद्यमियों के हितों का खयाल रखते हैं। उन्होंने कहा,

"चीन का भविष्य घरेलू माँग और खपत है।" और उन्होंने यह स्वीकार किया कि 'एसएमईज (स्मॉल एंड मीडियम इंटरप्राइजेज) को सफल होने में मदद करना उनके लिए धार्मिक कृत्य की तरह है।' उनका अपने गृह नगर हैंगजाऊ को चीन का सबसे तेजी से विकास करता नगर बनाने का सपना है। उनके और उनकी कंपनी के विरुद्ध इस प्रकार का विरोध जैक मा को काफी परेशान कर देनेवाला है।

"मैं उस समय बहुत अकेला था।" अलीबाबा के इतिहास में उस कठिन समय को याद करते हुए वे कहते हैं, "कोई भी व्यक्ति जैक मा पर विश्वास करने के लिए तैयार नहीं था।" एक बार जब जैक मा 'बीजिंग यूनिवर्सिटी ऑफ पोस्टल एंड टेलीकम्युनिकेशंस' के 'टेलीकॉम इंजीनियरिंग कॉलेज' में एक प्रेजेंटेशन दे रहे थे तो प्रश्नोत्तर सत्र के दौरान एक विद्यार्थी ने उन्हें चुनौती दी। उसने जैक मा से पूछा, "मैंने लोगों को यह कहते हुए सुना है कि अलीबाबा की सफलता मात्र जैक मा के कोलाहल पर आधारित है। आप इस बारे में कैसा सोचते हैं?" श्रोता अपनी साँस रोककर जैक मा के उत्तर का इंतजार करने लगे। "मैं आशा करता हूँ कि मेरे पास कोलाहल मचाने की ऐसी शक्ति हो, परंतु दुःख की बात है कि मेरे पास यह शक्ति नहीं है। कोलाहल मचाना लोगों को उन चीजों के बारे में बताना है, जिस पर आप स्वयं विश्वास नहीं करते हैं। लेकिन मैं जो कर रहा हूँ, उस पर मुझे भरोसा है। इसलिए यह कोलाहल मचानेवाली बात नहीं है, बल्कि एक प्रकार का विश्वास है।" उनके उत्तर का श्रोताओं द्वारा तालियों की गड़गड़ाहट से स्वागत किया गया।

> ***"मैं उस समय बहुत अकेला था।" अलीबाबा के इतिहास में उस कठिन समय को याद करते हुए वे कहते हैं, "कोई भी व्यक्ति जैक मा पर विश्वास करने के लिए तैयार नहीं था।"***

5 मार्च, 2008 को 'शेनजेन नेटवर्क ऑपरेटर्स मीटिंग' के दौरान जैक मा ने कहा, "जिस दिन आप नेता बन जाते हैं, आप बहुत अकेले हो जाते हैं। यहाँ तक कि पदानुक्रम में दूसरे व तीसरे नंबर के व्यक्ति के लिए भी आपको सही तरह समझना कठिन होता है। जब कप्तान जहाज चलाता है तो कभी-कभी

वह स्वयं ही जहाज के खंभे पर यह देखने के लिए चढ़ जाता है कि हवा किस ओर बह रही है। मेरे लिए भी यह आवश्यक है कि मैं चीजों को होने से एक वर्ष पहले सोचूँ, ताकि मैं सही व्यवस्था तथा मानव संसाधन के सही निर्धारण पर विचार कर सकूँ। सफलता हो सकता है कि दूसरे वर्ष न मिले, इसलिए हो सकता है कि अभी लिया गया निर्णय तब तक स्पष्ट न हो; लेकिन मैं तब तक सफलता का आनंद नहीं ले सकता, जब तक कि मैं असफलता की जिम्मेदारी लेने का इच्छुक न होऊँ।'' (नेटवर्क ऑपरेटर्स मीटिंग, 2008 में जैक मा का भाषण)

मैं देखता हूँ कि जब कोई व्यक्ति गलती करता है या असफल होता है तो वह हमेशा इसके लिए दूसरों को दोषी मानता है या उसकी शिकायत करता है। ऐसा व्यक्ति कभी भी विफलता से नहीं उबर सकता है। लेकिन वह व्यक्ति यदि अपने भीतर विफलता के कारणों की पड़ताल करता है तो उस व्यक्ति के लिए सफलता की संभावना है।

जैक मा को जिम्मेदारी लेने तथा दूसरे, विशेषकर ग्राहकों के प्रति जिम्मेदार होने के महत्त्व में विश्वास है—''मैं देखता हूँ कि जब कोई व्यक्ति गलती करता है या असफल होता है तो वह हमेशा इसके लिए दूसरों को दोषी मानता है या उसकी शिकायत करता है। ऐसा व्यक्ति कभी भी विफलता से नहीं उबर सकता है। लेकिन वह व्यक्ति यदि अपने भीतर विफलता के कारणों की पड़ताल करता है तो उस व्यक्ति के लिए सफलता की संभावना है।'' यद्यपि जैक मा एवं अलीबाबा धोखाधड़ी के विरुद्ध कड़ी काररवाई कर रहे हैं तथा धोखाधड़ी एवं जालसाजी की घटनाओं को रोकने के प्रयास कर रहे हैं, लेकिन फिर भी ई-कॉमर्स प्रमुख को वैधतापूर्ण बेदाग छवि प्राप्त करने में समय लगेगा।

अलीबाबा ने जितने भी विवादों का सामना किया, उसके बावजूद जैक मा अविचलित सकारात्मकता के साथ डटे रहे। ऐसी घटनाओं के बावजूद उन्होंने कभी भी खुद को सुविधाहीन नहीं समझा। उन्हें खुद पर तथा कठिनाइयों के सामने डटे रहने पर भरोसा होता है। वे अस्वीकृति तथा विफलताओं को स्वयं को प्रेरित करने के अवसरों के रूप में देखते हैं।

कठिन समय का मजाक उड़ाते हुए वे कहते हैं, ''निस्संदेह अलीबाबा ने अपने हिस्से की कठिनाइयाँ झेली हैं और किस तरह से मैं संभवत: पिछले पाँच वर्षों में इतना ही दुबला-पतला रहता और एक किलो वजन भी नहीं बढ़ता। एक बार मैंने सोचा कि जब आपकी कंपनी विकास करना शुरू कर देती है तो बॉस थोड़ा विकास कर सकता है, बल्कि मैं हमेशा से कहीं ज्यादा थका महसूस करता हूँ। एक उद्यमी को निरंतर संकट का सामना करना पड़ता है, जो एक अच्छी चीज है। इससे पहले कि वे गंभीर रूप लें, कंपनी के भीतर की छोटी-छोटी कठिनाइयों को प्रतिदिन निपटाना बेहतर होता है।''

मार्च 2016 में अलीबाबा के प्लेटफॉर्म से होनेवाली कुल बिक्री 3 ट्रिलियन युआन से भी ज्यादा हो गई। मोबाइल पर खरीदारी करनेवाले सक्रिय मासिक उपभोक्ताओं की संख्या 45 करोड़ से भी ज्यादा हो गई है। अलीबाबा के लिए जैक मा के बड़े-बड़े सपने हैं। निवेशकों को संबोधित एक पत्र में जैक मा ने लिखा—''पिछले दशकों में हमने अपना मूल्यांकन इस आधार पर किया कि हमने चीन को कितना बदला? भविष्य में हमारा मूल्यांकन इस आधार पर होगा कि हम विश्व में कितनी प्रगति लाए?'' वे पूरे विश्व में वैश्विक व्यापार को सुगम बनाने के लिए अलीबाबा के प्रभाव का प्रयोग करना चाहते हैं। कंपनी के वैश्विक विस्तार के बारे में जैक मा ने कहा, ''अलीबाबा की स्थापना चीनियों द्वारा की गई; लेकिन यह चीनी कंपनी नहीं है। यह पूरे विश्व में अलीबाबा के उपभोक्ताओं की है।''

पहले तो हमें धोखेबाज कहा गया, उसके बाद सनकी और फिर पूरा पागल ही कहा गया। इससे कोई फर्क नहीं पड़ता कि दूसरे लोग क्या कहते हैं, लेकिन हम अपने आप पर और अपनी कंपनी पर भरोसा करते हैं।

जैक मा अपने साथी व्यापारियों को यह कहते हैं कि उन्हें प्रवर्तन होने के कारण दबाव, आलोचना तथा अकेलेपन को झेलने के लिए तैयार रहना चाहिए। ''पहले तो हमें धोखेबाज कहा गया, उसके बाद सनकी और फिर पूरा पागल ही कहा गया। इससे कोई फर्क नहीं पड़ता कि दूसरे लोग क्या कहते हैं, लेकिन हम अपने आप पर और अपनी कंपनी पर भरोसा करते हैं। मुझे इस

बात की परवाह नहीं कि लोग हमें क्या समझते हैं, बल्कि हम इस विश्व को कैसे देखते हैं! अपने सपनों को पूरा करने के लिए कैसे आगे बढ़ना है, यह जानना ही उद्यमी का तरीका है।'' उन्होंने यह बात दिसंबर 2005 में बीजिंग यूनिवर्सिटी की 'सी.सी.टी.वी. इनोवेशन फोरम' में कही। जैक मा उद्यमियों को इस बात की पुष्टि करने की सलाह देते हैं कि अपने सपनों को साकार करने के लिए क्या करना चाहिए—''इसमें कभी-कभी किसी चीज को गुजर जाने देने के लिए एक कदम पीछे हटना पड़ता है और महत्त्वपूर्ण क्षणों में देने तथा दूसरों के साथ बाँटने के लिए तैयार रहिए।'' उन्होंने 5 मार्च, 2008 को 'शेनजेन नेटवर्क ऑपरेटर्स मीटिंग' के दौरान कहा।

ऐसा भी समय होता है, जब सारी प्रतिकूलताएँ उनके विरुद्ध होती हैं और कुछ लोगों को लगता है कि उनके सामने जो चुनौतियाँ हैं, उनको झेलना असंभव है। उनकी एक प्रिय उक्ति है, ''यदि आप हार नहीं मानते हैं, तब भी मौका है।'' सन् 2000 के दशक के आरंभ में 'टाइम' पत्रिका ने उनके जोशीले भाषण तथा बड़े दावों के कारण उन्हें 'क्रेजी जैक' कहा। इस पर जैक मा की प्रतिक्रिया थी, ''मैं समझता हूँ कि सनक अच्छी चीज है! हम सनकी हैं, लेकिन बेवकूफ नहीं हैं। यदि हर व्यक्ति मेरी बातों से सहमत है और हर व्यक्ति को यह भरोसा है कि हमारे विचार अच्छे हैं, तो हमारे पास कोई मौका नहीं है।'' जैक मा को यह कहते हुए भी उद्धृत किया गया कि वे आशा करते हैं कि 'वे अगले 30 वर्ष तक सनकी रहेंगे।'

□

13

एक विनम्र अरबपति

"यदि आप 35 वर्ष की उम्र में अभी भी गरीब हैं तो आप इसी के लायक हैं।"

जब उन्होंने इस कंपनी की स्थापना की तो जैक मा ने अलीबाबा के लिए यह कल्पना की थी कि यह ई-कॉमर्स के क्षेत्र में एक प्रमुख कंपनी होगी, जिसका विस्तार पूरे विश्व में होगा। एक दिन अलीबाबा की स्थापना के कुछ वर्षों बाद जैक मा की पत्नी जैंग चिंग ने उनसे पूछा कि वर्ष के अंत तक कंपनी ने कितना मुनाफा अर्जित किया?

जैक मा ने एक उँगुली उठाकर प्रतिक्रिया व्यक्त की।

"1 करोड़ युआन (16 लाख डॉलर)?" उन्होंने पूछा।

"नहीं।" उन्होंने जवाब दिया।

"10 करोड़ (1.6 करोड़ डॉलर)?" उन्होंने पूछा। लेकिन जैक मा ने फिर नकारात्मक जवाब दिया।

"10 लाख युआन (1,60,000 डॉलर)।" उन्होंने जवाब दिया।

जैंग चिंग की निराशा स्पष्टत: उनके चेहरे पर जरूर दिखाई दी होगी, जब उन्होंने पूछा, "इतना कम!"

कुछ क्षण रुककर जैक मा ने आगे कहा, "1 मिलियन मुनाफा एक दिन में और भविष्य में 1 मिलियन प्रतिदिन पर कर लगेगा।"

जैक मा की भविष्यवाणी बिल्कुल सही थी, क्योंकि अलीबाबा वर्ष 2014 में सबसे बड़ा आई.पी.ओ. था और अब तक के विशालतम आई.पी.ओ. में से एक, जिसका बाजार मूल्य 231 अरब डॉलर था। यद्यपि शेयरों के दाम में

वर्ष 2015 के अंत में गिरावट आई, अलीबाबा ने विश्व के सबसे बड़े खुदरा विक्रेता के रूप में वर्ष 2016 में अपनी स्थिति को बनाए रखा, जिसका व्यापार 240 देशों में फैला हुआ था। वर्ष 2017 की पहली तिमाही में अलीबाबा के पूर्व के बारह महीनों में 45.4 करोड़ सक्रिय खरीदार थे। जून 2017 में कंपनी की बाजार पूँजी बढ़कर 360 अरब अमेरिकी डॉलर हो गई। अलीबाबा विश्व की दस शीर्ष बहुमूल्य कंपनियों में से एक कंपनी बन गई, जिसकी 'अलीबाबा ग्रुप होल्डिंग लिमिटेड' ने 'उच्च वृद्धि पूँजी' की घोषणा की। पूर्वानुमान के अनुसार, प्रति शेयर आय वृद्धि तीन वर्ष में 92 प्रतिशत से लेकर 200 प्रतिशत रही।

> *जैक मा को एक सम्मानित व्यावसायिक नेता माना जाता है। व्यवसाय एवं नेतृत्व पर उनके प्रभाव को अनेक संगठनों ने भी स्वीकार किया है। वर्ष 2000 के आरंभिक वर्षों से ही उन्हें विभिन्न पुरस्कारों से सम्मानित किया जाता रहा है।*

जैक मा को एक सम्मानित व्यावसायिक नेता माना जाता है। व्यवसाय एवं नेतृत्व पर उनके प्रभाव को अनेक संगठनों ने भी स्वीकार किया है। वर्ष 2000 के आरंभिक वर्षों से ही उन्हें विभिन्न पुरस्कारों से सम्मानित किया जाता रहा है। वर्ष 2001 में विश्व आर्थिक मंच ने जैक मा का चयन 'यंग ग्लोबल लीडर' के रूप में किया। तीन वर्ष बाद वर्ष 2004 में चायना सेंट्रल टेलीविजन (सी.सी.टी.वी.) ने जैक मा का उल्लेख अपना 'टॉप 10 बिजनेस लीडर्स ऑफ द ईयर सूची' में किया। उसने यह अपने दर्शकों के लोकप्रिय विचार के माध्यम से किया। उन्हें 'फॉर्च्यून' द्वारा वर्ष 2005 में '25 मोस्ट पॉवरफुल बिजनेस पीपुल इन एशिया' में एक बताया गया। वर्ष 2006 में 'बिजनेस 20' द्वारा उन्हें '50 हू मैटर नॉ' की सूची में 15वाँ स्थान प्राप्त हुआ।

वर्ष 2007 में 'बिजनेस विक' द्वारा जैक मा का चयन 'बिजनेस पर्सन ऑफ द ईयर' के रूप में किया गया और उनका नाम 'पी.सी. वर्ल्ड' द्वारा वर्ष 2007 में '50 मोस्ट इंपोर्टेंट पीपल ऑन द वेब' सूची में एक बताया गया। वर्ष 2008 में 'बैरनस' द्वारा उन्हें '30 वर्ल्ड्स बेस्ट सीईओज' में से एक घोषित किया गया।

वर्ष 2009 जैक मा के लिए घटनाओं से भरा वर्ष था, क्योंकि ई-कॉमर्स उद्योग में उन्हें पहचान मिली और पुरस्कार भी मिला। जैक मा को व्यापक रूप से चीनी उद्यमशीलता भावना के प्रतीक के रूप में देखा जाता है और उनका नाम विश्व-प्रसिद्ध 'फोर्ब्स' पत्रिका के चीनी संस्करण द्वारा 'टॉप 10 मोस्ट रिस्पेक्टेड इंटरप्रेन्यूअर्स इन चायना' में एक बताया गया। 'बिजनेस वीक' द्वारा उन्हें 'चीन के सबसे शक्तिशाली व्यक्तियों' में से एक बताया गया। उन्हें वर्ष 2009 में 'चायना सेंट्रल टेलीविजन' द्वारा 'सी.सी.टी.वी. इकोनॉमिक पर्सन ऑफ द ईयर : बिजनेस लीडर ऑफ द डिकेड अवॉर्ड' से भी सम्मानित किया गया। उनका नाम 'टाइम' पत्रिका की विश्व के 100 अति प्रभावशाली लोगों की सूची 'टाइम-100' में भी छापा गया। 'फोर्ब्स' एशिया द्वारा जैक मा का चयन 'मानवता के क्षेत्र में एशिया के नायकों' में से एक के रूप में किया गया। यह चयन वर्ष 2010 में उनके द्वारा गरीबी तथा आपदा राहत के क्षेत्र में किए गए योगदान के लिए हुआ।

सितंबर 2013 में वे निदेशक के रूप में 'ब्रेकथ्रू प्राइज इन लाइफ साइंसेज फाउंडेशन' से जुड़ गए। नवंबर 2013 में जैक मा को 'हांगकांग यूनिवर्सिटी ऑफ साइंस एंड टेक्नोलॉजी' द्वारा 'ऑनरेरी डॉक्टोरल' डिग्री से सम्मानित किया गया। जैक मा प्रायः व्हार्टन स्कूल एट यूनिवर्सिटी ऑफ पेंसिल्वेनिया, मैसाचुसेट्स इंस्टीट्यूट ऑफ टेक्नोलॉजी, हार्वर्ड यूनिवर्सिटी तथा पीकिंग यूनिवर्सिटी जैसे विश्वविद्यालयों में भाषण देने के आमंत्रण को स्वीकार कर लेते हैं।

सितंबर 2013 में वे निदेशक के रूप में 'ब्रेकथ्रू प्राइज इन लाइफ साइंसेज फाउंडेशन' से जुड़ गए। नवंबर 2013 में जैक मा को 'हांगकांग यूनिवर्सिटी ऑफ साइंस एंड टेक्नोलॉजी' द्वारा 'ऑनरेरी डॉक्टोरल' डिग्री से सम्मानित किया गया।

वर्ष 2013 में 'फाइनेंशियल टाइम्स' ने उनकी अत्यधिक सफल व्यावसायिक अंतर्दृष्टि के लिए उन्हें '2013 पर्सन ऑफ द ईयर' नामित किया। वर्ष 2014 में 'फोर्ब्स' पत्रिका ने वार्षिक पद तालिका में उन्हें 'विश्व के अति शक्तिशाली व्यक्ति' की सूची में 30वाँ स्थान प्रदान किया। वर्ष 2014 में एक बार उनका

नाम 'टाइम' पत्रिका की 'विश्व के 100 अति प्रभावशाली व्यक्ति' की सूची 'टाइम 100' में छपा। वर्ष 2015 में 'एशियन अवॉड्र्स' समारोह के दौरान जैक मा को 'वर्ष के उद्यमी पुरस्कार' से सम्मानित किया गया। जैक मा सॉफ्टबैंक कॉर्प. के बोर्ड से जुड़ गए। वह हुआई ब्रदर्स मीडिया कॉर्पोरेशन के अध्यक्ष भी बन गए।

वर्ष 2016 के विश्व के अति शक्तिशाली लोगों की सूची में जैक मा का नाम सफल राजनेताओं तथा व्यावसायिक नेताओं के साथ छपा। इस सूची में 28वें स्थान के साथ ही उन्होंने अगले 20 वर्ष में मुनाफेवाले 1 करोड़ व्यवसाय तथा 10 करोड़ रोजगार पैदा करने का लक्ष्य रखा है। व्यापार बाधाओं को कम करने में उनकी सकारात्मक भूमिका तथा अलीबाबा को दान के प्रेरक रास्ते पर ले जाने के लिए जैक मा को वर्ष 2017 की 'फॉर्च्यून' की विश्व के 50 महानतम नेताओं की सूची में दूसरा स्थान प्राप्त हुआ। जैक मा की वर्ष 2017 में अनुमानित संपत्ति लगभग 34.2 अरब डॉलर की है, जो उन्हें चीन के समृद्धतम व्यक्तियों में एक बनाती है।

वर्ष 2016 के विश्व के अति शक्तिशाली लोगों की सूची में जैक मा का नाम सफल राजनेताओं तथा व्यावसायिक नेताओं के साथ छपा। इस सूची में 28वें स्थान के साथ ही उन्होंने अगले 20 वर्ष में मुनाफेवाले 1 करोड़ व्यवसाय तथा 10 करोड़ रोजगार पैदा करने का लक्ष्य रखा है।

यद्यपि जैक मा साधारण जीवन व्यतीत करते हैं, लेकिन कभी-कभी वे पैसों का अत्यधिक व्यय भी करते हैं। मार्च 2013 में कहा जाता है कि अलीबाबा ने 'गल्फस्ट्रीम 9550' के लिए 49.7 मिलियन डॉलर की बड़ी धनराशि खर्च की। इस व्यावसायिक जेट विमान का प्रयोग अधिकांशतः जैक मा द्वारा किया जाता है। वर्ष 2015 में जैक मा ने न्यूयॉर्क के पास स्मिथस में 2.3 करोड़ डॉलर में 28,100 एकड़ जमीन खरीदी और उसे 'ब्रैंडन पार्क' नाम दिया। चीन के बाहर उनकी यह पहली संपत्ति थी।

जैक मा जैसे-जैसे सफलता के मार्ग पर आगे बढ़ते गए, वे कभी भी उन

लोगों को सम्मान देने से नहीं चूके, जिनका उनकी सफलता में योगदान रहा। सफलता की उनकी कहानी ने उन्हें कभी भी उनकी साधारण शुरुआत को भूलने नहीं दिया। 'रेड फ्लैग पब्लिशिंग हाउस' द्वारा प्रकाशित 'जैक मा'स इंटरनल स्पीचेज : ट्रस्ट इन टुमारो' नामक पुस्तक में जैक मा को उन लोगों के प्रति आभार व्यक्त करते हुए उद्धृत किया गया है, जिन्होंने उनकी कंपनी की सफलता में योगदान किया— "आज अलीबाबा के पास जो कुछ भी है, मुझे सबसे पहले इंटरनेट उद्योग का धन्यवाद करना चाहिए। इस उद्योग के बिना तो हम सफलता के बारे में सोच भी नहीं सकते थे और इस उद्योग के विकास की तेज गति ने हमें सफल बनाया है। इसके अलावा, मैं चीन की अर्थव्यवस्था को इसके तीव्र विकास के लिए धन्यवाद देना चाहूँगा। मैं विशेष रूप से अपनी टीम का धन्यवाद करना चाहूँगा, जिसने पाँच वर्ष तक काम किया, मुझ पर अपना विश्वास बनाए रखा और मेरा आज्ञापालन करते रहे। यह नहीं है कि मैं बहुत स्मार्ट या समर्थ हूँ; अन्य लोग कहते हैं कि मैं समर्थ हूँ, लेकिन वास्तव में मैं समझता हूँ कि मेरी टीम ही समर्थ है।"

आज अलीबाबा के पास जो कुछ भी है, मुझे सबसे पहले इंटरनेट उद्योग का धन्यवाद करना चाहिए। इस उद्योग के बिना तो हम सफलता के बारे में सोच भी नहीं सकते थे और इस उद्योग के विकास की तेज गति ने हमें सफल बनाया है। इसके अलावा, मैं चीन की अर्थव्यवस्था को इसके तीव्र विकास के लिए धन्यवाद देना चाहूँगा।

अत्यधिक समृद्ध होने के साथ ही जैक मा चीन के एक अति प्रमुख व्यक्ति हैं, जो उस भीड़ का प्यार और सम्मान पाते हैं, जो उन्हें सुनने के लिए आती है। कुछ लोग जैक मा से मिलने की आशा में अलीबाबा के कार्यालय भी आते हैं। वे उनके हस्ताक्षर तथा ग्रुप फोटो खिंचवाने का आग्रह करते हैं, यहाँ तक कि कभी-कभी वे उन्हें रास्ते में भी रोक लेते हैं। कुछ व्यक्ति उनसे कुछ क्षणों के लिए मिलने के लिए उनका दत्तक पिता, भतीजा या मित्र होने का भी बहाना करते हैं।

लोग अलीबाबा को जैक मा का पर्याय मानते हैं। इससे उन्हें काफी हद तक

आनंद मिलता है। 22 जुलाई, 2005 को 'किंगदाओ नेटवर्क ऑपरेटर्स मीटिंग' के दौरान उन्होंने बताया, "छह वर्ष पहले हमारे जन संपर्क कर्मचारी ने मुझे बताया कि मुझे साक्षात्कार शुरू करना है। मैंने मना किया, क्योंकि मीडिया के लोगों से मैं मिलना नहीं चाहता था। मुझे लगता है कि मैं इतना कुरूप हूँ कि पहली नजर देखने के बाद लोग मुझे याद रखते हैं। यदि मैं सड़क पर चलूँ तो मुझे हर व्यक्ति जानता है। मुझे यह पसंद नहीं है। जो भी हो, लगभग तीन वर्ष तक मेरा पीछा करने के बाद मेरे जन संपर्क कर्मचारी ने कहा, 'जैक मा, यह नाम सिर्फ आपका ही नहीं है, यह अलीबाबा का भी है।' इसके बाद ही मैंने साक्षात्कार देना शुरू कर दिया। तब से आज तक मीडिया अलीबाबा को पूरी तरह से जैक मा से जोड़कर देखता है। लेकिन कृपया मीडिया पर इतना ज्यादा भरोसा नहीं कीजिए। जिस व्यक्ति की वे आज प्रशंसा करके ऊपर चढ़ाते हैं, अगले ही दिन उसकी आलोचना करके जमीन पर उतार देते हैं। 'साधारण' होना ही अपने आप में आकर्षक है।" (मा, नेटवर्क ऑपरेटर्स मीटिंग, 2015)

छह वर्ष पहले हमारे जन संपर्क कर्मचारी ने मुझे बताया कि मुझे साक्षात्कार शुरू करना है। मैंने मना किया, क्योंकि मीडिया के लोगों से मैं मिलना नहीं चाहता था। मुझे लगता है कि मैं इतना कुरूप हूँ कि पहली नजर देखने के बाद लोग मुझे याद रखते हैं।

जैक मा के भाषणों में बहुत भीड़ होती है और कहा जाता है कि वे कभी भी अपना भाषण पहले से तैयार नहीं करते हैं। अपनी प्रेजेंटेशन से दस मिनट पहले वे बस, कागज का एक टुकड़ा लेते हैं और उसकी एक रूपरेखा तैयार कर लेते हैं। उनके अलिखित भाषण विलक्षण टिप्पणियों से भरे होते हैं और भरपूर प्रशंसा बटोरते हैं, जिससे अनेक चीनी उद्यमियों में ईर्ष्या पैदा हो जाती है। एक बार जैक मा ने पीकिंग विश्वविद्यालय में प्रोफेसर जाऊ किरण का 'एम.बी.ए. ग्रेजुएशन समारोह' में शामिल होने का आमंत्रण स्वीकार कर लिया। जैक मा के प्रेजेंटेशन से पहले प्रोफेसर जाऊ किरण ने कहा, "हमने जैक मा के लिए पहले से ही एक विषय तैयार किया है, पर यह अपेक्षा मत कीजिए कि वे उसी के अनुसार बात करेंगे। यदि कभी-कभी आप जैक मा को दिए गए विषय के

आधार पर भाषण देते सुनें तो कृपया मेरा विश्वास कीजिए, वे जैक मा नहीं हैं। संभवतः वह ऐसा व्यक्ति है, जो काफी हद तक उनके जैसा दिखता है, यद्यपि ऐसा व्यक्ति ढूँढ़ पाना दुर्लभ है।''

जब उनसे अपनी प्रेजेंटेशन से पहले लघु लेख प्रयोग न करने की आदत के बारे में पूछा गया तो जैक मा ने बताया, जो श्रोताओं के मनोरंजन के लिए काफी है कि ''एक बार मैंने एक लेख तैयार किया, लेकिन एक ही पेज में मैंने छह संकेतों का उच्चारण गलत किया और मेरा लहजा भी बिगड़ गया। इससे बड़ी शर्मिंदगी हुई। इसलिए तब से मैंने लेख का प्रयोग करना ही बंद कर दिया।'' कहानियों को याद रखने के मामले में जैक मा की स्मृति कमजोर है और वे प्रायः सार्वजनिक भाषणों में इस बात का मजाक उड़ाते हैं—''मेरे पास छोटा-सा एक सिर है, लेकिन इसके दो प्रमुख फायदे हैं—पहला, यह तेजी से झकझोरता है। यह दो बार झकझोरता है, जबकि अन्य का अभी एक बार झकझोर रहा है और इसमें कुछ प्रिय बातें संरक्षित भी नहीं रहतीं। इसलिए, इस तरह की घटनाओं में जहाँ मुझे दो नियमों (शुआंगगुई—जाँच-पड़ताल में फँस जाने के लिए) एक चीनी शब्द में बँधा होना होता है, मैं तो किसी के प्रति भी पाबंद नहीं होता।''

> ***मेरे पास छोटा-सा एक सिर है, लेकिन इसके दो प्रमुख फायदे हैं—पहला, यह तेजी से झकझोरता है। यह दो बार झकझोरता है, जबकि अन्य का अभी एक बार झकझोर रहा है और इसमें कुछ प्रिय बातें संरक्षित भी नहीं रहतीं।***

एक बार जब जैक मा 'हनान यूथ एंटरप्रेन्योरशिप लेक्चर हॉल' में भाषण दे रहे थे तो हॉल इतना भरा हुआ था कि आधे विद्यार्थी, जो उन्हें सुनने आए थे, वे उस लेक्चर हॉल में प्रवेश ही नहीं कर पाए। जैक मा को शांतिपूर्वक बाहर निकलने के लिए संघर्ष करना पड़ा, क्योंकि दर्जनों पुलिसकर्मी उन्हें सुरक्षा घेरे में लेकर बाहर आए। उस भाषण के बाद से देश भर के अनेक विश्वविद्यालयों, कॉलेजों और स्कूलों से इसी प्रकार का भाषण देने के आग्रह और आमंत्रणों से जैक मा का कार्यालय भर गया। दुर्भाग्यवश, समय की कमी के कारण उनमें से अधिकांश आमंत्रण को वे स्वीकार नहीं कर पाए।

उनके भाषणों में प्राय: हर मिनट प्रशंसा एवं हँसी की वजह से बाधा आती रहती है। जैक मा हमेशा से ही हाजिरजवाब रहे हैं और अपने आसपास के लोगों को प्राय: चिढ़ाते रहते हैं। एक बार वर्ष 2008 में जैक मा के सहायक चेन वे ने गलती से किसी अन्य व्यक्ति का सामान गौंजाऊ हवाई अड्डे पर उठा लिया। वह किसी तरह निकास द्वार की सुरक्षा से भी बाहर निकल गए और गलत सामान लेकर जैक मा के साथ गाड़ी में बैठ गए। शीघ्र ही हवाई अड्डे के कर्मचारी ने इस घटना के संबंध में उनसे संपर्क किया। जैक मा और चेन वे ने उस बक्से को खोला तो वह महिलाओं के सामान से भरा हुआ था। उसकी मूर्खता को देखकर जैक मा ने कहा, ''मूर्ख! सौभाग्यवश यह बक्सा सावधानी से खोला गया। यदि इसे हवाई अड्डे पर खोला जाता और यदि छोटी खबरें लेनेवाले पत्रकार वहाँ होते तो वे कहते कि जैक मा के सामान की हवाई अड्डे पर तलाशी ली गई और उसे महिलाओं के सामान से भरा पाया गया। तब वे पागल हो जाते।'' जैक मा अपने सहायक की इस गलती के लिए हर समय उसका मजाक उड़ाते रहते। जब काफी भीड़ इकट्ठा होती तो वे समय-समय पर विचारोत्तेजक प्रश्न पूछते और जब प्रश्नों का कोई गलत उत्तर देता या उनके उत्तर के लिए परेशान होता तो उन्हें उसमें बड़ा आनंद आता।

''मूर्ख! सौभाग्यवश यह बक्सा सावधानी से खोला गया। यदि इसे हवाई अड्डे पर खोला जाता और यदि छोटी खबरें लेनेवाले पत्रकार वहाँ होते तो वे कहते कि जैक मा के सामान की हवाई अड्डे पर तलाशी ली गई और उसे महिलाओं के सामान से भरा पाया गया। तब वे पागल हो जाते।''

जैक मा के सहायक चेन वे ने बताया कि लोग प्राय: पार्सल एवं चिट्ठी के माध्यम से भी अपने नायक के प्रति अपना प्यार व सम्मान व्यक्त करते हैं, ''लोग चिट्ठियों के माध्यम से अपने अनुभव उनके साथ बाँटते हैं। इसी प्रकार की एक चिट्ठियों में चिट्ठी लिखनेवाले व्यक्ति ने अपने पहचान-पत्र की छायाप्रति के साथ उन्हें लिखा—''जैक मा, मैं आपको काफी पसंद करता हूँ। सबसे पहले यह बताता हूँ कि मेरा नाम भी जैक मा है।'' एक अन्य पत्र में उस

व्यक्ति ने उनके प्रारंभिक व्यवसाय के साथ अपनी समानता की अभिव्यक्ति करते हुए लिखा कि ''जैक मा, मेरे अनुभव भी आपकी तरह हैं। मैं भी पाँच वर्ष से पढ़ा रहा हूँ और अब मैंने यह फैसला किया है कि मुझे आपकी तरह बनना है।...'' लोग अपनी हताशा को भी जैक मा के साथ जोड़कर देखते हैं, जो उन्होंने अपने कॅरियर के आरंभिक दिनों में विफलताओं एवं अस्वीकृतियों के कारण झेली होंगी—''जैक मा, मुझे भी आपकी तरह हताशा होती है। मैंने कॉलेज की तीन प्रवेश परीक्षाएँ दी हैं। अंतर केवल इतना है कि आपको तीसरी बार में नामांकन मिल गया था, लेकिन मुझे नहीं मिला।'' कॉलेज का एक विद्यार्थी तो जैक मा का इतना बड़ा प्रशंसक था कि जब तक वह कॉलेज में रहा और जब तक उसे नौकरी नहीं मिल गई, वह उन्हें हर सप्ताह चिट्ठी लिखता रहता था।

> *कुछ पत्र थोड़े संशयी भी होते थे, जैसे कि 'जैक मा, मेरे पास कुछ भी नहीं है, लेकिन मैंने फिर भी व्यवसाय शुरू करने का फैसला किया। मैं अपना एक गुर्दा आपको भेजना चाहता हूँ। मेरे लिए एक ही काफी है। कृपया मेरा विश्वास कीजिए, एक गुर्देवाला उद्यमी।'*

''कुछ पत्र थोड़े संशयी भी होते थे, जैसे कि 'जैक मा, मेरे पास कुछ भी नहीं है, लेकिन मैंने फिर भी व्यवसाय शुरू करने का फैसला किया। मैं अपना एक गुर्दा आपको भेजना चाहता हूँ। मेरे लिए एक ही काफी है। कृपया मेरा विश्वास कीजिए, एक गुर्देवाला उद्यमी।' भविष्य में अजेय तलवारबाज (ड्यगू द इनविजिएबल) बन जाएगा। उसके बाद एक और संकेत जैक मा के बाद क्षुद्र ग्रह का नाम दिया था। कुछ ऐसे भी थे, जिन्होंने प्रत्यक्ष रूप से बैंक खाते की रसीद के साथ लिखा था।'' चेन वे ऐसे ही 6 करोड़ युआनवाले महानुभाव को याद करते हैं।

कुछ व्यक्तियों ने अपना आभार व्यक्त करने के लिए सच्चे और मर्मस्पर्शी पत्र जैक मा को लिखे। ऐसा ही एक पत्र गौंजाओ शाखा से लिन का था। उसने लिखा—'यद्यपि आज मैंने अलीबाबा छोड़ दिया है और अपना व्यवसाय शुरू किया है, मैं हमेशा सोचता हूँ कि मैं अली का ही एक सदस्य हूँ। अलीबाबा के छह मूल्य मेरे और मेरी कंपनी में गहराई से घुसे हुए हैं।...मैं आशा करता हूँ कि

एक दिन मेरी कंपनी भी, जैसा कि आप ने कहा, 'सामाजिक दायित्ववाली एक कंपनी बन सकती है।' अंत में, मैं यह काई बुके आपके लिए अपना सम्मान व्यक्त करने के लिए पेश करता हूँ, जिसे मैंने अपने ही हाथों से बनाया है।'

वर्ष 2003 में जब चीन "5 की समस्या से सफलतापूर्वक निपट चुका था, जैक मा ने 10 मई को कंपनी के 'अली डे' के रूप में घोषित किया। उस दिन के लिए दो प्रमुख घटनाओं सहित अनेक गतिविधियाँ निर्धारित होती हैं। सबसे पहला है 'अली भ्रमण', जो समर्पित कर्मचारियों की देख-रेख में कर्मचारियों के परिवारों के लिए होता है, जिन्हें बाद में कंपनी में खाना खाने का मौका मिलता है। दूसरा है, सामूहिक विवाह, जिसकी व्यवस्था कंपनी के खर्च पर की जाती है। एक बार सामूहिक जोड़ों को सुखद वैवाहिक जीवन की शुभकामना देने के बाद जैक मा ने मजाकिया लहजे में कहा, "जिस प्रकार देश के अपने सरकारी कानून होते हैं, परिवार को भी पारिवारिक नियम की जरूरत होती है। वे सब, जिनकी शादी 'अली' में हुई हैं, आपका यह संकल्प होना चाहिए कि आपका विवाह कम-से-कम 102 वर्ष तक बना रहे। इसे कंपनी के अनुरूप होना है।"

> ***कार व घर खरीदने तथा अपनी मनपसंद शादी करने के आपके सपने मेरे सपने हैं और जो शादी नहीं करना चाहते, उनकी समस्या का समाधान''ये सब मेरे हैं। पुराने क्षेत्र की वजह से ही मुझे नींद आती है, लेकिन नए क्षेत्रों की वजह से मुझे गहरी नींद आती है।***

शंघाई में क्षेत्रीय प्रबंधकों की 'अलीबाबा बी2बी नेशनल मीटिंग' में जैक मा ने आश्वासन दिया कि वे अपने कर्मचारियों के सपनों को साझा करते हैं। उन्होंने कहा, "कार व घर खरीदने तथा अपनी मनपसंद शादी करने के आपके सपने मेरे सपने हैं और जो शादी नहीं करना चाहते, उनकी समस्या का समाधान''ये सब मेरे हैं। पुराने क्षेत्र की वजह से ही मुझे नींद आती है, लेकिन नए क्षेत्रों की वजह से मुझे गहरी नींद आती है।"

नई प्रतिभा की पारखी अलीबाबा 'वार्षिक प्रतिभा प्रदर्शनी' का आयोजन करती है, जिसमें अपनी एक गतिविधि से जैक मा भी अतिथियों का मनोरंजन

करते हैं। वर्ष 2009 में कंपनी के 20,000 कर्मचारियों के साथ कंपनी के 10वें वार्षिक समारोह में जैक मा ने अपने संगीत से सभी को मुग्ध कर दिया। उन्होंने एक संगीतज्ञ के रूप में पोशाक पहनी, सुनहरे बालोंवाली मोहिकन विग लगाई, मेटल स्टड तथा चमचमाते डिजाइनवाली काली चमड़े की जैकेट पहनी। लाइव कंसर्ट में जब उन्होंने एल्टन जॉन का 'कैन यू फील द लव टुनाइट?' गाया तो लिपस्टिक भी लगाई, नथुनी भी पहनी। उनकी इस प्रस्तुति के दौरान श्रोता उत्तेजित हो गए।

किसी ने एक बार कहा, "जैक मा गायकों एवं चलचित्र कलाकारों से भी ज्यादा प्रसिद्ध हैं, जो जिधर जाते हैं, वहीं सनसनी पैदा कर देते हैं।" इस पर उनके सहायक चेन वेन ने मजाक किया, "फिर भी अंतर है। जैक कलाकार का अपना मेकअप उतार देंगे तो आप उन्हें पहचान नहीं पाएँगे, लेकिन यदि जैक मा मेकअप भी कर लें तो भी लोग उन्हें पहचान लेंगे।" जैक मा के युवा रूप को देखकर चेन वे ने बताया कि किसी ने कहा, "वार्षिक बैठक के दौरान अन्य कंपनियों के उद्यमी पिछले वर्ष की तुलना में वृद्ध लगते हैं, सिर्फ जैक मा ही हैं, जो बूढ़े नहीं लगते हैं।" इस पर उन्होंने जवाब दिया, "वास्तव में जैक मा बूढ़े होते हैं, लेकिन उम्र में नहीं।"

आई.पी.ओ. से पहले अलीबाबा के अमेरिका के रोड शो में जैक मा के मित्र जियाओ पिंग शेन तथा उनके सहायक भी उनके साथ गए। जैक मा के बारे में बोलते हुए शेन ने कहा, "मुझे नहीं लगता है कि वे बहुत ज्यादा बदले हैं। वे वही पुराने ढंग के हैं। आई.पी.ओ. के बाद मुझे पक्का यकीन है कि वे और भी साधारण हो जाएँगे। वे नहीं बदलेंगे।" शेन ने सही कहा। आई.पी.ओ. के बाद चीन के सबसे समृद्ध व्यक्ति बनने के बाद भी जैक मा वैसे ही विनम्र एवं सरल रहे।

□

14

जैक की सफलता के मंत्र

अलीबाबा के संस्थापक जैक मा कंपनी के पर्याय हैं। अपनी पहली शिक्षक की नौकरी छोड़ने से लेकर, जिसमें उन्हें 12 डॉलर प्रतिमाह मिलते थे, जून 2017 तक 41.8 अरब अमेरिकी डॉलर की संपत्ति के साथ चीन के सबसे समृद्ध व्यक्ति बनने तक वे खाक से लाख बननेवाले चीन के महानतम नायक हैं। उनके अलीबाबा समूह ने वैश्विक व्यापार एवं चीनी अर्थव्यवस्था के बीच की दूरी को पार कर तथा स्वयं देश की छवि को एक उभरते हुए वैश्विक नेता के रूप में बदलकर उसने चीनी वाणिज्य व्यापार का रूप ही बदल दिया। सफलता की उनकी कहानी वास्तव में छोटे उद्यमियों से लेकर महत्त्वाकांक्षी अरबपतियों तक—सभी के लिए प्रेरणादायक है।

चीन जैसे देश के लिए, जहाँ ई-कॉमर्स का अस्तित्व लगभग न के बराबर था और जहाँ हर कदम पर कम्युनिस्ट पार्टी के नौकरशाह बड़ी संख्या में मौजूद हैं, जैक मा ने हमेशा विकसित होते उद्योग को खड़ा किया, जिसकी आरंभिक बोली अमेरिकी सार्वजनिक बोली इतिहास में सबसे ज्यादा थी। जबकि कुछ लोग किसी व्यापार की शुरुआत करने के लिए चीन की एक कठिन अर्थव्यवस्था होने के लिए आलोचना करते हैं, जैक मा ने अलीबाबा समूह की सफलता के साथ ही उन्हें गलत साबित कर दिया। उन्होंने कहा, ''कहीं भी जाने और व्यापार करने में समय लगता है। किसी भी व्यापार में जुआरियों का स्वागत नहीं होता। आप वहाँ जाइए, स्थानीय लोगों के लिए कुछ महत्त्वपूर्ण कीजिए, समय दीजिए, तब आपको मौका मिलेगा।''

जैक मा कठिन समय में मदद के लिए दूसरों या किसी अन्य माध्यम का

इंतजार करने में विश्वास नहीं करते हैं। वे इस बात की वकालत करते हैं कि तैयार होकर परिस्थिति का सामना करो और चीजों को अपने हाथ में लेकर आवश्यकतानुसार समय व प्रयास कीजिए और काम को जिस तरह आप करवाना चाहते हैं, करवाइए। मई 2009 में 'अलीबाबा डॉटकॉम की वार्षिक शेयर होल्डर मीटिंग' के दौरान भाग लेनेवाले लोगों को जैक मा ने सरकार से मदद का इंतजार करने की अपेक्षा स्वयं सक्रिय होकर अपना व्यवसाय शुरू कर आर्थिक मंदी का सामना करने के लिए प्रोत्साहित किया। वहाँ उपस्थित लोगों को उन्होंने इस बात के प्रति प्रोत्साहित किया कि आर्थिक मंदी के बाद व्यापार करने के नए तरीके सामने आएँगे और यदि कोई बहुत पैसे कमाना चाहता है तो उसे उन अवसरों की पहचान करनी होगी, जो दूसरों को नहीं होती है।

पहले जब अमेरिकी तथा अन्य अंतरराष्ट्रीय उद्यमी चीन में प्रवेश करते हैं तो उनकी सबसे बड़ी समस्या होती है चीनी नौकरशाह से लड़ना, लेकिन गुआॅनक्सी के साथ अपने आप में उलझने की बजाय उन्हें चीनी बाजार के लिए महत्त्व पैदा करने की जरूरत है।

21 सितंबर, 2004 को 'फोर्ब्स' 'ग्लोबल सी.ई.ओ. कॉन्फ्रेंस' में जैक मा ने उन अमेरिकी व्यवसायियों को सलाह दी, जो चीन में प्रवेश करना चाहते हैं। उन्होंने कहा, ''पहले जब अमेरिकी तथा अन्य अंतरराष्ट्रीय उद्यमी चीन में प्रवेश करते हैं तो उनकी सबसे बड़ी समस्या होती है चीनी नौकरशाह से लड़ना, लेकिन गुआॅनक्सी के साथ अपने आप में उलझने की बजाय उन्हें चीनी बाजार के लिए महत्त्व पैदा करने की जरूरत है। अमेरिका में सफलता चीन में सफलता की गारंटी नहीं है और उन कंपनियों के लिए चीनी विशेषताओं को ग्रहण करना महत्त्वपूर्ण है। दूसरी बात, नेतृत्व की महत्त्वपूर्ण भूमिका होती है। चीन में इन अंतरराष्ट्रीय कंपनियों के प्रमुखों की स्थापित अमेरिकी ब्रांडों के हितों की सहज रक्षा करने की बजाय उनके प्रमुख प्रयासों में अंतर्दृष्टि होनी चाहिए। तीसरी बात, चीनी अर्थव्यवस्था उद्यमियों की अर्थव्यवस्था है। हर कोई ऊर्जा से भरपूर होता है और हर कुछ संभव है। यहाँ '90 के दशक के उत्तरार्द्ध के समान है,

जहाँ हर जगह उद्यमशीलता का जोश तथा समृद्धि है।''

जैक मा कहते हैं कि एक सफल व्यवसाय के संचालन के लिए एक अन्य पहलू को याद रखना जरूरी है और वह है, प्रभावशाली पी.आर. रणनीति का होना ''आपकी श्रेष्ठ योजना के बावजूद, संवाद संबंधी समस्या आ सकती है। मई में हमने बिना किसी शुल्क के एक महत्त्वपूर्ण आरंभिक घटना 'एक्सपैंड योर वेल्थ' का आयोजन किया। हर किसी ने यह अपेक्षा की कि भविष्य के आयोजन भी निःशुल्क होंगे; लेकिन हमें यह लगा कि प्रवेश शुल्क होना जरूरी है। यद्यपि हमारे प्रतिद्वंद्वी इसी चीज के लिए नियमित रूप से शुल्क लेते हैं, लेकिन इसके लिए हमारी आलोचना की गई। विज्ञापन के लिए बेहतर पी.आर. न होने के लिए हम अपने आप के सिवाय और किसी को दोष नहीं दे सकते हैं। ग्राहकों के लिए नए उत्पादों की शुरुआत के लिए चार अनिवार्य कदम हैं—उन्हें तार्किक रूप से आश्वस्त करना, भावनात्मक रूप से उन्हें प्रेरित करना, मौद्रिक रूप से उन्हें लालच देना और उनके प्रति निष्पक्ष व ईमानदार होना।''

आपकी श्रेष्ठ योजना के बावजूद, संवाद संबंधी समस्या आ सकती है। मई में हमने बिना किसी शुल्क के एक महत्त्वपूर्ण आरंभिक घटना 'एक्सपैंड योर वेल्थ' का आयोजन किया। हर किसी ने यह अपेक्षा की कि भविष्य के आयोजन भी निःशुल्क होंगे; लेकिन हमें यह लगा कि प्रवेश शुल्क होना जरूरी है।

19 मार्च, 2012 को अलीबाबा के एक ब्लॉग में जैक मा ने विज्ञापन संबंधी कुछ सुझावों को बाँटा है—''विज्ञापन आपकी पहचान बनाने में मदद कर सकता है, लेकिन ब्रांड जनता की प्रतिक्रिया से बनते हैं। यह एक सांस्कृतिक मूल्य है, जिसे कभी भी अकेले विज्ञापन द्वारा नहीं किया जा सकता है। विज्ञापन में खर्च आता है और यह एक ऐसे बिंदु पर पहुँच जाता है, जब आपके ग्राहक इसे वहन नहीं कर सकते हैं। आपके पास एक गुणवत्तायुक्त टीम और कंपनी-संस्कृति होनी चाहिए, वरना विज्ञापन से अतिरिक्त व्यय ही होगा और लाभ नहीं होगा।''

जैक मा अलीबाबा के अति समर्थ पी.आर. दल की प्राय: प्रशंसा करते हैं।

एक बार उन्होंने कहा, ''हमारा सबसे बड़ा रहस्य है—हमेशा सच बोलना। इससे कोई फर्क नहीं पड़ता कि आप कहाँ हैं या आपको कब कहना है, लेकिन हमेशा वही बोलिए, जो आप सोचते हैं। कभी ऐसा कुछ मत बोलिए, जो मीडिया को सुनना पसंद है या उनकी जरूरतों को पूरा करने के लिए उन्हें धोखा मत दीजिए। अभी झूठ बोलिए और आगे आप झूठ बोलने के लिए विवश होंगे, यहाँ तक कि उसके कुछ अंश को आप भूल भी जाएँगे। इससे सिर्फ तकलीफ ही होती है। लोग ईमानदारी को पसंद करते हैं, लेकिन बहुत लोग कभी भी सच नहीं बोलते। आप ऐसा कीजिए और यही आपको अन्य लोगों से अलग करता है।'' (चिनाबाइट डॉट कॉम, जुलाई 2001।)

हर उभरते उद्यमी को जैक मा अपनी बुनियादी अंतर्दृष्टि को ध्यान में रखने की सलाह देते हैं। वे हर किसी को इन तीन सिद्धांतों को ध्यान में रखने की सलाह देते हैं—आप क्या करना चाहते हैं, आपको क्या करना चाहिए?

हर उभरते उद्यमी को जैक मा अपनी बुनियादी अंतर्दृष्टि को ध्यान में रखने की सलाह देते हैं। वे हर किसी को इन तीन सिद्धांतों को ध्यान में रखने की सलाह देते हैं—आप क्या करना चाहते हैं, आपको क्या करना चाहिए? और आपको कब तक इसे करना चाहिए? आप क्या करना चाहते हैं? आपके पास वह आदर्श एवं वह सपना होना चाहिए, जिसके लिए आप अपना घर छोड़ने के लिए भी तत्पर रहते हैं। आपको क्या करना चाहिए? यह बहुत ही महत्त्वपूर्ण है कि आप शुरू से ही इसके बारे में सोचें। कहना आसान है, लेकिन करना मुश्किल है। आप कब तक इसे करेंगे? चाहे कोई भी उद्योग हो, अपने पहले पाँच वर्षों में कम-से-कम 30 अवसरों को गिनिए। बाहरी प्रलोभन या दबाव चाहे कितना भी हो, इन सिद्धांतों पर डटे रहिए।'' अपनी वर्तमान स्थिति और उस स्थिति, जिसकी आप आकांक्षा करते हैं, को समझना बहुत महत्त्वपूर्ण है। जैक मा सलाह देते हैं कि आप अपने आप से पूछिए, ''वास्तव में, आप किसके लिए काम कर रहे हैं और क्यों? आप जहाँ पहुँचना चाहते हैं, उसके लिए आपको क्या करना पड़ेगा?''

अलीबाबा के दृष्टिकोण से इन प्रश्नों के उत्तर के तौर पर जैक मा ने मेलबोर्न,

ऑस्ट्रेलिया में एक भव्य भोज के दौरान अपने संबोधन में कहा, ''पिछले 18 वर्षों में अलीबाबा ने तीन वैश्विक समूहों के साथ काम करने पर अपना ध्यान केंद्रित किया—छोटे उद्यमी, युवा एवं महिलाएँ।'' अलीबाबा रोजगार सृजन के अवसर उपलब्ध कराकर एवं ग्रामीण विकास एवं महिला सशक्तीकरण के अपने केंद्रीय व्यवसाय द्वारा प्रभाव पैदा कर रहा है। दूसरों की मदद और उनके सशक्तीकरण के महत्त्व की वे पुष्टि करते हैं—''इस संसार में यदि आप चाहते हैं कि 21वीं सदी आपकी हो तो आपको यह सुनिश्चित करना पड़ेगा कि दूसरों को शक्तिशाली बनाकर हम उन्हें सशक्त बनाते हैं। आपको यह सुनिश्चित करना होगा कि दूसरे लोग आपसे बेहतर हों, तभी आप सफल हो सकते हैं।'' जैक मा प्रत्यक्ष या अप्रत्यक्ष रूप से 1.5 करोड़ रोजगारों के सृजन के लिए उत्तरदायी हैं, जिनमें ऑनलाइन स्टोरों के लिए प्रत्यक्षत: काम करनेवाले तथा व्यापारियों को सेवाएँ उपलब्ध करानेवाले भी शामिल हैं।

रहस्य यह है कि उनकी मदद करना, जो सफल होना चाहते हैं। युवाओं की मदद कीजिए। छोटे लोगों की मदद कीजिए, क्योंकि छोटे लोग बड़े बन जाएँगे। युवाओं में वही बीज होगा, जो आप उनके मन में बोते हैं और जब वे बड़े होंगे तो विश्व बदल जाएगा।

जैक मा विश्व में परिवर्तन लाने के लिए युवाओं में निवेश करने की वकालत करते हैं। वे कहते हैं, ''रहस्य यह है कि उनकी मदद करना, जो सफल होना चाहते हैं। युवाओं की मदद कीजिए। छोटे लोगों की मदद कीजिए, क्योंकि छोटे लोग बड़े बन जाएँगे। युवाओं में वही बीज होगा, जो आप उनके मन में बोते हैं और जब वे बड़े होंगे तो विश्व बदल जाएगा।''

वे डाटा प्रौद्योगिकी के प्रयोग द्वारा युवाओं को सशक्त बनाने की कामना करते हैं, क्योंकि विश्व सूचना प्रौद्योगिकी से डाटा प्रौद्योगिकी की ओर बढ़ रहा है। उनका मानना है कि युवाओं को खतरा लेने तथा अवसरों की पड़ताल करने का लाभ मिलता है। सीमित आरंभिक अवसरों का लाभ उठाना महत्त्वपूर्ण है, अपनी महत्त्वाकांक्षा को पूरा करने के लिए अपनी ऊर्जा एवं कल्पना का उपयोग करना जरूरी है। सफलता किसी भी व्यक्ति की वर्तमान परिस्थितियों पर निर्भर नहीं

करती है और यह कि वह व्यक्ति कहाँ और कैसे बड़ा हुआ अथवा किसी व्यक्ति में क्या शिक्षा या प्रशिक्षण की कमी है। जैक मा के अनुसार, आपका उत्साह, आपकी निष्ठा तथा लक्ष्य के प्रति डटे रहना ही महत्त्वपूर्ण है—"यदि 35 वर्ष की उम्र तक आप समृद्ध नहीं हैं तो आपने युवावस्था के अवसरों को गँवा दिया।"

जैक मा का विश्वास है कि इन युवाओं में भी महिलाएँ सबसे महत्त्वपूर्ण कार्यकर्ता हैं। महिलाओं के प्रति निष्पक्ष व्यवहार तथा व्यापार में उनके विकास के वे सक्रिय समर्थक हैं और मानते हैं कि पुरुषों की तुलना में महिलाएँ इस संसार एवं अन्य लोगों की अधिक परवाह करती हैं। अल्प ज्ञात तथ्य के बारे में बताते हुए जैक मा ने कहा, "अलीबाबा समूह में लगभग 47 प्रतिशत कर्मचारी महिलाएँ हैं, जो कि अन्य पुरुष-प्रधान सहयोगी कंपनियों के अधिग्रहण के कारण 51 प्रतिशत से घट गया और अलीबाबा की 33 प्रतिशत प्रबंधक महिलाएँ हैं।... हमारे पास कई सी.ई.ओ., सी.एफ.ओ. तथा निदेशक आदि महिलाएँ हैं।"

> *जैक मा का विश्वास है कि इन युवाओं में भी महिलाएँ सबसे महत्त्वपूर्ण कार्यकर्ता हैं। महिलाओं के प्रति निष्पक्ष व्यवहार तथा व्यापार में उनके विकास के वे सक्रिय समर्थक हैं और मानते हैं कि पुरुषों की तुलना में महिलाएँ इस संसार एवं अन्य लोगों की अधिक परवाह करती हैं।*

'वीमेन एंटरप्रिन्योर फोरम' में दिए गए अपने भाषण में जैक मा ने कहा, "आज यहाँ उपस्थित सभी लोग समर्थ हैं। चीन के इतिहास में दो सबसे ज्यादा शक्तिशाली महिलाएँ हैं—2 जेटिअन तथा इंप्रेस ड्वागर सिक्सी। पुरुष एवं महिलाएँ दो पूर्णतः भिन्न प्राणी हैं। एक मूल रूप से पुरुषों की प्रशंसा करती है और उनका श्रेष्ठ उपयोग करती है। वह महिला, जो पुरुषों को अधिक योग्य बनाती है, वह महिलाओं की महिला होती है। प्रबंधन के दृष्टिकोण से, जो कि 'दूसरों के माध्यम से परिणाम प्राप्त करना है'...समर्थ महिलाओं का वैवाहिक जीवन प्रायः बहुत सफल नहीं होता है। क्यों? पुरुष कैंटीन में मिलनेवाले घर की तरह दिखनेवाले भोजन की तरह हैं—बहुत साधारण; लेकिन यदि आपको देरी हुई तो वे बिक जाएँगे। समर्थ महिलाएँ अच्छे रेस्तराँ में महँगे भोजन की तरह

हैं—उत्कृष्ट, लेकिन हो सकता है कि उनके लिए ऑर्डर ही न मिले और शीघ्र ही उनके स्थान पर नया भोजन आ जाए।'' यह सुनकर श्रोताओं में उपस्थित महिलाओं में ठहाका फूट पड़ा।

यद्यपि अलीबाबा की स्थापना एक चीनी व्यक्ति द्वारा की गई है, लेकिन जैक मा की यह इच्छा है कि यह एक चीनी कंपनी मात्र न होकर निवेशकों, कर्मचारियों एवं ग्राहकों की वैश्विक कंपनी बने। वे इस बात को सुनिश्चित करते हैं कि निर्णय इस आधार पर लिये जाएँ कि और बेहतर कैसे बनें, न कि उनके शेयरों के मूल्य के आधार पर। जैक मा की इच्छा है कि यह साबित करें कि किसी भी इंटरनेट कंपनी का महत्त्व ज्ञान, साहस तथा दलीय भावना में है, न कि पूँजी में। सितंबर 2011 में हैंगजाऊ के 'आठवें ई-बिजनेसमेंस कन्वेंशन' में जैक मा ने कहा, ''कुछ लोग यह कहेंगे कि वे ताओबाओ को परास्त करना चाहते हैं या अलीबाबा को हराना चाहते हैं। सुनने में यह अच्छा लगता है; लेकिन वास्तव में, हमारी अपनी ही हठधर्मिता हमें परास्त कर सकती है।'' उनका विश्वास है कि अलीबाबा की अपनी एक पहचान इसलिए नहीं है कि हमारा मुनाफा बड़ा है या हमारे कर्मचारी अधिक प्रतिभाशाली हैं। यह इसलिए है, क्योंकि कंपनी दूरदर्शिता, रणनीति, व्यवस्था-निर्माण, दलीय प्रशिक्षण तथा कंपनी संस्कृति पर शुरू से ही जोर देती है।

यद्यपि अलीबाबा की स्थापना एक चीनी व्यक्ति द्वारा की गई है, लेकिन जैक मा की यह इच्छा है कि यह एक चीनी कंपनी मात्र न होकर निवेशकों, कर्मचारियों एवं ग्राहकों की वैश्विक कंपनी बने। वे इस बात को सुनिश्चित करते हैं कि निर्णय इस आधार पर लिये जाएँ कि और बेहतर कैसे बनें, न कि उनके शेयरों के मूल्य के आधार पर।

जैक मा संगठन तथा प्रशिक्षण द्वारा अपने कर्मचारियों की प्रतिभा के विकास में धन के निवेश में विश्वास करते हैं। 24 जून, 2007 को 'लेक साइड टॉक' के दौरान जैक मा ने किसी भी कंपनी की विविधता की तुलना चिड़ियाघर से की—

''जिस प्रकार किसी भी चिड़ियाघर की खूबसूरती व्यापक विविधतावाले जानवरों की मौजूदगी से होती है, उसी प्रकार जीवन के विभिन्न क्षेत्रों का प्रतिनिधित्व करनेवाले प्रतिभाशाली कर्मचारियों से कंपनी को लाभ मिलता है। इससे नव-प्रवर्तन को ही बढ़ावा मिलता है।'' जैक मा के अनुसार, यह विपणन प्रोत्साहन से ज्यादा महत्त्वपूर्ण है, क्योंकि कर्मचारियों के लिए कंपनी, ग्राहक एवं प्रतियोगिता को समझना जरूरी होता है। 29 अप्रैल, 2002 को 'विश्व आर्थिक फोरम' के 'चीनी बिजनेस सम्मेलन' के दौरान भाषण में जैक मा ने कहा, ''पिछले वर्ष मैंने अपने चार सहकर्मियों को एम.बी.ए. की डिग्री के लिए भेजा—एक को हार्वर्ड और तीन अन्य को व्हार्टना। जब आप लौटेंगे और वह सबकुछ भूल जाएँगे, जो आपको एम.बी.ए. प्रोग्राम के दौरान पढ़ाया गया था, तभी आपको उपाधि प्राप्त होगी। लेकिन आप फिर भी नियम व कानूनों में फँसे हुए हैं तो आपको अपना अध्ययन जारी रखने की जरूरत है। दो वर्ष तक एम.बी.ए. का अध्ययन करने के बाद आपने जो कुछ भी पढ़ा है, उसे भूलने के लिए कम-से-कम एक वर्ष की जरूरत होगी। यही सच्ची सफलता है।''

हमारे कर्मचारी अलीबाबा के तरीके से सोचने के लिए प्रशिक्षित हैं। इस बात से कोई अंतर नहीं पड़ता कि वे विश्व में कहाँ काम कर रहे हैं। उन्हें हमारे उद्देश्य तथा मूल्य, धारणाओं एवं कंपनी संस्कृति को सीखने के लिए एक माह के लिए हैंगजाऊ आना ही है।

वर्ष 2005 में 'डोंगगुआन ऑपरेटर्स मीटिंग' के दौरान जैक मा ने वह सबकुछ बताया, जो अलीबाबा के कर्मचारियों को दूसरों से अलग करता है—''हमारे कर्मचारी अलीबाबा के तरीके से सोचने के लिए प्रशिक्षित हैं। इस बात से कोई अंतर नहीं पड़ता कि वे विश्व में कहाँ काम कर रहे हैं। उन्हें हमारे उद्देश्य तथा मूल्य, धारणाओं एवं कंपनी संस्कृति को सीखने के लिए एक माह के लिए हैंगजाऊ आना ही है। इसके बिना वे अलीबाबा के कर्मचारी नहीं बन सकते हैं। हम प्रशिक्षुओं को यह बताने में दो घंटे बिताते हैं कि उनके कार्यों में ही उनके विचारों की झलक मिलती है। अधिकांश समय विक्रेता यह सोचते हैं कि आपकी जेब से 5 युआन निकालकर

कैसे अपनी जेब में डालें! अलीबाबा के कर्मचारियों को यह सोचने की जरूरत है कि वे किस प्रकार उस 5 युआन को आपकी जेब से रख सकते हैं और उसे 50 युआन में बदल सकते हैं! इस प्रकार सोचकर ही हम दूसरों की तुलना में भिन्न हैं।'' (मा, नेटवर्क ऑपरेटर्स मीटिंग, 2005)।

वर्ष 2005 में 'क्विगंदाओ नेटवर्क ऑपरेटर्स मीटिंग' के दौरान जैक मा ने बेचने के लिए प्रेरणा के बारे में बताया और कहा, ''किसी भी विक्रेता को पैसों के बारे में नहीं सोचना चाहिए, बल्कि उसे यह सोचना चाहिए कि उसका उत्पाद किस प्रकार ग्राहक को सफल होने में मदद कर सकता है तथा दूसरों के लिए उपयोगी हो सकता है। इससे उनके आत्म-विश्वास तथा बिक्री की योग्यता को बल मिलेगा।''

''टीम के लिए, कंपनी के लिए, ग्राहक के लिए हम कुछ भी करेंगे। हमारे निर्णय उन प्राथमिकताओं पर आधारित होते हैं—ग्राहक, टीम एवं शेयरधारक—यही क्रम होता है। मुझे लगता है कि कर्मचारियों को व्यवसाय में स्वामित्व का अहसास होना चाहिए।''

जैक मा ने अपनी टीम में जो भरोसा पैदा किया है, उस पर उन्हें गर्व है—''टीम के लिए, कंपनी के लिए, ग्राहक के लिए हम कुछ भी करेंगे। हमारे निर्णय उन प्राथमिकताओं पर आधारित होते हैं—ग्राहक, टीम एवं शेयरधारक—यही क्रम होता है। मुझे लगता है कि कर्मचारियों को व्यवसाय में स्वामित्व का अहसास होना चाहिए।'' उन्होंने एक साक्षात्कार के दौरान चार्ल्स बेडफोर्ड से ये बातें कहीं।

जैक मा इस बात पर बल देते हैं कि अपनी टीम को एक सामान्य लक्ष्य की ओर एकीकृत करें। वे जानते हैं कि अपनी टीम के हर एक सदस्य को एक ही व्यक्ति के पीछे एकत्रित करना आसान नहीं है, क्योंकि कम-से-कम 30 प्रतिशत लोग हमेशा ही आपसे असहमत होंगे। कोई भी व्यक्ति हर एक कर्मचारी, व्यावसायिक साझीदार तथा संभावित निवेशक को आप पर भरोसा करने के लिए आश्वस्त नहीं कर सकता है। सफलता प्राप्त करने के लिए यह महत्त्वपूर्ण है कि इस तथ्य को स्वीकार करें तथा अपना दृष्टिकोण बदलें। अपने

कर्मचारियों की क्षमता का दोहन करने के लिए यह महत्त्वपूर्ण है कि उन्हें एक विचार, एक उद्देश्य, एक लक्ष्य की ओर एकत्रित किया जाए। अंतर्दृष्टि नेतृत्व से ज्यादा महत्त्वपूर्ण है।

एक विचार या एक लक्ष्य की ओर टीम को एकत्रित करने के एक प्रमुख हिस्से के रूप में संस्थापक या प्रमुख बॉस सहित किसी भी विशिष्ट व्यक्ति पर निर्भरता को कम कीजिए। वर्ष 2008 में 'एपेक पाँचवें ई-बिजनेस चैंपियंस ग्रांड अवाड्र्स समारोह' के दौरान जैक मा ने सफल व्यवसाय के लिए मजबूत अधोसंरचना के निर्माण पर बल दिया—"हमारी व्यवस्था एक या दो व्यक्ति पर निर्भर नहीं करती है। यदि मैं छोड़ता हूँ और कंपनी बैठ जाती है तो इसका अर्थ है कि कंपनी ठीक तरह से निर्मित नहीं थी।" (मा, भाषण, 2008) जैक मा ने स्वयं ही अपने आपको स्थापित किए जाने के योग्य बनाया है, ताकि वे अपने आपको व्यवसाय पर केंद्रित रखने में व्यस्त न रहकर लोगों के मस्तिष्क के विकास में व्यस्त रह सकें—"जितना ज्यादा मैं अपने लोगों को प्रेरित करूँगा और जितना ज्यादा मैं उनके साथ अपने अनुभवों को बाटूँगा, उतना ही ज्यादा उनका विकास होगा।" मार्च 2008 में 'बीजिंग नेटवर्क ऑपरेटर्स मीटिंग' के दौरान जैक मा ने अलीबाबा की उत्तराधिकार योजना की व्याख्या की और कहा, "हमारे लगभग सभी उपाध्यक्ष इन वर्षों के दौरान हमारे साथ रहे हैं। फिर भी, कर्मचारियों के स्थानापन्न के लिए उत्तराधिकारियों का तैयार होना महत्त्वपूर्ण है। महत्त्वपूर्ण कर्मचारियों द्वारा कंपनी को बंधक नहीं बनाना चाहिए, न ही उन कर्मचारियों को कंपनी द्वारा। कई वर्षों पहले मेरा खुद अलीबाबा द्वारा अपहरण कर लिया गया। मैंने चार महत्त्वपूर्ण कर्मचारियों को बारी-बारी से छुट्टी पर जाने दिया और दो से तीन वर्षों तक विदेश में अध्ययन करने दिया, जिसका आशय है कि मैं कहीं भी नहीं जा सका। कुछ लोग कहते हैं कि जैक मा अपनी कंपनी के वरिष्ठ कर्मचारियों को अलग करते हैं। लेकिन हमारी उत्तराधिकार व्यवस्था को उन लोगों के लिए

> *"हमारी व्यवस्था एक या दो व्यक्ति पर निर्भर नहीं करती है। यदि मैं छोड़ता हूँ और कंपनी बैठ जाती है तो इसका अर्थ है कि कंपनी ठीक तरह से निर्मित नहीं थी।"*

तैयार रहने की जरूरत है, जिन्होंने दशकों से काम किया है और हो सकता है कि अब वे बहुत थक गए हों, जिनका उनके सहकर्मियों के अलावा और कोई मित्र न हो; जबकि हो सकता है कि ऐसा लगता हो कि उन्हें छुट्टी लेने का कभी भी अच्छा समय नहीं रहा हो, उन्हें लेना ही चाहिए। एक बार जब वे ऐसा करने के लिए विवश होते हैं तो युवा कर्मचारियों को भी मौका मिलेगा। हम दिल से इस पर विश्वास करते हैं। (मा, 'हाउ कैन एसएमईज सरवाइव द सबप्राइम क्राइसिस', 2008)

जैक मा चीनी व्यापारियों को दलीय भावना पर ध्यान देने की सलाह देते हैं। वे उन्हें अपने आपको हर किसी से ऊपर एक अकेले नायक के रूप में ढालने के खतरों के प्रति सावधान करते हैं। दलीय सहयोग के बिना व्यापार का नतीजा बुरा होता है। इसमें दल के साथियों के प्रति इस हद तक विश्वास करना शामिल है कि वे व्यक्तिगत स्तर पर उनके फैसलों में हस्तक्षेप न करें। वे सभी शीर्ष अधिकारियों को अपने अधीनस्थों पर भरोसा करने की सलाह देते हैं। "यदि हम एक अच्छे दल हैं और हम जानते हैं कि हमें क्या करना है, तो हम में से एक ही उन दस लोगों को परास्त कर सकता है।"

जैक मा चीनी व्यापारियों को दलीय भावना पर ध्यान देने की सलाह देते हैं। वे उन्हें अपने आपको हर किसी से ऊपर एक अकेले नायक के रूप में ढालने के खतरों के प्रति सावधान करते हैं। दलीय सहयोग के बिना व्यापार का नतीजा बुरा होता है। इसमें दल के साथियों के प्रति इस हद तक विश्वास करना शामिल है कि वे व्यक्तिगत स्तर पर उनके फैसलों में हस्तक्षेप न करें।

वर्ष 2008 की 'शेनजेन नेटवर्क ऑपरेटर्स मीटिंग' में जैक मा ने अलीबाबा में अपनाए गए पदक्रम की चर्चा की और कहा, "हमारी कंपनी में संगठन चार्ट उलटा है। ग्राहक शीर्ष पर हैं। उनके ठीक नीचे कर्मचारी हैं। उसके बाद प्रबंधक, फिर उपाध्यक्ष और तब मैं तथा सबसे नीचे सी.ई.ओ.। मेरे बॉस मुझसे ऊपर उपाध्यक्ष हैं। उपाध्यक्षों के बॉस प्रबंधक हैं और इसी तरह कर्मचारी हैं, जिनके बॉस ग्राहक हैं। सी.ई.ओ. के रूप में मैं इस सॉकर टीम में 'गोलकीपर'

हूँ। यदि गोलकीपर टीम में अधिक कार्यों को देखता है तो इसका अर्थ है बड़ी समस्या, चाहे उसकी कुशलता का स्तर कुछ भी हो।'' (मा, स्पीच एट नेटवर्क ऑपरेटर्स मीटिंग, 2008) जैक मा का विश्वास है कि कंपनी का नियंत्रण कभी भी इस बात से संबद्ध नहीं होना चाहिए कि किसी सी.ई.ओ. के पास कितने शेयर हैं। उनके विचार में यह किसी भी सी.ई.ओ. के ज्ञान और अंतर्दृष्टि पर निर्भर होना चाहिए। वर्ष 2003 में फॉर्च्यून लाइफ प्रोग्राम के दौरान जैक मा ने कहा, ''अपना संगठन वैज्ञानिक समझदार प्रबंधन दल के साथ बनाइए और किसी भी अकेले निवेशक या व्यक्ति को पूरा नियंत्रण मत दीजिए।''

जैक मा ने हमेशा ही उस व्यक्ति में विचार, कौशल तथा अंतर्दृष्टि के विकास के महत्त्व पर जोर दिया, जिस पर आप भरोसा करते हैं। ''जब आप आगे बढ़ जाते हैं तो उनका नेतृत्व उस लक्ष्य या विचार की निरंतर सफलता को सुनिश्चित करता है।'' इस बात को ध्यान में रखते हुए जैक मा ऐसे व्यक्तियों को नियुक्त करते हैं, जिनका तकनीकी ज्ञान उनके अपने ज्ञान से बेहतर होता है। ''बुद्धिमान व्यक्तियों का नेतृत्व करने के लिए एक मूर्ख की आवश्यकता होती है। जब आपका पूरा दल वैज्ञानिकों का है तो बेहतर है कि उनमें एक किसान हो, जो उनका नेतृत्व करे। उनके सोचने का तरीका अलग है। जीतना तब आसान होता है, यदि आपके पास अलग दृष्टिकोण से चीजों को देखनेवाले लोग हों।'' जैक मा सोचते हैं कि यदि बॉस के पास कर्मचारियों की तुलना में बेहतर तकनीकी ज्ञान है तो इसका आशय है कि उसने गलत लोगों की भरती की है। वे कहते हैं, ''कर्मचारियों को हमेशा ही तकनीकी विशेषज्ञ होना चाहिए। उन्हें भरती कीजिए, उन्हें सशक्त बनाइए और उन्हें अपना काम करने दीजिए। वे अपने काम में आप से बेहतर हैं।''

बुद्धिमान व्यक्तियों का नेतृत्व करने के लिए एक मूर्ख की आवश्यकता होती है। जब आपका पूरा दल वैज्ञानिकों का है तो बेहतर है कि उनमें एक किसान हो, जो उनका नेतृत्व करे। उनके सोचने का तरीका अलग है। जीतना तब आसान होता है, यदि आपके पास अलग दृष्टिकोण से चीजों को देखनेवाले लोग हों।

कंपनी की कार्य-संस्कृति के अनुरूप सही लोगों को ढूँढ़ना भी समान रूप से महत्त्वपूर्ण है। जरूरी नहीं कि वे श्रेष्ठ हों या सबसे ज्यादा कुशल हों। कर्मचारियों की कुशलता पर ध्यान देना तथा आपकी अंतर्दृष्टि को आगे बढ़ानेवाले कर्मचारियों को नियुक्त करना किसी भी सफल कंपनी का एक महत्त्वपूर्ण स्तंभ है। जरूरी नहीं कि कागज पर अति सफल व्यक्ति वे हैं, जो आपके साथ श्रेष्ठ तरीके से काम कर पाएँ या वे, जिन पर आप सबसे ज्यादा भरोसा कर सकें। भड़कीले रिज्यूम का अर्थ यह नहीं है कि वह व्यक्ति सीखेगा और कंपनी के साथ विकास करेगा।'' जैक मा का मानना है कि यदि व्यक्ति को सही लोग मिल गए तो कंपनी की जरूरतों के अनुसार उनकी कुशलता का विकास कर दिया जाए, वे श्रेष्ठ लोग हो सकते हैं।

यह जाँचने के लिए कि कंपनी सही दिशा में आगे बढ़ रही है या नहीं, जैक मा को ग्राहकों एवं उपभोक्ताओं की प्रतिक्रिया के महत्त्व में विश्वास होता है। इस बात का कोई फायदा नहीं कि आप और आपके निवेशक अपने उत्पाद को 'श्रेष्ठतम' बताएँ; लेकिन उपभोक्ता इसे बेकार और महत्त्वहीन बताते हैं।

यह जाँचने के लिए कि कंपनी सही दिशा में आगे बढ़ रही है या नहीं, जैक मा को ग्राहकों एवं उपभोक्ताओं की प्रतिक्रिया के महत्त्व में विश्वास होता है। इस बात का कोई फायदा नहीं कि आप और आपके निवेशक अपने उत्पाद को 'श्रेष्ठतम' बताएँ; लेकिन उपभोक्ता इसे बेकार और महत्त्वहीन बताते हैं। बहुत जल्द आपका व्यवसाय बैठ जाएगा। उन्होंने अलीबाबा के उपभोक्ता द्वारा की गई आलोचना का लाभ उठाया और अपनी सेवाओं में सुधार किया। सितंबर 2001 में 'जियामेन नेटवर्क ऑपरेटर्स मीटिंग' में जैक मा ने यह स्वीकार किया कि वे अपने कर्मचारियों को यह कहते हैं, ''मुझे यह मत बताओ कि मुनाफा कैसे होता है। मुझे बस, यह बताओ कि ग्राहकों को फायदा कैसे पहुँचाएँ ?''

''चालाक लोग यह जानते हैं कि आप क्या चाहते हैं, लेकिन ज्ञानी व्यक्ति यह जानते हैं कि आप क्या नहीं चाहते हैं।'' जैक मा का विश्वास है कि यदि

आप जीवन में जो चाहते हैं, उसे प्राप्त करना चाहते हैं। ज्ञान उसकी कुंजी है। लेकिन व्यक्ति को बाहर घूमना चाहिए और अनुभव प्राप्त करना चाहिए; क्योंकि बुद्धि अनुभव से आती है, न कि सिर्फ ज्ञान से। हम जैक मा के जीवन को देखकर और उनकी गलतियों से शिक्षा प्राप्त कर सकते हैं, लेकिन सचमुच में सफल होने के लिए आपको उनकी सफलता के मंत्रों का अपने जीवन में प्रयोग करने की जरूरत है। कभी-कभी सफलता के सबसे सरल मंत्र ही सबसे शक्तिशाली मंत्र बन सकते हैं।

□

15

नेतृत्व सुझाव

करिश्माई और ऊर्जावान् जैक मा पूरे चीन में लाखों लोगों के लिए प्रेरणा के स्रोत हैं। उनका अद्वितीय जीवन पूरे विश्व के लिए एक उदाहरण है। समय के साथ उन्होंने जो स्मरणीय काम किए हैं, उससे व्यक्ति बहुत कुछ सीख सकता है। प्रत्येक हवाई अड्डे के लाउंज में व्यवसाय संबंधी उनकी शिक्षा के बारे में असंख्य किताबें तथा डी.वी.डी. बिकती हैं।

तुलनात्मक रूप से चीन के अन्य अरबपतियों के विपरीत जैक मा हमेशा ही अपना मजाक उड़ाने के लिए तत्पर रहते हैं। अपने मन की बात बोलने में वे कभी हिचकिचाते नहीं हैं—"मैं एक बहुत ही साधारण व्यक्ति हूँ। मैं स्मार्ट नहीं हूँ। हर कोई यह सोचता हैं कि जैक मा एक स्मार्ट व्यक्ति है। हो सकता है कि मेरा चेहरा स्मार्ट हो, लेकिन मेरा मस्तिष्क तो बिल्कुल मूढ़ है।" इस 'मूढ़ मस्तिष्क' के साथ ही जैक मा ने वह हासिल कर लिया, जिसका कोई सिर्फ सपना ही देख सकता है।

जैक मा का विश्वास है कि कठिन समय में सफल होने के लिए व्यक्ति की क्षमता से ज्यादा उसका मनोभाव महत्त्वपूर्ण होता है। अपने काम में गर्व का अनुभव करना और किसी भी उत्तर के लिए 'न' नहीं सुनना जैक मा के व्यापारिक दर्शन की कुंजी है। 21 मार्च, 2005 को 'गौंजाओ नेटवर्क ऑपरेटर्स मीटिंग' के दौरान उन्होंने कहा, "वास्तव में व्यापार खड़ा करना बहुत आसान है। यह अँधेरे में चलने और आपको रास्ता दिखाने के लिए कहीं रोशनी ढूँढ़ने के समान है। आज दस वर्ष के बाद ही मैं रणनीति एवं कार्यनीति के बारे में बात करने के लिए सहज हूँ। मैं व्यापार में सफल क्यों हुआ, की बजाय, व्यापार

क्यों विफल हुआ, इसके कारणों का अध्ययन करने को वरीयता देता हूँ। लोग कहते हैं कि जैक मा का नेतृत्व ही अलीबाबा के अस्तित्व को बनाए रखने का कारण है। यह गलत है। मैं इतना स्मार्ट नहीं हूँ, लेकिन मैं अनुभवों से सीखने में कुशल हूँ।''

जैक मा का मानना है कि दूसरों की तुलना में अधिक अध्यवसायी, कठिन परिश्रम करनेवाला तथा महत्त्वाकांक्षी होना व्यक्ति का काम है। आपका प्रयास चाहे जो भी रूप ले, चाहे आप कोई भी व्यवसाय खड़ा करें, सफलता के लिए जैक मा के पास आसान फॉर्मूला है—''अध्यवसायी बनिए, कठिन परिश्रम कीजिए। अपनी महत्त्वाकांक्षा को नजर से ओझल मत होने दीजिए।'' उनके मामले में ये सिद्धांत खरे उतरे हैं। अपने दिमाग को व्यस्त रखना, अपनी बुद्धि का प्रयोग करना तथा अवगत रहना, मौलिक दृष्टिकोण से निर्णय लेना महत्त्वपूर्ण है। जैक मा का विश्वास है कि अपने अंतर्ज्ञान पर भरोसा करना भी समान रूप से महत्त्वपूर्ण है—''विश्वास के साथ लिया गया निर्णय आपके लिए अद्‌भुत रूप से बेहतर साबित हो सकता है, विशेषकर कर्मचारियों एवं रणनीतिक उद्‌देश्य पहचानने के मामले में।''

जैक मा का विश्वास है कि अपने अंतर्ज्ञान पर भरोसा करना भी समान रूप से महत्त्वपूर्ण है—''विश्वास के साथ लिया गया निर्णय आपके लिए अद्‌भुत रूप से बेहतर साबित हो सकता है, विशेषकर कर्मचारियों एवं रणनीतिक उद्‌देश्य पहचानने के मामले में।''

''व्यवसाय चलाने के मामले में व्यक्ति को आदर्शवादी और विलक्षण भी होना चाहिए।'' उन्होंने यह बात बीजिंग में बारहवें हुआक्सा सम्मेलन के दौरान कही। गोओ गुआंग चांग, एक अन्य चीनी अरबपति व्यापार प्रमुख, ने जैक मा के बारे में कहा, ''जैक मा श्रेष्ठ आदर्शवाद और श्रेष्ठ व्यावहारिकता का योग हैं।'' जैक मा ने कहा कि ऐसा कोई भी सी.ई.ओ. नहीं है, जो गलतियाँ नहीं करता है। हर सफल व्यक्ति ने हताशा को झेला है और गलतियाँ की हैं। उन गलतियों को भविष्य के पाठ के रूप में बदलना ही सफलता की कुंजी है।''

अपनी गलतियों को स्वीकार करना और सही व्यक्तियों द्वारा की गई रचनात्मक आलोचना को स्वीकार करना महत्त्वपूर्ण है। वर्ष 2001 में 'बीजिंग इंटरनेशनल हाईटेक इंडस्ट्रीज' के 'डिजिटल चायना फोरम' के दौरान जैक मा ने आलोचना के विषय में अपने विचारों को बताया, ''मीडिया, इंटरनेट टिप्पणीकार तथा निवेशकों द्वारा की गई आलोचना हमारी चिंता नहीं है, हमारी चिंता तो उपभोक्ताओं व व्यापारियों की प्रतिक्रिया है'' अलीबाबा के दूसरे वार्षिकोत्सव के दौरान 10 मई, 2001 को उन्होंने कहा, ''तेजी से आगे बढ़ती इंटरनेट कंपनी की असफलता, चाहे आप इसे मस्तिष्क का शिथिल होना कहें या मस्तिष्क का उत्तेजित होना कहें, गलतियाँ करने के भय के कारण ही होता है। कल सही ढंग से काम करने के लिए आज गलतियाँ होनी ही हैं। बस, उन्हीं गलतियों को बार-बार मत कीजिए!''

> ***तेजी से आगे बढ़ती इंटरनेट कंपनी की असफलता, चाहे आप इसे मस्तिष्क का शिथिल होना कहें या मस्तिष्क का उत्तेजित होना कहें, गलतियाँ करने के भय के कारण ही होता है। कल सही ढंग से काम करने के लिए आज गलतियाँ होनी ही हैं। बस, उन्हीं गलतियों को बार-बार मत कीजिए!***

जैक मा दृढ़ होने तथा कठिन परिस्थितियों में भी हार नहीं मानने पर जोर देते हैं, ताकि काम में जुटने एवं आवश्यकतानुसार क्रांतिकारी कदम उठाने की क्षमता का विकास हो सके। चरम उदाहरण के रूप में कंपनी की मीटिंग में 90 प्रतिशत कर्मचारी जिस बात पर सहमत होते हैं, मैं प्राय: उनसे असहमत होता हूँ। मुझे लगता है कि श्रेष्ठ स्थिति वह होती है, जब आप में से आधे लोग सहमत होते हैं और आधे असहमत तथा आप इस पर वाद-विवाद करते हैं। आपके प्रतिद्वंद्वी भी इन्हीं बातों पर चर्चा कर रहे हैं। इसलिए अपना रास्ता ढूँढ़ने के लिए परखना अच्छा है।'' उन्होंने 'क्विंगदाओ नेटवर्क ऑपरेटर्स मीटिंग' के दौरान जुलाई 2005 में यह बात कही।

5 मार्च, 2008 को 'शेनजेन ऑपरेटर्स मीटिंग' के दौरान उन्होंने कहा, ''आप केवल दो परिस्थितियों में ही सी.ई.ओ. की तरह काम करते हैं और

दोनों में से कोई भी परिस्थिति 'सामान्य' समय में नहीं होती। पहला, जब आप कोई निर्णय लेते हैं और दूसरी, जब आप गलती करते हैं। हमेशा अपनी गलती को स्वीकार कीजिए और कभी भी अपने कर्मचारियों के कार्यान्वयन में गलती मत ढूँढ़िए या अपने अधीनस्थ पर आरोप मत लगाइए। किसी भी सी.ई.ओ. को 'सफलता' का दावा करने में तल्लीन नहीं रहना चाहिए।" (मा का नेटवर्क ऑपरेटर्स मीटिंग में दिया गया भाषण, 2008)।

जैक मा के अनुसार, नेता के रूप में सी.ई.ओ. की शिक्षा में यह अवश्य शामिल होना चाहिए कि वह बाहर की दुनिया को देखे और जो कुछ उसने देखा है, उस पर विचार करे। इससे उसे अपने ग्राहकों के लिए अवसर एवं समृद्धि लाने में मदद मिलेगी। 'फर्स्ट फाइनेंशियल' में 24 नवंबर, 2005 को यह खबर छपी थी कि जैक मा ने किसी भी कंपनी की सफलता के लिए प्रतिभा के साथ-ही-साथ चार अन्य गुणों पर जोर दिया है—विश्वास, दलीय भावना, अनुकूलता एवं आशावादिता। एक अच्छे सी.ई.ओ. को अपने संगठन में इन गुणों को स्थापित करना चाहिए और एक ऐसा नेता बनने के लिए प्रयास करना चाहिए, जिसकी ओर उसके कर्मचारी अपना भविष्य देख पाएँ।

जैक मा के अनुसार, नेता के रूप में सी.ई.ओ. की शिक्षा में यह अवश्य शामिल होना चाहिए कि वह बाहर की दुनिया को देखे और जो कुछ उसने देखा है, उस पर विचार करे। इससे उसे अपने ग्राहकों के लिए अवसर एवं समृद्धि लाने में मदद मिलेगी।

"नेता बनने की कला में कुछ और नहीं, सिर्फ तीन चीजें शामिल हैं—अंतर्दृष्टि, सहृदयता एवं शक्ति। अंतर्दृष्टि आपको हजारों पुस्तकें पढ़ने की अपेक्षा हजारों मील की यात्रा करके सीखने में समर्थ बनाती है। आप जहाँ जाते हैं, उसे देखकर जो सीखते हैं, वह दूसरों की तुलना में कहीं दूर तक देखने में आपको समर्थ बनाता है। अपने शहर में हो सकता है कि आप पहले से ही बड़े शक्तिशाली हों। फिर आप शंघाई जाते हैं और दूसरों से भी मिलते हैं, जो आपसे कहीं आगे हैं। आप टोक्यो और न्यूयॉर्क जाइए तो शक्तिशाली

लोगों की संख्या अनंत लगती है। इसलिए जैसे-जैसे आपकी अंतर्दृष्टि का विस्तार होगा, लोग आपकी प्रशंसा करेंगे। एक नेता का दिल भी बड़ा होना चाहिए। दस में से नौ अति प्रतिभाशाली लोग विचित्र होते हैं। अपनी अद्‍भुत मन:स्थिति के कारण वे पहले से ही यह सोचते हैं कि वे जो करते हैं, उसमें वे श्रेष्ठ हैं। उन्हें सहन कीजिए। आपको अपना दिल बड़ा करने की जरूरत है और आपका दिल बड़ा होगा, यदि आप प्रतिदिन अनुशासित रहते हैं। कुछ लोग बड़े अजीब होते हैं, बैठे रहते हैं और छोटी-छोटी चीजों पर चिढ़ते रहते हैं। वे अपने आपको दयनीय बना लेते हैं, क्योंकि उनके पास दिल ही नहीं है।'' नेतृत्व की कला की व्याख्या करते हुए जैक मा ने कहा। (मा, फॉर्च्यून लाइफ प्रोग्राम, 2003)

वर्ष 2008 में 'लेकसाइड एकेडमी' में दिए गए भाषण के दौरान उन्होंने बताया कि नेता होने का क्या अर्थ है—''दूरदर्शी, उदार व समर्थ बनकर तथा दूसरों के साथ काम करके नेता की तरह व्यवहार कीजिए।''

वर्ष 2008 में 'लेकसाइड एकेडमी' में दिए गए भाषण के दौरान उन्होंने बताया कि नेता होने का क्या अर्थ है—''दूरदर्शी, उदार व समर्थ बनकर तथा दूसरों के साथ काम करके नेता की तरह व्यवहार कीजिए।'' उनका मानना है कि एक नेता को अंतर्दृष्टि, दृढ़ता एवं साहस के साथ नेतृत्व करना चाहिए, ताकि सफल हों। सफलता के लिए आवश्यक है अवसरों के पहचान की क्षमता के साथ अंतर्दृष्टि हो, जो दूसरों में नहीं होती है। प्रतिद्वंद्वी से एक कदम आगे रहने के लिए दूरदर्शिता का विकास कीजिए और अपेक्षा कीजिए कि किस प्रकार आपका निर्णय आपको दूसरों से आगे रखेगा! चुनौतियों के आने से पहले उन्हें स्वीकार करना महत्त्वपूर्ण है—''कभी-कभी दौड़ तेज तो होती है, लेकिन अधिकांश लोग जिस चीज को खोते हैं, वह है 'तेज' होने का मतलब विफलताओं से उबरना, न कि आवश्यक रूप से हमेशा ही बहुत तेज दौड़ते रहना। तेजी से काम करने का अर्थ जब प्रतियोगिता शुरू होती है तो उनमें पहले दर्जे पर होना है। जब कोई अवसर सामने आता है तो सक्रिय हो जाओ।''

शीघ्र कारवाई करने के महत्त्व पर जोर देते हुए जैक मा ने 'निक्की बिजनेस' के साथ अपनी संपूर्णता के बारे में मई 2002 में अपने विचार साझा किए। अपने जापान के दौरे से प्राप्त अनुभवों का वर्णन करते हुए उन्होंने कहा, "अपने जापान दौरे से पहले जापानी कंपनियों और जापानी व्यवसायियों के बारे में मेरी आम धारणा सकारात्मक थी। वे न केवल नियमों और शिष्टता को महत्त्व देते थे, बल्कि वे किसी चीज को पूरे अध्यवसाय के साथ करते हैं और अपना पूरा ध्यान संपूर्णता को देते हैं। लेकिन एक बार जब मैं जापान गया तो मैं अचंभित था। वहाँ के बड़े उद्यमी भी प्रायः निर्णय लेने में देरी करते थे और मामूली चीजों के लिए अवसरों को गँवाते थे; लेकिन मैं ऐसे लोगों का सम्मान करता हूँ, जो संपूर्णता की तलाश करते हैं। निर्णायक कारवाई में देरी करना किसी भी उद्यम के लिए घातक है, जब समय और परिस्थितियाँ सफलता के लिए तीव्रता की माँग करती हैं।" ('नो योर सेल्फ एंड योर एनिमी, यू कैन फाइट ए हंड्रेड बैटल विदाउट ए डिफीट')

जैक मा के अनुसार, सबसे सफल लोग हमेशा सबसे ज्यादा नहीं होते हैं। सफल नेता के लिए यह आवश्यक है कि वह अपने आपको अति योग्य विशेषज्ञों से घिरा रखे, उनसे सहयोग ले तथा क्रांतिकारी फैसले करने के लिए उनसे सलाह ले।

जैक मा के अनुसार, सबसे सफल लोग हमेशा सबसे ज्यादा नहीं होते हैं। सफल नेता के लिए यह आवश्यक है कि वह अपने आपको अति योग्य विशेषज्ञों से घिरा रखे, उनसे सहयोग ले तथा क्रांतिकारी फैसले करने के लिए उनसे सलाह ले। अलीबाबा की स्थापना के दौरान जैक मा को मिली दुःखद शिक्षा का यह सरल उदाहरण है। एक बार भारत के अपने व्यावसायिक दौरे के दौरान सही भोजन की तलाश में वे एक चीनी रेस्तराँ में गए। उनके सहायन चेन वे ने रेस्तराँ में काम करनेवाले लोगों को देखकर कहीं और चलकर खाना खाने की सलाह दी। उनका पूरा स्टाफ—वेटर से लेकर शेफ तक—सब विदेशी थे। दुविधा में पड़े अतिथि को देखकर एक वेटर ने उन्हें आश्वासन दिया, "हम चीनी नहीं हैं; लेकिन हम अच्छा चीनी भोजन पकाते हैं, क्योंकि

हमारा मालिक सिंगापुर का चीनी है। लेकिन वह अभी यहाँ नहीं हैं।''

जैक मा वहाँ खाना खाने के लिए तैयार हो गए और भोजन की वास्तविकता से उन्हें निराशा नहीं हुई। उनका मानना है कि कंपनी, यहाँ तक कि रेस्तराँ, को काम के लिए सबसे उपयुक्त व्यक्ति की ही भरती करनी चाहिए, न कि सबसे ज्यादा प्रतिभाशाली व्यक्ति की, ''यह एक दु:खद शिक्षा हो सकती है। बोइंग जेट का इंजन लगाने का कोई मतलब नहीं है, जबकि आपको ट्रैक्टर चलाने की जरूरत है।'' उन्होंने एक दिन तर्क दिया।

किसी भी महान् व्यावसायिक नेता की पहचान है रचनात्मक सोचने की क्षमता का विकास करना और फैसला करने के लिए ज्ञात अंतर्ज्ञान का पालन करना। ''आप जो फैसला करते हैं, वही आपकी प्रगति के मार्ग को प्रशस्त करता है और आपके प्रयास को एक समय और आगे ले जाता है, न कि इससे कि आगे बढ़ने के लिए आप कितने योग्य हैं।''

''आप जो फैसला करते हैं, वही आपकी प्रगति के मार्ग को प्रशस्त करता है और आपके प्रयास को एक समय और आगे ले जाता है, न कि इससे किं आगे बढ़ने के लिए आप कितने योग्य हैं।''

एक अच्छी टीम को भरती करने और उनकी प्रतिभा का विकास करने के बारे में बात करते हुए जैक मा ने 11 जून, 2002 को 'निंगबो नेटवर्क ऑपरेटर्स मीटिंग' में कहा, ''किसी भी नेता को हर व्यक्ति के भीतर श्रेष्ठ चीजों की तलाश करनी चाहिए। उन्हें हर व्यक्ति के भीतर उस ताकत को ढूँढ़ना चाहिए, जिसका स्वयं उस व्यक्ति को भी पता न हो। एक नेता के रूप में आपकी शक्ति के लिए इस संभावना को देखना और उसका विकास करना महत्त्वपूर्ण है।'' जैक मा कहते हैं कि अपनी टीम के प्रत्येक सदस्य में अद्भुत कौशल की तलाश करना किसी भी नेता का एक अन्य काम है। ''इस संसार में कोई भी कर्मचारी बुरा नहीं है। केवल नेता और व्यवस्था बुरी है। हर कर्मचारी के भीतर की क्षमता का उसके समाप्त होने से पहले विकास कीजिए।''एक नेता की नजर में सभी कर्मचारी अच्छे होते हैं। व्यावसायिक प्रबंधन की नजर में सभी कर्मचारी बुरे होते हैं। कोई भी नेता हर कर्मचारी की क्षमता को ढूँढ़

निकालता है और उसका प्रयोग करता है।'' उन्होंने जुलाई 2005 में 'शंघाई नेटवर्क ऑपरेटर्स मीटिंग' के दौरान कहा।

जब उनसे पूछा गया कि उनके मन में यह विचार कैसे आया, तो उन्होंने जवाब दिया, ''एन.बी.ए. का खेल देखते हुए। ये बास्केट बॉल खिलाड़ी बेहतर बन जाते हैं, क्योंकि हर दल के सभी 12 खिलाड़ी कोर्ट में जाना चाहते हैं। उनमें से सभी यह सोचते हैं कि वे खेलने के लिए उपयुक्त हैं और इससे उनमें आपस में ही बड़ी प्रतिस्पर्धा होती है। यदि आपकी कंपनी में भी ऐसी व्यवस्था है तो किसी बात की कोई गारंटी नहीं है। निर्णय प्रदर्शन के आधार पर लिये जाते हैं। एक अच्छी टीम उतारें।'' (मा, 'अलीबाबा की विकास रणनीति', 2002)

कोई भी अवसर बहुत छोटा, बहुत निम्न दर्जे या आपसे निम्न नहीं है। जब कोई चीज आपके सामने पड़ी हो तो उसे आगे बढ़कर लीजिए। इसे अपनी पूरी ताकत से झपट लीजिए और पूरे मनोयोग के साथ इस अवसर के लिए काम कीजिए। इस काम को पूरा करने के लिए हर वह चीज लाइए, जिसे आप कर सकते हैं।

एक अच्छे नेता को एक अन्य सलाह है कि पहले व्यापक दृष्टिकोण से वह व्यावसायिक एवं वित्तीय सीमा से परे देखे और सभी संभावनाओं पर विचार करे। फिर संभावित अवसरों की तलाश में हर पत्थर और हर को की खुदाई के लिए झुके। व्यक्ति को हर अवसर को खुले दरवाजे की तरह लेना चाहिए, क्योंकि ''कोई भी अवसर बहुत छोटा, बहुत निम्न दर्जे या आपसे निम्न नहीं है। जब कोई चीज आपके सामने पड़ी हो तो उसे आगे बढ़कर लीजिए। इसे अपनी पूरी ताकत से झपट लीजिए और पूरे मनोयोग के साथ इस अवसर के लिए काम कीजिए। इस काम को पूरा करने के लिए हर वह चीज लाइए, जिसे आप कर सकते हैं। यदि आप बड़ा परिणाम चाहते हैं तो किसी भी चीज को छोटा मत समझिए।'' अलीबाबा की सफलता के पीछे कंपनी की बदलते बाजार में वृद्धि की संभावनावाले बाजार की पहचान करने की क्षमता है। विकास करने के लिए बाजार की बदलती जरूरतों के अनुरूप स्वयं को भी

बदलिए। अलीबाबा नए व्यवसाय, नए क्षेत्रों की तलाश में अरबों डॉलर खर्च करता है। जैक मा अवसरों की तलाश में हमेशा दूर तक देखने पर जोर देते हैं, क्योंकि कभी-कभी असफलता भविष्य के लिए उनकी दृष्टि के लिए निकट दृष्टि होती है।

ये सिद्धांत तेजी से विकासशील विश्व की सफलता के लिए बनाए गए हैं। इस आत्म-निर्मित अरबपति से हर किसी के सीखने के लिए कुछ-न-कुछ जरूर है।

□

16

मार्शल आर्ट का प्रभाव

जैक मा प्राय: पश्चिमी प्रबंधन विधियों की प्रशंसा करते हैं और उनका प्रयोग भी करते हैं; लेकिन वे नियमित रूप से माओ जेडोंग की प्रशंसा भी करते हैं। दिसंबर 2009 में 'द नेचर कंजरवेंसी' के क्षेत्रीय प्रबंध निदेशक चार्ल्स बेडफार्ड को दिए एक साक्षात्कार में जैक मा ने कहा, " मैं कठोर रूप से धार्मिक नहीं हूँ, लेकिन मैं धर्म के प्रति आकर्षित हूँ। मुझे ईसाइयत से प्यार है। मुझे बौद्ध धर्म बहुत अच्छा लगता है। मैं 'ताओवाद' को बहुत पसंद करता हूँ। मैं सभी धर्मों का सम्मान करता हूँ और मैं उन सबके प्रति उत्सुक रहता हूँ।" वे 'कन्फ्यूसिशवाद' के अनेक सिद्धांतों का पालन करते हैं। "मा युन की जीवन-शैली बहुत सरल और विनम्र है। आज भी उनका पसंदीदा खेल ताई ची तथा कुंगफू के उपन्यासों को पढ़ना है।" उनके मित्र एवं सहायक जियाओ पिंगशेन ने कहा। "मा को पर्वतों पर चिंतन करना, मित्रों के साथ पोकर खेलना और अपने ही कुंगफू उपन्यास लिखना बहुत पसंद है।"

जब भी जैक मा को किसी चीज से परेशानी होती है तो जो पहली चीज उनके मन में आती है, वह है 'यांग फू मंदिर', जो हैंगजाऊ में लिंगइन पर्वत के पश्चिम में शिसन शिखर पर स्थित है। 1,600 वर्षों के इतिहास के साथ ही यह मंदिर 67,000 वर्ग मीटर क्षेत्र में फैले पुराने वृक्षों तथा ऊँचे-ऊँचे बाँस के पेड़ों से घिरा हुआ एक शांत मंदिर है। मंदिर के पुजारी मास्टर यूई जेन भी अपने पुराने मित्र जैक मा के साथ धार्मिक वार्तालाप करते हैं। तिआनताई पर्वत पर 'गोकिंग मंदिर' में मास्टर यूई जेन की युवावस्था की फोटो लगी हुई है, जो जैक मा से मिलती है। इस समानता को देखकर जैक मा मास्टर यूई जेन को चिढ़ाते

हुए कहते हैं, "वास्तव में मैं आप हूँ और आप मैं हैं। मैं आपको व्यवसाय चलाने में मदद करता हूँ और आप मंदिर में मेरे लिए व्यवस्था करते हैं। यह सोचकर मुझे बड़ी राहत का अनुभव होता है।"

"आदत का विकास जरूरी नहीं कि मंदिर में ही हो। यह कहीं भी हो सकता है।" विद्वान् व्यक्ति का यह जवाब था।

"वास्तव में, संन्यासी तो वे हैं, जो बीच में ही सोचते हैं। जो पूरी तरह सोचते हैं, उन्हें वापस संसार में लौट जाना चाहिए। मंदिर से ही आप सबको मोक्ष कैसे दे सकते हैं? बाहर निकलिए तथा लाखों लोगों एवं हजारों छोटे और मध्यम आकार के उद्यमियों की मदद कीजिए। यही सबका मोक्ष है।" जैक मा ने जवाब दिया।

चौंगकिंग में जिनयून पर्वत के अपने भ्रमण के दौरान जैक मा ने बौद्ध परंपरा के अनुसार तीन दिनों तक 'जिन्यू' (मौन रहना) का अभ्यास किया। उनका विश्वास है कि यह उन लोगों के लिए सहायक है, जो हमेशा अपने दैनिक जीवन में शोर-शराबे में जीते हैं।

चौंगकिंग में जिनयून पर्वत के अपने भ्रमण के दौरान जैक मा ने बौद्ध परंपरा के अनुसार तीन दिनों तक 'जिन्यू' (मौन रहना) का अभ्यास किया। उनका विश्वास है कि यह उन लोगों के लिए सहायक है, जो हमेशा अपने दैनिक जीवन में शोर-शराबे में जीते हैं। इससे मन की शांति और सोचने की स्पष्ट क्षमता मिलती है। उन दिनों में वे लंबी सैर को जाते, दीवार पर लिखी ताओते चिंग की उक्तियों को पढ़ते, चीनी हस्त-लेखन कला का अभ्यास करते तथा चिंतन करते। तीन दिनों तक 'जिन्यू' करने के बाद जैक मा ने अधिक और शांत तथा भीतर से आलोकित महसूस किया और उनके थके-हारे चेहरे पर महत्त्वपूर्ण परिवर्तन था। यद्यपि उन्होंने चिंतन की उपयोगिता की प्रशंसा की, लेकिन रूखे ढंग से ताओवादी पुजारी पर टिप्पणी करने से वह खुद को नहीं रोक सके, "पर्वत पर इतनी नमी है, यहाँ तक कि रजाई में भी नमी है। कमरे में नमी रोकने का यंत्र लगाने के लिए कभी नहीं सोचा। 'हॉल ऑफ ताईची' भी अत्यंत जीर्ण-शीर्ण हालत में है। यह सबकुछ 'गलत रूप धारण करके

सत्य की प्राप्ति' के लाओ त्से के विचार के विपरीत है, है न!''

अलीबाबा की 'दसवीं वार्षिकी' से पहले हेल्थकेयर हॉल में चिंतन एवं पुनर्वास के लिए जैक मा पुनः जिन्यू पर्वत पर गए। वे इस कथन में विश्वास करते हैं कि ''महान् मस्तिष्क को और अधिक उपयोगी बनाने के लिए महान् शरीर की जरूरत होती है। उनके सहायक चेन वेन के अनुसार, वे किसी ऐसी शांत जगह की तलाश में थे, जहाँ वे अलीबाबा द्वारा पिछले दस वर्ष की यात्रा का सार तैयार कर सकें और कंपनी की भविष्य की दिशा पर विचार कर सकें।

महान् मस्तिष्क को और अधिक उपयोगी बनाने के लिए महान् शरीर की जरूरत होती है। उनके सहायक चेन वेन के अनुसार, वे किसी ऐसी शांत जगह की तलाश में थे, जहाँ वे अलीबाबा द्वारा पिछले दस वर्ष की यात्रा का सार तैयार कर सकें और कंपनी की भविष्य की दिशा पर विचार कर सकें।

चूँकि चिंतन की प्रक्रिया के दौरान उनसे कोई मिल नहीं सकता था, अतः कंपनी के आवश्यक मामलों से संबंधित नोट को उनके सहायक से लेकर उन तक पहुँचाने के काम में मदद मंदिर के 'धर्मा प्रोटेक्टर' द्वारा की जाती थी। स्वास्थ्य को ध्यान में रखते हुए वहाँ जो भोजन दिया जाता था, वह बिल्कुल सादा होता था। एक दिन जब जैक मा को लगा कि भोजन अच्छा नहीं था तो उन्होंने संकेत भाषा में एक संदेश चेन वे को भेजा। चेन वे को संदेश समझने में कुछ ही क्षण लगे, जिसका अर्थ था, ''भोजन भयावह है। सूखे मांस के दो बढ़िया पैकेट कपड़े में छुपाकर लाओ। खाना बनानेवाले पुजारी को हर खाने में थोड़ा मांस डालने के लिए कहो।'' जैक मा ने यह घोषणा की, कि जो उनके संकेत अक्षर में लिखे संदेश को पढ़ लेगा, उसे पुरस्कार मिलेगा। जब यह कहानी इंट्रानेट पर छपी तो एक सहकर्मी ने उसे समझ लिया और अपने वायदे के पक्के जैक मा ने उसे स्वयं के हस्ताक्षर-युक्त एक पुस्तक भेंट की। इसी बीच जैक मा ने पर्वत पर जिन्यू का सफलतापूर्वक अभ्यास किया और अगले दस वर्ष में अलीबाबा की प्रगति के नवीन विचार के साथ वे वहाँ से आए। अलीबाबा के 'दसवें वार्षिक समारोह' के दौरान पर्वत पर अपने चिंतन के क्रम में आए विचारों का

प्रयोग करते हुए जैक मा ने कहा, ''ई-कॉमर्स पर हमारा ध्यान निरंतर है। दस साल पहले हमने ई-कॉमर्स पर ध्यान दिया और हम अभी भी ई-कॉमर्स पर ही ध्यान देंगे। दस साल पहले हमने मध्यम व छोटे आकार की कंपनियों पर ही ध्यान दिया। हम अभी भी छोटे व मध्यम आकार की कंपनियों पर अपना ध्यान देंगे, क्योंकि हम अपना ध्यान ई-कॉमर्स तथा मध्यम एवं छोटे आकार की कंपनियों पर देते हैं। इसलिए हम लंबे समय तक काम करेंगे।'' (मा, अलीबाबा का वार्षिक समारोह, 2009)

वे किसी भी दृष्टि से अंधविश्वासी नहीं हैं तथा अनेक दार्शनिक विषयों पर उनका अद्‌भुत अंतर्ज्ञान है। उनके सहायक चेन वे ने बताया कि वे व्यक्तिगत रूप से यह मजाक करते हैं, ''मैं या तो अंधविश्वासी हूँ तथा संदेह करता हूँ या विश्वास करता हूँ और अंधविश्वासी नहीं हूँ।''

जैक मा बहुत सारे लोगों की विशेषज्ञता और कुशलता की प्रशंसा करते हैं, जैसे यू दान की वक्तृत्व कला, मास्टर यूई जेन की स्थापत्य कला प्रतिभा, लि-यि की स्मृति, मास्टर वांग जियांग की मार्शल आर्ट कला तथा लियू किआन का जादू; लेकिन वे अपने आपको कभी भी अंधभक्त नहीं मानते हैं और शायद ही दूसरों के विचारों का इतनी कठोरता से पालन करते हैं, यहाँ तक कि ऋषि-मुनियों का भी नहीं। वे किसी भी दृष्टि से अंधविश्वासी नहीं हैं तथा अनेक दार्शनिक विषयों पर उनका अद्‌भुत अंतर्ज्ञान है। उनके सहायक चेन वे ने बताया कि वे व्यक्तिगत रूप से यह मजाक करते हैं, ''मैं या तो अंधविश्वासी हूँ तथा संदेह करता हूँ या विश्वास करता हूँ और अंधविश्वासी नहीं हूँ।''

जैक मा हर प्रकार के विद्वानों एवं दार्शनिकों के संपर्क में आए और विषय के अपने ही ज्ञान के माध्यम से उन्होंने एक अद्‌भुत एवं विनम्र प्रबंधन दर्शन का विकास किया है, जो ताई ची, ताओवाद तथा बौद्ध दर्शन का मिश्रण है। वाशिंगटन यूनिवर्सिटी के प्रो. जियाओ पिंगशेन को दिए एक साक्षात्कार में जैक मा ने व्याख्या की, ''ताओवाद में श्रेष्ठ नेतृत्व बिल्कुल भी नेतृत्व नहीं करता है।...कोई शिक्षक नहीं चाहता है कि उसका विद्यार्थी असफल हो। इसलिए मैं नव-नियुक्त व्यक्तियों की लोकप्रियता को नहीं चुराता हूँ। यदि कोई व्यक्ति

मुझे किसी कर्मचारी के मुझे अतिक्रमण करने के प्रति सचेत करता है तो मैं यह जवाब देता हूँ कि मैं शिक्षक हूँ और इसे ऐसा ही होना चाहिए।''

जैक मा काफी समय से मार्शल आर्ट के प्रशंसक रहे हैं और चेन शैली की 'ताई ची चुआन' (ताई जी कुआन या ताई जी के नाम से भी ज्ञात) में गहरी रुचि रही है। कथित रूप से वे वर्ष 1988 से इसका अभ्यास कर रहे हैं, जब उन्होंने सिफू वांग जिआन के अधीन इसका वर्ष 2009 से अध्ययन करना शुरू किया। मार्शल आर्ट की शिक्षा का जैक मा के जीवन-दर्शन पर गहरा प्रभाव पड़ा है। उनका दावा है कि तीन सिद्धांतों—शांत रहिए, अनुसरण कीजिए एवं त्याग कीजिए—से उन्हें संतुलन बनाने में मदद मिली। चाहे कुछ भी हो, हमेशा शांत रहिए, अपनी ताकत की पहचान करने के बाद हमेशा स्वाभाविक प्रभाव का पालन कीजिए और जीवन में अपने बोझ का त्याग कर दीजिए। इन चीजों का वह अपने व्यक्तिगत एवं व्यावसायिक जीवन—दोनों में पालन करते हैं।

ताई ची युआन आप कैसे संतुलन बनाते हैं और कैसे काम करते हैं, इसी के बारे में है। यह ऐसा ही है। आप यहाँ लड़िए, मैं उधर चला जाऊँगा। आप शीर्ष पर हैं और मैं नीचे चला जाऊँगा। यह संतुलन है। आप भारी हैं, मैं छोटा हूँ। जब मैं छोटा हूँ, मैं कूद सकता हूँ। आप भारी हैं, आप कूद नहीं सकते।

वर्ष 2015 में 'ब्लूबर्ग टी.वी.' को दिए एक साक्षात्कार में जैक मा ने कहा कि ''ताई ची युआन आप कैसे संतुलन बनाते हैं और कैसे काम करते हैं, इसी के बारे में है। यह ऐसा ही है। आप यहाँ लड़िए, मैं उधर चला जाऊँगा। आप शीर्ष पर हैं और मैं नीचे चला जाऊँगा। यह संतुलन है। आप भारी हैं, मैं छोटा हूँ। जब मैं छोटा हूँ, मैं कूद सकता हूँ। आप भारी हैं, आप कूद नहीं सकते। ताई जी दर्शन के बारे में है, चिन तथा यांग के बारे में है। मैं ताई जी दर्शन का व्यवसाय में उपयोग करता हूँ—शांत हो जाइए, हमेशा कोई-न-कोई हल होता है तथा अपने आपको संतुलित रखिए, लेकिन अपने प्रतिद्वंद्वी को मारने का प्रयास मत कीजिए। प्रतिस्पर्धा तमाशा है। व्यवसाय युद्धक्षेत्र की तरह नहीं है, जहाँ आपकी मौत होती है और मेरी विजय होती है।

व्यवसाय में यदि आपकी मृत्यु हो भी जाती है तो भी हो सकता है कि मेरी विजय न हो।'' (मा, विश्व आर्थिक मंच, 2015)

सितंबर 2011 में 'आठवें हैंगजाऊ बिजनेसमैन कवेंशन' में जैक मा ने कहा, '''जीतने' के लिए यह प्रतिस्पर्धी को परास्त करने जैसा नहीं है, क्योंकि हमेशा कोई दूसरा प्रतिद्वंद्वी होगा। इसे सभी प्रकार के प्रतिस्पर्धी हितों वाले स्थलीय, जलीय तथा जैव विविधतावाले पारितंत्र के रूप में देखिए। यह प्रतिस्पर्धा आपकी क्षमता का विकास करती है और विकास करने में आपकी मदद करती है। इस प्रकार के पारितंत्र में शेर बारहसिंगा को इसलिए नहीं मारता है कि वह उससे घृणा करता है, बल्कि इसलिए मारता है कि उसे भोजन की जरूरत है। आप अपने प्रतिद्वंद्वी को इसलिए परास्त नहीं करते हैं कि शक्तिशाली हैं, बल्कि इसलिए परास्त करते हैं, क्योंकि वे बीते दिनों में ही उलझे रहते हैं और सुधार करने की उनकी इच्छा नहीं होती है और वे अपना भविष्य भी खो देते हैं। यदि उनके द्वारा प्रयुक्त प्रौद्योगिकी निम्न स्तर की है तो उन्हें इसमें सुधार करना चाहिए। यदि उनके कर्मचारियों की गुणवत्ता निम्न दर्जे की है तो उन्हें इसे बेहतर जरूर बनाना चाहिए। पारिस्थितिकीय दृष्टिकोण से सोचिए और अपने प्रतिद्वंद्वियों के साथ 'विन-विन' स्थिति की तलाश कीजिए। इसमें हम सभी एक साथ हैं। बिना शेर के बारहसिंगा अपनी पूरी क्षमता के साथ नहीं जी सकता है।''

इसे सभी प्रकार के प्रतिस्पर्धी हितों वाले स्थलीय, जलीय तथा जैव विविधतावाले पारितंत्र के रूप में देखिए। यह प्रतिस्पर्धा आपकी क्षमता का विकास करती है और विकास करने में आपकी मदद करती है।

उनका विश्वास है कि 'ताई ची चुआन' कुंगफू का ही एक श्रेष्ठ रूप नहीं है, बल्कि यह व्यवसाय के लिए भी अच्छा है। वर्ष 2011 में उन्होंने अलीबाबा में अपने कर्मचारियों के लिए 'ताई ची चुआन' सीखना अनिवार्य कर दिया। ''ताई ची की खोज न तो आक्रमण, न ही रक्षा के लिए की गई थी, बल्कि इसके दर्शन को रेखांकित करने के लिए एक आंदोलन के रूप में की गई थी। आक्रमण और रक्षा 'ताई ची' का हिस्सा है, लेकिन निश्चित रूप से इसके सभी

का नहीं।'' व्यायाम के लिए 'ताई ची' के प्रदर्शन पर चर्चा करते हुए जैक मा ने यह बात कही। अपने कर्मचारियों को प्राचीन चीनी मार्शल आर्ट सीखने के लिए उन्होंने 'ताई ची टूर्नामेंट' जीते हुए खिलाड़ियों को भरती किया। सूत्रों के अनुसार, जैक मा की यात्रा के दौरान एक 'ताई ची' व्यक्तिगत प्रशिक्षक हमेशा उनके साथ जाता है।

ताई ची चुआन सिफू वांग जियांग के प्रति जागरूकता फैलाने के लिए फिल्म कलाकार जेट ली तथा जैक मा कंपनी में नियमित कक्षा लेते हैं। वर्ष 2011 में जैक मा ने जेट ली के साथ मिलकर 'ताई ची जेन' नामक एक ऑनलाइन कक्षा की शुरुआत की। इस साइट के अनुसार, इस प्रोग्राम का लक्ष्य मार्शल आर्ट और उससे जुड़ी चिंतन तकनीकों को सिखाना है। इसमें नौ स्तर होते हैं, जो मार्शल आर्ट सीखनेवालों, व्यावसायिकों तथा एथलीटों के लिए होते हैं। अकादमी की वेबसाइट पर जैक मा 'ताई ची कुआन' से 'ताई ची' को इस प्रकार अलग बताते हैं—''ताई ची एक दर्शन है तथा ताई ची कुआन स्वयं ही मार्शल आर्ट है।''

ताई ची चुआन सिफू वांग जियांग के प्रति जागरूकता फैलाने के लिए फिल्म कलाकार जेट ली तथा जैक मा कंपनी में नियमित कक्षा लेते हैं। वर्ष 2011 में जैक मा ने जेट ली के साथ मिलकर 'ताई ची जेन' नामक एक ऑनलाइन कक्षा की शुरुआत की।

जैक मा के सहायक चेन वे ने बताया कि मा का यह सपना है कि एक दिन उन्हें 'ताई ची मास्टर' के रूप में, न कि चीन के सबसे बड़े ई-कॉमर्स कंपनी के संस्थापक के रूप में याद किया जाए। उन्होंने बताया कि एक दिन, जब जैक मा हैंगजाऊ में अंग्रेजी के शिक्षक थे तो वे तिआनजू पर्वत पर चढ़ाई के लिए गए हुए थे, जब जैक मा ने कहा, ''मैंने लुई चा के मार्शल आर्ट पर सभी उपन्यासों को एक बार से ज्यादा पढ़ लिया है और मेरा सपना है कि मैं मार्शल आर्ट का मास्टर बनूँ।'' तभी उन्होंने एक बड़े वृक्ष के नीचे घास पर से एक तिनका उठा लिया और कहा, ''उदाहरण के लिए, यदि मैं बल-प्रयोग करता हूँ तो यह तिनका बहुत ही कठोर और मजबूत बन जाएगा। मेरे बाजू हिलाते ही यह इस

वृक्ष को भेद देगा। लेकिन यदि मैं इस पर लगाए गए बल को हटा लेता हूँ तो यह पहले की तरह ही मुलायम हो जाएगा और इसके दोनों किनारे वृक्ष की शाखा से झूलेंगे। पास से गुजरता कोई भी व्यक्ति यह नहीं समझ पाएगा कि यह तिनका किस प्रकार की शाखा से लटका है। सुनो, यदि हमें मार्शल आर्ट की ताकत की समझ है तो फेंग किंगचांग की तरह यह आश्चर्यजनक थी।'' मार्शल आर्ट के प्रति जैक मा का आकर्षण कभी कम नहीं हुआ। वर्षों बाद जब अलीबाबा की सफलतापूर्वक स्थापना हो चुकी थी तो उन्होंने मजाक किया कि 'एक दिन वे अचानक ही गायब हो जाएँगे और कोई भी उन्हें ढूँढ़ नहीं पाएगा,' ''हर व्यक्ति गरम कड़ाही के ऊपर चींटी के समान है। एक सप्ताह बाद मैंने अपने सचिव से कहा कि यदि कोई दुबारा पूछे तो आप उन्हें बता सकते हैं कि ''जैक मा किसी फिल्म में फेंग किंगचांग खेलने गए हैं।'' जैक मा ने आगे यह भी कहा—''तब कितना मजा आएगा, जब लोगों की नजर यह जानने के लिए समाचारों पर होगी कि जैक मा फिल्म की शूटिंग के बाद वापस आ रहे हैं!'' जैक मा के कार्यालय में प्रदर्शन के लिए अनेक तलवारें भी लगी हैं। हर बार वे उन तलवारों को अपने नए कार्यशील कार्यालय में ले जाते हैं। जब वे अपने कार्यालय अलीबाबा में बदलते हैं, तब भी। उन्हें अपनी चमचमाती तलवार को ले जाते हुए और कंपनी में दिखाते हुए देखा जा सकता है। इस बात के लिए उनके सहायक चेन वे उन्हें चिढ़ाते हैं और उन्हें 'जियांग हो समुदाय का एक व्यक्ति, जिसने आजीविका प्राप्त करने के साधन को कभी नहीं छोड़ा' कहते हैं।

जैक मा के कार्यालय में प्रदर्शन के लिए अनेक तलवारें भी लगी हैं। हर बार वे उन तलवारों को अपने नए कार्यशील कार्यालय में ले जाते हैं। जब वे अपने कार्यालय अलीबाबा में बदलते हैं, तब भी। उन्हें अपनी चमचमाती तलवार को ले जाते हुए और कंपनी में दिखाते हुए देखा जा सकता है।

एक बार जैक मा को मार्शल आर्ट के सच्चे प्रशंसक के रूप में 'चीनी राष्ट्र का पालना' हेनान आमंत्रित किया गया। उन्होंने 'सौंगशान शाओलिन मंदिर'

तथा 'चेन जियागो' (चेन गाँव के रूप में भी जाना जानेवाला ताई ची का जन्मस्थल) जाने की अपनी इच्छा व्यक्त की। समय के अभाव के कारण जैक मा इन दोनों में से किसी भी जगह नहीं जा सके; लेकिन समझदार आयोजक ने उनके साथ नाश्ता करने के लिए एक विशेष अतिथि की व्यवस्था की। शाओलिन मंदिर के मुख्य पुजारी शी यांगजिन ने जैक मा से भेंट की। वह भेंट बहुत ही व्यावसायिक तरीके की थी, जिसमें एक मार्शल आर्ट का प्रमुख तथा दूसरा 'तलवारबाज की तरह' का उद्यमी था। विदा लेने से पहले शी यांगजिन ने जैक मा को आश्वासन दिया, ''लोग क्या सोचते हैं, इसकी परवाह किए बिना मैं शाओलिन मार्शल आर्ट एवं संस्कृति को विश्व में प्रसारित करने के लिए हर साधन अपनाऊँगा।''

□

17
मार्शल आर्ट का प्रभाव

जैक मा का उत्साह एवं बात करने का प्रत्यक्ष तरीका उन्हें जीवन से भी बड़ा चरित्र बना देता है। इस तरह के आकर्षक, भड़कीले तथा स्पष्टवादी अरबपति जैक मा शायद ही कभी अपने परिवार के बारे में बात करते हैं। उनके भाई-बहन या बच्चों के बारे में बहुत कम ज्ञात है। जैक मा की युवावस्था की एक काली एवं सफेद फोटो, जिसमें वे अपने बड़े भाई एवं छोटी बहन के साथ खड़े हैं, चीन में इंटरनेट पर फैल गई; क्योंकि लोगों को यह नहीं मालूम था कि उनके सबसे समृद्ध नागरिक के भाई-बहन भी हैं।

वर्षों तक वे अपने निजी जीवन को विवाद-रहित रखने में सफल रहे, यद्यपि महिलाओं में वे काफी लोकप्रिय हैं। अलीबाबा की सफलता के साथ ही जैक मा का व्यक्तिगत जीवन अफवाहों का ज्वलंत विषय बन गया। जब कभी भी तेज नजर जनता जैक मा को किसी महिला मित्र के साथ किसी मीटिंग में अनेक बार देखती, उनके तलाक की अफवाहें फैलनी शुरू हो जातीं। जैक मा अपनी एक अच्छी मित्र तथा 'विन इन चायना' की होस्टेस वांग लाइफेन मा के तलाक की अफवाह के 'मुख्य अफवाही अभियुक्त' बन गए, क्योंकि अलीबाबा की कई महत्त्वपूर्ण बैठकों के संचालन के लिए वे उसे प्राय: आमंत्रित करते रहते थे। जैक मा की एक अन्य मित्र यु दान हैं, जो एक सम्मानित चीनी लेखिका तथा चीन के 'बीजिंग नारमल विश्वविद्यालय' में प्रोफेसर हैं। जैक मा उनकी स्मृति तथा वाक्पटुता के लिए उनकी प्रशंसा करते हैं और कहते हैं, ''वह गद्य के लंबे पैसेज लिखती हैं और उनके संदेश भी प्रभावी होते हैं।'' वे अपने मित्रों के लिए प्राय: गतिविधियों का संचालन करती रहती हैं और आशा करती हैं कि

एक दिन जैक मा उनकी किसी गतिविधि में शामिल जरूर होंगे। उनके द्वारा आयोजित गतिविधियों का एक उदाहरण है उन जगहों में बर्फ का आनंद लेना, जहाँ यह शून्य से 60 डिग्री से भी ज्यादा नीचे होता है। अपने व्यस्त जीवन के कारण जैक मा कई बार इन गतिविधियों में शामिल होने से चूक गए। यु दान यह कहते हुए उनका मजाक उड़ाती हैं, ''गोंगजी मा, यदि आप दूसरा वायदा तोड़ने का साहस करते हैं तो भविष्य में मैं उन सभी व्यक्तियों को यह कहूँगी, जो अपना वायदा तोड़ते हैं, ''आप अलीबाबा जैसे इतना कैसे हो सकते हैं?'' जैक मा ने उनसे क्षमा-याचना की और वायदा किया कि अब कभी भी उन्हें शिकायत का मौका नहीं मिलेगा।

चीन में इतने लोकप्रिय व्यक्तित्व होने के बावजूद जैक मा ने अपना निजी जीवन बिल्कुल शांत रखा था, बल्कि उनका सिर्फ एक बच्चा 'मा युआनकुन', जिसे जेरी मा के नाम से जानते थे, सार्वजनिक हुआ था। वर्ष 1992 में जनमे जेरी मा ने बर्कले यूनिवर्सिटी से ग्रेजुएशन किया है।

चीन में इतने लोकप्रिय व्यक्तित्व होने के बावजूद जैक मा ने अपना निजी जीवन बिल्कुल शांत रखा था, बल्कि उनका सिर्फ एक बच्चा 'मा युआनकुन', जिसे जेरी मा के नाम से जानते थे, सार्वजनिक हुआ था। वर्ष 1992 में जनमे जेरी मा ने बर्कले यूनिवर्सिटी से ग्रेजुएशन किया है। वर्ष 2005 में एक हवाई यात्रा के दौरान जैक मा अपने पुत्र के प्रति गर्व से भाव-विह्वल हो गए तथा संवाददाताओं के साथ जेरी मा की एक फोटो साझा की। उन्होंने संवाददाताओं को बताया कि उनका युवा पुत्र उस समय हाई स्कूल में पढ़ाई कर रहा था और वह अपने पिता के जितना ही लंबा था तथा देखने में उनसे ज्यादा आकर्षक था।

कुछ वर्षों बाद जैक मा ने अपने पुत्र के बारे में दूसरी घटना संवाददाताओं को बताई। अपने पुत्र के अठारहवें जन्मदिन के अवसर पर उन्होंने उसे ज्ञान की तीन बातें बताते हुए चिट्ठी लिखी। पहली बात थी कि हमेशा अपने बारे में सोचो और स्वतंत्र फैसला लो। दूसरी बात थी—हमेशा आशावादी रहो। जैक मा ने जेरी को यह सलाह दी कि यदि विश्व में ढेरों समस्याएँ हों, फिर भी

उनके समाधान के उनसे ज्यादा तरीके हैं। ज्ञान की तीसरी बात थी—हमेशा सच बोलो, विशेषकर अपने पिता से।

उनके सहायक चेन वे ने बताया कि जब कंपनी का नारा 'काम में गंभीरता और जीवन में सुख' से बदलकर 'काम में सुख और जीवन में गंभीरता' किया गया तो जैक मा को यह आशा थी कि सभी सहकर्मी, यहाँ तक कि उनका पुत्र, अपना श्रेष्ठ देने को समर्पित होंगे तथा वास्तव में काम के प्रति संकल्पित होंगे। जब कभी भी चेन वे अपने प्रमुख के घर जाते तो वे जैक मा को फिल्म 'कुंग फू घांडा' में गूस फादर का उदाहरण देते सुनते, जो ग्राहकों के प्रति समर्पण के विकास पर जोर देता है—"कथित रूप से गुप्त व्यंजन गुप्त नहीं रहता है। जब वह नूडल्स बनाता है तो वह अपने भूखे ग्राहकों को गरम नूडल्स खाते देखकर उसको मिलनेवाली खुशी और तृप्ति के सिवाय कुछ नहीं सोचता है। इसलिए पहले तो वह खुद खुश होता है और इस खुशी को वह अंततः ग्राहकों को देता है।"

कथित रूप से गुप्त व्यंजन गुप्त नहीं रहता है। जब वह नूडल्स बनाता है तो वह अपने भूखे ग्राहकों को गरम नूडल्स खाते देखकर उसको मिलनेवाली खुशी और तृप्ति के सिवाय कुछ नहीं सोचता है। इसलिए पहले तो वह खुद खुश होता है और इस खुशी को वह अंततः ग्राहकों को देता है।

जैक अंग्रेजी कहावत तथा पारंपरिक चीनी कहावतों से मिश्रित व्यावसायिक शब्दावली के लिए जाने जाते हैं। 'टाइम' के वरिष्ठ संपादक तथा 'हार्वर्ड बिजनेस रिव्यू' के मुख्य संपादक आदी इग्नाटियस एक बार यह कहते हुए खबर दे रहे थे, "चीनी इंटरनेट उद्यमी मृदुभाषी तथा देव जैसे हैं और वे सचमुच में अच्छी अंग्रेजी बोलते हैं।"

जैक का मन जिज्ञासु है तथा आकर्षक तथ्यों तक पहुँचने में उन्हें आनंद आता है। एक बार उन्हें बताया गया कि चीन में प्रतिवर्ष 65 करोड़ सुअरों का वध होता है। प्रतिक्रिया-स्वरूप वे आश्चर्य से विस्मित हो गए, "वास्तव में, इतने!" सौभाग्यवश, सुअर हमारा भोजन है। विपरीत परिस्थितियों में सुअरों द्वारा चीनियों को दो वर्ष में खा लिया जाएगा। उन्हें कुत्तों से प्यार है और उनके

पास 'अपोलो' नाम का एक अलशेसियन कुत्ता है।

जैक मा को पूरे विश्व से नमक घर लाने की एक असामान्य आदत है, चाहे वे रूस, अमेरिका, भारत, जापान या यूरोपीय देश हों। पूरे विश्व से घड़ियाँ, कलम तथा अन्य स्मृतियों को इकट्ठा करने की बजाय जैक मा को नमक इकट्ठा करना अधिक रोचक लगता है। जैक मा को नमक का स्वाद लेना तथा विभिन्न देशों के बारे में बात करना पसंद है। उनके घर पर खाना खाते समय यदि कोई व्यक्ति किसी देश, जैसे जापान, के बारे में बात करता है तो जैक मा खुशी से चिल्ला पड़ते हैं, ''जापानी नमक परोसो!'' उनके सहायक चेन वे बताते हैं कि जब नमक को तश्तरी में लाया जाता है तो जैक मा हर एक व्यक्ति को नमक का स्वाद लेने से पहले अपना हाथ धोने के लिए कहते हैं। फिर वे सबसे पहले खुद तश्तरी में अपनी उँगली में नमक लेकर मुँह में उसका स्वाद लेते हैं। हर देश के नमक में से थोड़ा सा अंतर होता है, लेकिन मजा लेते समय इसका स्वाद अलग होता है।

जैक मा के मन में विभिन्न संस्कृतियों के प्रति गहरा सम्मान है और वे जहाँ भी जाते हैं, वहाँ के इतिहास को जानने में उनकी प्रबल रुचि होती है। एक बार जब वे निर्देशित यात्रा पर थे तो प्राय: ऐतिहासिक घटनाओं के बारे में पूछते हैं और यात्रा गाइड की व्याख्या को सुनकर गहरे सोच में डूब जाते हैं।

जैक मा के मन में विभिन्न संस्कृतियों के प्रति गहरा सम्मान है और वे जहाँ भी जाते हैं, वहाँ के इतिहास को जानने में उनकी प्रबल रुचि होती है। एक बार जब वे निर्देशित यात्रा पर थे तो प्राय: ऐतिहासिक घटनाओं के बारे में पूछते हैं और यात्रा गाइड की व्याख्या को सुनकर गहरे सोच में डूब जाते हैं। वर्ष 2008 में 'नेशनल डे' की लंबी छुट्टी के दौरान जैक मा ने जिआन में ताओबाओ के कार्यपालक की बैठक बुलाई। दिन के समय पूरा समय ऐतिहासिक स्थलों का दौरा करते और रात में जैक मा किन तथा तांग वंशों के उत्थान एवं पतन पर चर्चा के लिए इतिहास के प्रोफेसरों को आमंत्रित करते। विगत का प्रयोग करते हुए वर्तमान का हवाला देने के लिए ताओबाओ की रणनीति पर चर्चा अत्यंत

परिणामदायक थी। जैक मा ने वैनी जिआन द्वारा चू राज्य से लड़ने तथा किन के राजकुमार के संदेह को चतुराई से दूर करने के लिए 6,00,000 सैनिकों का नेतृत्व करने की घटना पर अपनी व्याख्या लोगों के साथ बाँटी। जैक मा ने कहा, ''वांग जिआन की तुलना में राजकुमार किन कहीं अधिक संसाधन-युक्त था। उसे इस बात पर बिल्कुल भी विश्वास नहीं था कि वांग जिआन विद्रोह नहीं करेगा, क्योंकि इनाम माँगने के मामले में वांग जिआन बहुत लालची था। वांग जिआन में विद्रोह करने का कभी भी साहस नहीं होता। इससे कोई फर्क नहीं पड़ता कि वह कैसे चाहता था। राजकुमार किन के पास उसका प्रतिरोध करने के कई तरीके थे। जिन्होंने इतिहास लिखा, उनकी अंतर्दृष्टि का क्षेत्र एवं स्तर वांग जिआन तक ही जा पाया, इसलिए ऐतिहासिक लेख इस प्रकार का है।'' यद्यपि जैक मा प्रायः ऐतिहासिक घटनाओं की तिथि एवं वर्ष भूल जाते हैं, पर अपनी परिचर्चा में वह ऐतिहासिक घटनाओं का हवाला देते हैं।

मैं प्रौद्योगिकी के मामले में अच्छा नहीं हूँ। मेरा प्रशिक्षण हाई स्कूल शिक्षक के लिए हुआ था। यह अजीब बात है। मैं चीन की सबसे बड़ी ई-कॉमर्स कंपनी चला रहा हूँ, शायद विश्व की सबसे बड़ी कंपनी; लेकिन मुझे कंप्यूटर के बारे में कुछ भी जानकारी नहीं है।

यद्यपि जैक मा अविश्वसनीय रूप से सफल अलीबाबा समूह के संस्थापक हैं, उन्हें व्यक्तिगत प्रयोग के लिए प्रौद्योगिकी के इस्तेमाल में तनिक भी रुचि नहीं है। वर्ष 2014 में 'एशिया गेम चेंजर अवाड्र्स समारोह' में भाषण के दौरान जैक मा ने अपनी सादगी तथा तकनीकी ज्ञान की कमी के बारे में सभी को बताया और कहा, ''मैं प्रौद्योगिकी के मामले में अच्छा नहीं हूँ। मेरा प्रशिक्षण हाई स्कूल शिक्षक के लिए हुआ था। यह अजीब बात है। मैं चीन की सबसे बड़ी ई-कॉमर्स कंपनी चला रहा हूँ, शायद विश्व की सबसे बड़ी कंपनी; लेकिन मुझे कंप्यूटर के बारे में कुछ भी जानकारी नहीं है।'' 'फॉर्च्यून लाइफ प्रोग्राम' के दौरान उन्हें जो भी थोड़ी जानकारी वास्तव में उसके बारे में थी, उसे यह कहते हुए बताया, ''मैं दो चीजों के लिए कंप्यूटर व इंटरनेट

का प्रयोग करता हूँ—ई-मेल एवं वेब ब्राउजिंग के लिए। बाकी सारी चीजें मेरे लिए थोड़ा परे हैं, यहाँ तक कि ऑनलाइन फिल्म देखना भी।'' यह भी अफवाह थी कि उन्हें अमेरिकी टी.वी. शो को अपने आई पैड पर डाउनलोड करने में मदद करने के लिए अपने एक मित्र पर निर्भर होना पड़ा। वे शायद ही अपना समय ऑनलाइन बिताते हैं तथा प्रौद्योगिकी के प्रति अपनी अरुचि का प्रयोग उन्होंने यह सुनिश्चित करने में किया है कि अलीबाबा उपभोक्ता के प्रयोग करने में सहज हो। ''मैं अपने इंजीनियरों से ऐसी प्रौद्योगिकी के लिए कहता हूँ, जो लोगों की जरूरतों को पूरी करती हो। इससे कोई फर्क नहीं पड़ता कि वह प्रौद्योगिकी कितनी अच्छी है! यदि लोग इसका प्रयोग नहीं कर सकते तो यह बेकार है। हमारी वेबसाइट सामान्य व्यापारियों में इतनी लोकप्रिय क्यों है, क्योंकि मैं ही गुणवत्ता-नियंत्रक था। हमारे इंजीनियर किसी भी प्रोग्राम को लिखते तो उसे सबसे पहले मुझे प्रयोग करना होता था। यदि मैं उसका प्रयोग नहीं कर पाता तो वह बेकार हो जाता। इसका अभिप्राय यह है कि 80 प्रतिशत लोग मेरी तरह ही साधारण हैं। यदि मैं उनका प्रयोग नहीं कर पाया तो वे भी नहीं कर पाएँगे। मेरा लक्ष्य यह होता है कि लोग निर्देश पुस्तिका पढ़े बिना ही इसका प्रयोग कर पाएँ।''

मैं अपने इंजीनियरों से ऐसी प्रौद्योगिकी के लिए कहता हूँ, जो लोगों की जरूरतों को पूरी करती हो। इससे कोई फर्क नहीं पड़ता कि वह प्रौद्योगिकी कितनी अच्छी है! यदि लोग इसका प्रयोग नहीं कर सकते तो यह बेकार है। हमारी वेबसाइट सामान्य व्यापारियों में इतनी लोकप्रिय क्यों है, क्योंकि मैं ही गुणवत्ता-नियंत्रक था।

जैक मा में विशिष्ट इंटरनेट उद्यमियोंवाली सामान्य विशेषता का अभाव है। जब उनसे उनके आदर्श 'रोल मॉडल' के बारे में पूछा गया तो उन्होंने बिल गेट्स एवं स्टीव जॉब्स जैसे सफल प्रौद्योगिकीविदों के नाम नहीं लिये, न ही उन्होंने व्यवसाय गुरुओं, जैसे—वारेन बफे, अल्फ्रेड स्लोआन या फ्रेडरिक विंसलो टेलर के नाम लिये। विश्व के समस्त लोगों में उनका 'रोल मॉडल'

रॉबर्ट जेमे किक्स द्वारा निर्देशित सन् 1994 की फिल्म 'फारेस्ट गंप' में इसी नाम का काल्पनिक चरित्र है। फारेस्ट गंप एक शांत एवं सीधा-सादा चरित्र है, जो जीवन में ढेरों निराशाएँ एवं दुर्भाग्य का सामना करता है, फिर भी उसका मनोभाव सकारात्मक, प्रगतिशील एवं विनम्र है तथा उसका नैतिक चरित्र मजबूत है, जो उसे अवश्यंभावी रूप से सफलता की ओर प्रेरित करता है। यही मनोभाव है, जिसके साथ जैक मा अपना जीवन जीने की कामना करते हैं—"जीवन चॉकलेट के एक डिब्बे की तरह है।" फिल्म की इस पंक्ति को उद्धृत करते हुए जैक मा ने कहा, "आपको यह कभी नहीं मालूम कि आपको क्या प्राप्त होने वाला है!" फारेस्ट गंप के प्रति अपने आकर्षण की व्याख्या करते हुए जैक मा ने कहा, "मैंने इस फिल्म को दोबारा देखा, अपने आपको यह बताने के लिए कि चाहे कुछ भी बदल जाए, आपको आप ही रहना है। मैं वैसा ही हूँ, जैसा मैं 15 वर्ष पहले था। आप जानते हैं, तब मैं 20 डॉलर प्रतिमाह कमा रहा था। आज भी मैं वही कर सकता हूँ।" फिल्मों में अपनी वरीयता के बारे में बात करते हुए जैक मा ने कहा, "मैं हॉलीवुड फिल्मों में जिस चीज को पसंद करता हूँ, वह है उनका हीरो। चीनी फिल्मों में भी हीरो होते हैं, लेकिन चीनी फिल्मों में सभी हीरो मर जाते हैं। अमेरिकी फिल्मों के सभी हीरो जीवित रहते हैं। इसलिए मैं लोगों से पूछता हूँ, यदि सभी हीरो मर जाते हैं तो कौन हीरो बनना चाहेगा?"

मैं हॉलीवुड फिल्मों में जिस चीज को पसंद करता हूँ, वह है उनका हीरो। चीनी फिल्मों में भी हीरो होते हैं, लेकिन चीनी फिल्मों में सभी हीरो मर जाते हैं। अमेरिकी फिल्मों के सभी हीरो जीवित रहते हैं। इसलिए मैं लोगों से पूछता हूँ, यदि सभी हीरो मर जाते हैं तो कौन हीरो बनना चाहेगा?

जैक मा का विश्वास है कि पैसा खुशी नहीं है; यह बहुत बड़ी जिम्मेदारी है। 21 जून को 'बीसवें सेंट पीटर्सबर्ग इंटरनेशनल इकोनॉमिक फोरम' में 'क्यू एंड ए सत्र' के दौरान जैक मा ने दावा किया, "मेरी सबसे बड़ी गलती थी कि मैंने अलीबाबा की स्थापना की। मैंने यह कभी नहीं सोचा था कि यह चीज मेरा

जीवन बदल देगी। मैं तो बस, एक छोटा सा व्यवसाय करने की कोशिश कर रहा था, जो बढ़कर इतना बड़ा हो गया, इतनी बड़ी जिम्मेदारी हो गई और इतनी परेशानी हो गई। हर व्यक्ति इतना ही व्यस्त है, जितना एक राष्ट्रपति और मेरे पास कोई शक्ति नहीं है! और मेरे पास अपना जीवन भी नहीं है।''इसलिए मैंने कहा कि अगले जन्म में, यदि मुझे फिर भी अगला जन्म मिलता है, मैं कभी भी इस तरह का व्यवसाय नहीं करूँगा। मैं अपने आप में ही रहूँगा। मैं अपने जीवन का आनंद लेना चाहता हूँ।'' जैक मा को जीवन का भरपूर आनंद लेना तथा इस संसार का अनुभव करना बहुत पसंद है। वे हमेशा अपने आपको यह याद दिलाते हैं कि इस संसार में हमारा जन्म काम करने के लिए नहीं, जीवन का आनंद लेने के लिए हुआ है। उनका विश्वास है कि जीवन का एक उद्देश्य एक-दूसरे के लिए चीजों को बेहतर बनाना है, न कि केवल काम करते रहना। ''यदि आप अपना पूरा जीवन काम करते हुए बिताते हैं तो आप निश्चित रूप से पछताएँगे। यदि पैसा ही आपके जीवन का उद्देश्य है तो आपको अपनी मनोवृत्ति बदलनी होगी।''

उनका विश्वास है कि जीवन का एक उद्देश्य एक-दूसरे के लिए चीजों को बेहतर बनाना है, न कि केवल काम करते रहना। ''यदि आप अपना पूरा जीवन काम करते हुए बिताते हैं तो आप निश्चित रूप से पछताएँगे। यदि पैसा ही आपके जीवन का उद्देश्य है तो आपको अपनी मनोवृत्ति बदलनी होगी।''

जिस समय वे अंग्रेजी के शिक्षक थे, उस समय के साधारण जीवन को याद करते वह हुए कहते हैं, ''जब मैंने ग्रेजुएशन किया, उस समय मैं 20 डॉलर प्रतिमाह कमाता था, जो कि अद्‌भुत था''। जब आपके पास 10 लाख डॉलर होते हैं तो आप सौभाग्यशाली होते हैं। जब आपके पास 1 करोड़ डॉलर होते हैं तो आपको परेशानी होती है, बहुत सारी उलझनें होती हैं। जब आपके पास 1 अरब डॉलर से ज्यादा होते हैं तो यह एक जिम्मेदारी है, जो आपके सिर पर है। यह लोगों का भरोसा ही है, जो आपके पास है; क्योंकि लोगों को यह विश्वास होता है कि दूसरों की तुलना में आप पैसों को सही तरह से खर्च कर सकते हैं।''

"यह पैसों की बात नहीं है, यह सपनों की बात है। सिर्फ प्रौद्योगिकी ही नहीं है, जो दुनिया को बदल देगी। ये सपने हैं, जिन पर आपको विश्वास है कि ये दुनिया को बदल देते हैं।" 9 जून, 2015 को 'इकोनॉमिक क्लब ऑफ न्यूयॉर्क सम्मेलन' में उन्होंने, यह व्याख्या की।

जैक मा ने उत्तरी कैलिफोर्निया में सैन फ्रांसिस्को बे के पूर्वी ओर उस समय एक घर किराए पर लिया, जब उनका बेटा जेरी मा यूनिवर्सिटी ऑफ कैलिफोर्निया से अंडर ग्रेजुएशन कर रहा था। वे अपने बेटे के साथ कुछ समय बिताना चाहते थे। उसने बर्कले में इतिहास पाठ्यक्रम का अध्ययन किया था। वहाँ अपने प्रवास के दौरान जैक मा ने ढेरों नए विचार विकसित किए। "मैं चाहता हूँ कि लोग यह जानें कि लोकतंत्र का क्या अर्थ है!" उन्होंने कहा। अपने देश में लोगों को इस विचार से परिचित कराने के लिए उन्होंने अलीबाबा में एक बदलाव की शुरुआत की। उन्होंने कंपनी के 25,000 कर्मचारियों को उन दस प्रतिनिधियों को चुनने का अधिकार दिया, जो मानवता के लिए खर्च किए जानेवाले अलीबाबा के कुछ हिस्से के बारे में निर्णय लेते हैं। जैक मा के अनुसार, "चीन में सच्चे लोकतंत्र की यह पहली परीक्षा थी।"

> ***"यह पैसों की बात नहीं है, यह सपनों की बात है। सिर्फ प्रौद्योगिकी ही नहीं है, जो दुनिया को बदल देगी। ये सपने हैं, जिन पर आपको विश्वास है कि ये दुनिया को बदल देते हैं।" 9 जून, 2015 को 'इकोनॉमिक क्लब ऑफ न्यूयॉर्क सम्मेलन' में उन्होंने, यह व्याख्या की।***

यह हमेशा से ही जैक मा का उद्देश्य रहा है कि अपने प्रभाव का प्रयोग करके उद्यमशीलता को प्रोत्साहित करें और आगे बढ़ाएँ, विशेषकर छोटे व मध्यम आकार के उद्यमियों को—"जब मैं छोटे एवं मध्यम आकार के उद्यमियों के पास आता तो मैं हमेशा ही बड़ा उत्साहित होता। जब मैं छोटे व मध्यम आकार के उद्यमियों के सम्मेलन से जुड़ा तो मैंने आपकी आँखों से सपने, आवेश और आशा देखी। जब मैं 'फार्च्यून' '500 कॉन्फ्रेंस' से जुड़ा तो मैं संख्याएँ देखता हूँ। राजस्व देखता हूँ, केपीआइज देखता हूँ, मैं प्रतिस्पर्धा

देखता हूँ।'' उन्होंने वर्ष 2009 में 'एपेक एस.एम.ई. ग्लोबल सम्मेलन' में यह बात कही।

वर्ष 2008 की, 'बीजिंग नेटवर्क ऑपरेटर्स मीटिंग' के दौरान उन्होंने बताया कि क्यों किसी को भी पैसे को सबसे शक्तिशाली संसाधन नहीं मानना चाहिए— ''यदि सबकुछ पैसों से ही हासिल हो जाता तो सारी बड़ी कंपनियों पर बैंकों का नियंत्रण होता? प्रबल प्रतिस्पर्धा के विरुद्ध अपने व्यवसाय के संचालन से एक प्रकार की संतुष्टि मिलती है, जिससे सभी कर्मचारी, शेयरधारक, सहभागी तथा ग्राहक सो पाते हैं। इस प्रकार, वह व्यवसाय दिन-प्रतिदिन बेहतर होता जाएगा।'' अलीबाबा की रणनीति पर चर्चा करते हुए उन्होंने यह तक कह दिया, ''एक शब्द है—उत्तरजीविता। छोटे व मध्यम आकार के उद्यमियों को उत्तरजीविता के अद्‌भुत तरीकों की जरूरत होती है। अवसर खतरों में मौजूद होते हैं। एक बड़ा संकट हो सकता है ज्यादा बड़ी कंपनियों को धराशायी कर दे, लेकिन छोटे व मध्यम आकार के व्यवसायों की उत्पत्ति को संभव कर दे।'' जैक मा का विश्वास है कि इससे कोई फर्क नहीं पड़ता कि हम किस देश पर विचार करते हैं, छोटे व मध्यम उद्योग नव-प्रवर्तन के मुख्य स्रोत हैं। ''एक बार जब आपका उद्यम बड़ा हो जाता है तो अन्वेषण अपने आप ही संचालन के स्तर से जुड़ जाता है। इस बिंदु पर मेरा विचार है कि और अधिक अन्वेषण के लिए आपको अपनी कंपनी से परे देखने की जरूरत है।'' उन्होंने अप्रैल 2008 में 'बोआओ फोरम फॉर एशिया' के दौरान यह बात कही।

> *अलीबाबा की रणनीति पर चर्चा करते हुए उन्होंने यह तक कह दिया, ''एक शब्द है—उत्तरजीविता। छोटे व मध्यम आकार के उद्यमियों को उत्तरजीविता के अद्‌भुत तरीकों की जरूरत होती है। अवसर खतरों में मौजूद होते हैं। एक बड़ा संकट हो सकता है ज्यादा बड़ी कंपनियों को धराशायी कर दे, लेकिन छोटे व मध्यम आकार के व्यवसायों की उत्पत्ति को संभव कर दे।''*

जैक मा आगे बढ़ने के लिए अच्छे अवसरों की तलाश में विश्वास करते

हैं, लेकिन अपने सामाजिक दायित्व को दिमाग में रखते हुए—"आज यदि आप बड़ी कंपनी बनना चाहते हैं तो यह सोचिए कि आप किस सामाजिक समस्या का समाधान कर सकते हैं!" उनके अपनी संपत्ति को विश्व की सामान्य भलाई में खर्च करने के प्रेम ने उन्हें पिछले कुछ वर्षों के दौरान चीन के बड़े परोपकारियों में से एक बना दिया है।

□

18

पर्यावरणीय एवं समाज सेवा संबंधी प्रयास

'टाइम' पत्रिका के अनुसार, जैक मा चीन के अति प्रभावशाली व्यापारिक नेताओं में से एक और उन सौ व्यक्तियों में से एक हैं, जो 'हमारे विश्व को सबसे ज्यादा प्रभावित करते हैं।' पर्यावरणवाद से जैक मा को प्यार है। वर्ष 2009 में वे 'द नेचर कंजरवेंसी के चीनी प्रोग्राम' के ट्रस्टी बन गए और अप्रैल 2010 में उसके 'ग्लोबल बोर्ड ऑफ डायरेक्टर्स' से जुड़ गए। वे 'द नेचर कंजरवेंसी' के बोर्ड में बैठनेवाले पहले चीनी नागरिक थे। बाद में वे 'चायना बोर्ड ऑफ ट्रस्टीज' के अध्यक्ष भी बने, जब उन्होंने कंपनी के सी.ई.ओ. के रूप में अलीबाबा से पद-त्याग किया।

"हम ऐसे विश्व में रहने की अपेक्षा करते हैं, जिसमें आसमान और अधिक नीला हो, पानी और अधिक साफ हो तथा लोगों को स्वास्थ्य-सेवा उपलब्ध हो। मेरा ध्यान चीन में पर्यावरण, चिकित्सा सेवा तथा शिक्षा पर पूरी तरह केंद्रित है; लेकिन चिंताओं एवं शिकायतों से वर्तमान स्थिति नहीं बदलेगी। मैं इन समस्याओं के समाधान में मदद करने तथा सक्रिय रूप से योगदान करने के लिए उत्साहित हूँ। हमें जिम्मेदारी लेनी चाहिए तथा पर्यावरण में सुधार के लिए काररवाई करनी चाहिए, जो हमारे बच्चों की विरासत है और यही वजह है कि मैं 'नेचर कंजरवेंसी' के प्रयासों का प्रबल रूप से समर्थन करता हूँ और मैंने चीन के अध्यक्ष का पद भी इसीलिए स्वीकार किया।" जैक मा के दो मुख्य कार्य हैं—पहला, पर्यावरण के प्रति जागरूकता पैदा करना, ताकि टी.एन.सी. संरक्षण में व्यावसायिक तरीके से संलिप्त हो सके और दूसरा, लोगों को पर्यावरण में अपना योगदान करने के लिए प्रोत्साहित करने के लिए 'छोटा ही

सुंदर है' की धारणा को लोकप्रिय बनाना। 'बोर्ड ऑफ ट्रस्टीज' के अध्यक्ष के रूप में अपनी पहली बैठक में उन्होंने कहा, ''संगठनों की स्थापना के मामले में उद्यमी हमारे समाज के सबसे समर्थ व्यक्तियों में से हैं और यहाँ हम सभी उद्यमी प्रकृति से प्यार करते हैं तथा इसमें बदलाव लाना चाहते हैं। हम यह काम टी.एन.सी. को चीन में सबसे महत्त्वपूर्ण संगठन बनने में मदद करके और मौलिक रूप से चीन के पर्यावरण में सुधार कर्के कर रहे हैं।''

संगठनों की स्थापना के मामले में उद्यमी हमारे समाज के सबसे समर्थ व्यक्तियों में से हैं और यहाँ हम सभी उद्यमी प्रकृति से प्यार करते हैं तथा इसमें बदलाव लाना चाहते हैं। हम यह काम टी.एन.सी. को चीन में सबसे महत्त्वपूर्ण संगठन बनने में मदद करके और मौलिक रूप से चीन के पर्यावरण में सुधार करके कर रहे हैं।

पिछले दो दशकों में चीनी अर्थव्यवस्था के विकास ने 13 लाख मिलियनेयर पैदा किए हैं और वर्ष 2020 में अर्थशास्त्रियों को उपयुक्त अपेक्षा है कि इस संख्या में 10 लाख की वृद्धि और होगी। चीन में कुल मिलाकर अर्थव्यवस्था में उफान तथा मध्यम वर्ग के धीरे-धीरे उत्थान के बावजूद उपयुक्त आधारिक संरचना, प्रशिक्षण तथा सही कानूनी ढाँचे का अभाव है, जो यह सुनिश्चित करे कि दान का सही प्रयोग हो। इस प्रकार प्रभावशाली दान देने को हतोत्साहित किया जा सके। परियोजनाओं को धन उपलब्ध कराने के लिए नेटवर्क की स्थापना की जानी चाहिए, क्योंकि वर्तमान में उपलब्ध एनजीओज पर सार्वजनिक विश्वास बहुत कम है। वर्ष 2015 में पीकिंग विश्वविद्यालय में गैर-मुनाफा प्रबंधन पर एक नए कार्यक्रम के शुभारंभ समारोह के दौरान जैक मा ने यह टिप्पणी की, कि चीन में विशेष रूप से यह समझना बहुत मुश्किल है कि दान किसे दिया जाए? ''दान में पैसे देना पैसा कमाने से कहीं ज्यादा कठिन है।'' यह चिंता व्यापक रूप से उन सभी लोगों में साझा है, जो चीन में सामाजिक भलाई के लिए योगदान करने की इच्छा करते हैं।

जैक मा अपने प्रभाव का प्रयोग करते हुए व्यापार को सामाजिक भलाई

के कार्यों तक ले गए हैं, विशेषकर पर्यावरणीय सुधार तक। वर्ष 2011 में अलीबाबा समूह ने 'अलीबाबा फाउंडेशन' के नाम से एक दान संस्था की स्थापना की और घोषणा की कि वह अपने वार्षिक मुनाफे का 0.3 प्रतिशत (छोटा सा प्रतिशत, लेकिन पूर्ण मूल्य में महत्त्वपूर्ण) इस संस्था को देंगे, ताकि चीन में सामाजिक दायित्व एवं पर्यावरण जागरूकता को प्रोत्साहित करने के लिए बनाई गई योजनाओं को कोष उपलब्ध करा सकें।

उस घटना को याद करते हुए, जिसके कारण चीन के पर्यावरण की गंभीर दशा के प्रति जागरूकता आई, जैक मा कहते हैं कि अलीबाबा का कार्यालय शहर के कियानतांग नदी के उत्तरी तट से दक्षिणी तट पर स्थानांतरित हुआ था। समारोह के एक अंश के रूप में कंपनी ने नदी में कर्मचारियों के लिए तैराकी का आयोजन किया। यह बताया गया कि जब प्रतिस्पर्धियों का अंतिम समूह पानी से बाहर निकला तो उनके शरीर पर प्लास्टिक की थैलियाँ एवं अन्य कचरे चिपके हुए थे। ''यह देखकर उस समय हम सभी स्तब्ध थे। हमने कभी कल्पना भी नहीं की थी कि हम ऐसे पर्यावरण में जी रहे हैं और वही पानी था, जो हम पीते थे!'' जैक मा ने कहा। इसी अहसास ने हमें अलीबाबा के वार्षिक राजस्व का 0.3 प्रतिशत 'पर्यावरण संरक्षण कोष' को देने के लिए प्रेरित किया।

उस घटना को याद करते हुए, जिसके कारण चीन के पर्यावरण की गंभीर दशा के प्रति जागरूकता आई, जैक मा कहते हैं कि अलीबाबा का कार्यालय शहर के कियानतांग नदी के उत्तरी तट से दक्षिणी तट पर स्थानांतरित हुआ था। समारोह के एक अंश के रूप में कंपनी ने नदी में कर्मचारियों के लिए तैराकी का आयोजन किया।

'अलीबाबा कॉरपोरेट चेरिटेबल फाउंडेशन' की मुख्य रुचि प्रकृति का संरक्षण करना है, विशेषकर 'जल एवं वायु गुणवत्ता सुधार परियोजना' के माध्यम से। कंपनी ने चीन में तथा अंतरराष्ट्रीय स्तर पर भी सामुदायिक गतिविधियों, जैसे आपदा राहत प्रयासों, में भी पर्याप्त समय एवं संसाधन लगाए हैं। चीन में जल संबंधी समस्याओं के प्रति जागरूकता पैदा करने के लिए

अलीबाबा ने 'सेल्फ-रिपोर्टिंग' को प्रोत्साहित करने के लिए नागरिकों को जल परीक्षण उपकरण उपलब्ध कराने के लिए एक परियोजना की शुरुआत की। वर्ष 2016 में 'अलीबाबा फाउंडेशन' ने 3.14 करोड़ अमेरिकी डॉलर से ज्यादा का दान विभिन्न दान कार्यों एवं प्रयासों में किया।

जैक मा को लोगों के जीवन को सुधारने के प्रति अलीबाबा के कर्मचारियों द्वारा दरशाए गए संकल्प पर गर्व है। उन्होंने हमेशा ही सामाजिक उद्देश्य को व्यापार मॉडल के केंद्र में रखा है—"15 वर्ष पहले अलीबाबा की स्थापना इस उद्देश्य से की गई थी, ताकि कहीं से व्यापार करना आसान हो सके और हमारे सिद्धांत एवं मूल्य समाज के प्रति हमारे दायित्व पर जोर देते हैं। समाज को वापस देना अलीबाबा की संस्कृति में गहराई से रचा हुआ है।"

उन्होंने हमेशा ही सामाजिक उद्देश्य को व्यापार मॉडल के केंद्र में रखा है—"15 वर्ष पहले अलीबाबा की स्थापना इस उद्देश्य से की गई थी, ताकि कहीं से व्यापार करना आसान हो सके और हमारे सिद्धांत एवं मूल्य समाज के प्रति हमारे दायित्व पर जोर देते हैं। समाज को वापस देना अलीबाबा की संस्कृति में गहराई से रचा हुआ है।"

'द नेचर कंजरवेंसी' के 'चायना प्रोग्राम' से जुड़ने के बाद जो एक महत्त्वपूर्ण निर्णय था, वह था शार्क मछली-पालन उद्योग से निपटना' ताकि फिन के लिए शार्क की निर्दयतापूर्वक हत्या को रोका जा सके। पर्यावरण से जुड़ी यह पहली समस्या थी, जिसको उन्होंने निपटाया। वर्ष 2007 में जैक मा ने शार्क के फिनवाले भोजन के इस्तेमाल का अंत करने का संकल्प लिया। उन्होंने कहा कि "उनके परिवार ने शार्क फिन सूप का इस्तेमाल हमेशा के लिए त्याग दिया है।"

वर्ष 2009 में 'द नेचर कंजरवेंसी' के महानिदेशक चार्ल्स बेडफोर्ड को दिए एक साक्षात्कार के दौरान जैक मा ने यह स्वीकार किया कि शुरू में उन्हें 'शार्क फिन विरोधी उन लड़कों की बात समझ नहीं आती थी, क्योंकि उन्हें कभी भी यह समझाने की कोशिश ही नहीं की गई थी कि शार्क फिन कहाँ से

आती है? लेकिन एक बार जब उन्हें पता चल गया कि शार्क का पालन नहीं किया जाता है तो उन्होंने शार्क फिन न खाने का संकल्प लिया। इस घटना ने उन्हें अलीबाबा के 'व्यापार मॉडल' के बारे में सोचने को प्रेरित किया और इसका किस प्रकार पर्यावरण पर प्रभाव पड़ता है! "मैं जितना ज्यादा इसके बारे में सोचता, हम सभी के पास पैसा हो, लेकिन फिर उस पैसे को अस्पताल में दवाइयों पर खर्च करो!"

वर्ष 2015 में 'दावोस वर्ल्ड इकोनॉमिक फोरम' में जैक मा ने जॉर्ज सोरस को बोलते हुआ सुना और उन्हें महसूस हुआ कि एक महान् परोपकारी के रूप में विश्व की आर्थिक स्थिति के बारे में उनके विचार भी समान हैं। वे दोनों अच्छे मित्र बन गए और बाद में जब सोरस अपने दो पुत्रों के साथ हैंगजाऊ आए तो जैक मा ने जिआंगनान में उनके ठहरने की व्यवस्था करवाई और पर्यटन के लिए उन्हें वेस्ट लेक ले गए।

वर्ष 2015 में 'दावोस वर्ल्ड इकोनॉमिक फोरम' में जैक मा ने जॉर्ज सोरस को बोलते हुआ सुना और उन्हें महसूस हुआ कि एक महान् परोपकारी के रूप में विश्व की आर्थिक स्थिति के बारे में उनके विचार भी समान हैं।

जैक मा ने सुंदर भूखंड के विशाल क्षेत्र का संरक्षण करने के लिए एक विशेषज्ञ के रूप में अपनी भूमिका निभाने के लिए 'द नेचर कंजरवेंसी' की प्रशंसा की। जैक मा का यह दृढ़ विश्वास है कि हर व्यक्ति के भीतर पर्यावरण के लिए छोटा सा योगदान करने की क्षमता है। "मेरा विश्वास है कि छोटा सुंदर होता है और इससे आशय है कि हर व्यक्ति अपना छोटा सा योगदान करे।" उनकी इच्छा है कि वे एक आंदोलन को प्रेरित करें, जिसमें हर व्यक्ति काररवाई करे और अपने समुदाय, अपने पड़ोस, अपनी झील तथा अपने चारों ओर के प्राकृतिक संसाधन की देखभाल करने के लिए साधारण काम करे। वे इस बात को रेखांकित करते हैं कि इस साधारण काम के लिए पैसों की जरूरत नहीं होती है; लेकिन हमारी इच्छा-शक्ति संपूर्ण रूप से पर्यावरण में अंतर लाती है। वैशेषिक संरक्षण में चीन का योगदान यह है कि पहले चीन में ही स्थानीय स्तर पर उन मुद्दों, जैसे गैस खपत एवं प्रदूषण पर स्थानीय

स्तर पर काम करें; क्योंकि जैक मा का विश्वास है कि इन मुद्दों का विश्व पर विनाशकारी प्रभाव पड़ता है। जैक मा लोगों को वैश्विक विश्व रूप से समुदाय में रहनेवाले सेवानिवृत्त लोगों को उन कंपनियों को चुनौती देने के लिए प्रोत्साहित करते हैं, जो जल प्रदूषण तथा पर्यावरण विनाश का स्रोत हैं—"यदि आप सचमुच में समर्पित हैं तो आप काररवाई कर सकते है। जलवायु-परिवर्तन की समस्या से जूझने के लिए आपको पर्वत पार करने की जरूरत नहीं है। महत्त्वाकांक्षी होना अच्छा है; लेकिन हर छोटा प्रयास और हर छोटा योगदान सुंदर होता है।"

आज चीन में वायु, खाद्यान्न एवं जल प्रदूषण के कारण हमें अनेक स्वास्थ्य समस्याएँ होने वाली हैं। हम अपनी प्रौद्योगिकी तथा अपने ज्ञान का प्रयोग करके उन समस्याओं का समाधान कर सकते हैं। इसलिए दस साल के बाद जब चीन में समस्या हो और उसके लिए हमें तैयार होना है, तो उतना ही ज्यादा मैं जानना चाहता कि पर्यावरण, जलवायु-परिवर्तन और हर चीज के साथ क्या हो रहा है।

जैक मा स्वास्थ्य पर निवेश पर जोर देते हैं। वर्ष 2015 में दिए अपने एक भाषण में उन्होंने कहा, "आज चीन में वायु, खाद्यान्न एवं जल प्रदूषण के कारण हमें अनेक स्वास्थ्य समस्याएँ होने वाली हैं। हम अपनी प्रौद्योगिकी तथा अपने ज्ञान का प्रयोग करके उन समस्याओं का समाधान कर सकते हैं। इसलिए दस साल के बाद जब चीन में समस्या हो और उसके लिए हमें तैयार होना है, तो उतना ही ज्यादा मैं जानना चाहता कि पर्यावरण, जलवायु-परिवर्तन और हर चीज के साथ क्या हो रहा है।" जैक मा ने कहा। अलीबाबा के अध्यक्ष के रूप में अपनी शक्ति का प्रयोग करते हुए उन्होंने इस मुद्दे के प्रति कर्मचारियों में जागरूकता पैदा की। मैंने अलीबाबा के दल को अपने ऑफिस से शार्क फिन हटाने के लिए विवश नहीं किया। मेरे सहकर्मियों व कर्मचारियों ने इसके बारे में पूछा और हमने विचारों का आदान-प्रदान किया। मेरी कंपनी के युवाओं ने एक साथ बैठकर इस पर आपस में विचार-विमर्श किया। वे अपने ही निष्कर्ष पर पहुँचे और कहा, "आइए, इसे हम अपने जीवन से निकालते हैं।"

शीघ्र ही अलीबाबा ने अपनी कंपनी की सूचीबद्धता की नीतियों में संशोधन किया, ताकि अपने सभी प्लेटफॉर्म से शार्क फिन एवं शार्क-आधारित उत्पादों के व्यापार का अंत कर सके।

अपने इस काम के लिए उन्हें '80 तथा '90 के दशक में जनमे अपने कर्मचारियों से जो समर्थन मिला, उसका हवाला देते हुए जैक मा ने कहा, "इन युवाओं पर मुझे गर्व है। हमारी पीढ़ी से ज्यादा इन्हें पर्यावरण की परवाह है। यदि आप भविष्य बदलना चाहते हैं तो युवाओं को इसमें शामिल कीजिए। यदि आप युवाओं को समझना चाहते हैं तो आपको वैसे ही सोचना होगा, जैसे युवा सोचते हैं और पर्यावरण की चिंता करनी होगी।"

जैक मा ने एक बार कहा कि विश्व के नरक बन जाने का सीधा सा कारण यह है कि कोई इसे स्वर्ग बनाने की कोशिश करता है। वर्ष 2015 में 'वर्ल्ड इकोनॉमिक फोरम' में चार्ली रोस को दिए एक साक्षात्कार में उन्होंने तर्क दिया, "कई वर्ष पहले मैं विश्व को बदल देना चाहता था। विश्व को बदलने की तुलना में अपने आपको बदलना अधिक आसान और महत्त्वपूर्ण है। दूसरी बात, मैं इस विश्व को सुधारना चाहता हूँ। विश्व को बदलना—शायद यह बराक ओबामा का काम है।"

"इन युवाओं पर मुझे गर्व है। हमारी पीढ़ी से ज्यादा इन्हें पर्यावरण की परवाह है। यदि आप भविष्य बदलना चाहते हैं तो युवाओं को इसमें शामिल कीजिए। यदि आप युवाओं को समझना चाहते हैं तो आपको वैसे ही सोचना होगा, जैसे युवा सोचते हैं और पर्यावरण की चिंता करनी होगी।"

बर्कले में 'यूनिवर्सिटी ऑफ कैलिफोर्निया' में 'पत्रकारिता स्कूल' के भूतपूर्व डीन और जैक मा के निकटतम मित्र ओरविल शेल ने एक बार कहा, "व्यापार उनका पहला प्यार नहीं है।" एक बार जैक मा ने कहा, "मेरे जीवन में जो चीज महत्त्वपूर्ण है, वह यह है कि मैं ऐसा कुछ करूँ, जो कई लोगों को तथा चीन के विकास को प्रभावित करे।" सामाजिक जिम्मेदारी को 'व्यापार मॉडल' में शामिल करने पर उनका गहरा विश्वास है। वे कॉरपोरेट सामाजिक दायित्व तथा चीन के पर्यावरण के संरक्षण

के लिए व्यक्तिगत प्रयास एवं सार्वजनिक स्वास्थ्य को प्रोत्साहित करने के मुखर समर्थक हैं—"हम नहीं चाहते कि रहने के लिए आज निवेश करने की जरूरत है।" उसी भाषण में उन्होंने सभी को खुशी के लिए निवेश करने की भी सलाह दी—"आज इस संसार को देखो, विशेषकर चीन को। धनी व्यक्ति खुश नहीं हैं। गरीब लोग खुश नहीं हैं। सरकारी अधिकारी खुश नहीं हैं।…मैं चाहता हूँ कि चीन के लोग डिजिटल उत्पाद—फिल्म, नाट्यशाला, टी.वी. प्रोग्राम…समस्त डिजिटल सामग्री, जिससे युवा जीवन का आनंद लेते हैं, से आनंद लें और भविष्य के प्रति आशावादी बनें।"

जैक मा समस्त विश्व के सामने उन कंपनियों को बेनकाब करना चाहते हैं, जो अनैतिक व्यापार में संलिप्त होती हैं तथा पारितंत्र को बाधित करती हैं। वे चाहते हैं कि बैंक ऐसी कंपनियों की वित्तीय सहायता रोक दें। लोगों को रचनात्मक रूप से भला काम करने के लिए प्रोत्साहित करने के लिए वे छोटे एवं मध्यम आकार की कंपनियों को आगे लाना चाहते हैं, जो काम कर रही हैं और समुदाय का भला कर रही हैं।

जैक मा समस्त विश्व के सामने उन कंपनियों को बेनकाब करना चाहते हैं, जो अनैतिक व्यापार में संलिप्त होती हैं तथा पारितंत्र को बाधित करती हैं। वे चाहते हैं कि बैंक ऐसी कंपनियों की वित्तीय सहायता रोक दें। लोगों को रचनात्मक रूप से भला काम करने के लिए प्रोत्साहित करने के लिए वे छोटे एवं मध्यम आकार की कंपनियों को आगे लाना चाहते हैं, जो काम कर रही हैं और समुदाय का भला कर रही हैं। सितंबर 2009 में अलीबाबा के दसवें वार्षिकोत्सव के दौरान जैक मा ने इक्कीसवीं सदी में कॉरपोरेट जिम्मेदारी की बात की—"विश्व को एक नई व्यावसायिक सभ्यता की जरूरत है। पुरानी व्यावसायिक सभ्यता में उद्यमी समाज उन्मुख होने की बजाय आत्म-केंद्रित होते थे। इक्कीसवीं सदी में उद्यमियों को समाज, पर्यावरण, मानवता एवं ग्राहकों के साथ अपने संबंधों पर पुनः विचार करना चाहिए। आज उद्यमियों को इक्कीसवीं सदी में जीवन को बेहतर बनाने के लिए पारदर्शिता, साझेदारी, जवाबदेही तथा वैश्विकता सीखनी चाहिए।"

अपने आसपास के परिवर्तनों को देखते हुए जैक मा गर्व के साथ टिप्पणी करते हैं, ''तीस वर्ष पहले आप हैंगजाऊ झील में कचरा डाल देते तो कोई ध्यान भी नहीं देता, लेकिन आज यही करने की कोशिश कीजिए तो स्थानीय लोग गंदगी फैलाने के कारण आपको पानी में फेंक देंगे!'' उनका विश्वास है कि शिक्षा एवं जागरूकता फैलाने में बड़ी शक्ति है।

पारंपरिक रूप में, 'दूसरों की सहायता एवं देखभाल' को चीन में बड़े सम्मान की नजर से देखा जाता है, क्योंकि यह बौद्ध धर्म एवं कन्फ्यूशियसवाद का मूल तत्त्व है। मानवता के मूल्य चीन की संस्कृति में हजारों वर्षों से गहराई से बैठे हुए हैं; लेकिन सांस्कृतिक क्रांति के माध्यम से आई सामाजिक क्रांति के दौरान साम्यवादी राज्य में संपत्ति का पूरी तरह से राष्ट्रीकरण हो गया। सरकार से यह अपेक्षित था कि वह व्यापक सार्वजनिक सेवाएँ उपलब्ध कराएँ एवं सभी सामाजिक समस्याओं का समाधान करे एवं निजी सहायता को सरकारी विफलता के रूप में देखा जाता था। जैक मा का मानना है कि चीन पहले से ही बदल रहा है एवं चीनी लोगों में वर्ष 2008 के 'सिचुआन भूकंप' के बाद आपस में एक-दूसरे के प्रति प्यार बढ़ रहा है। वह एक उत्प्रेरक घटना थी, जिसने हर किसी को एक ही चीज पर अपना ध्यान केंद्रित करने पर विवश किया और चीन में मानवता की सेवा को गति दी। जैक मा को लगता है कि तथ्यों, संस्कृति एवं शिक्षा को 'स्थापित' करने की जरूरत है, प्रेम को प्रोत्साहित करना है तथा दूसरों के प्रति प्रशंसा और समझ को बढ़ाता है, ताकि ''20 वर्ष बाद वे पूर्णत: विकसित हों। यदि हम सिर्फ शिकायत ही करते रहें और रोपाई न करें, अच्छे उर्वरक में निवेश

पारंपरिक रूप में, 'दूसरों की सहायता एवं देखभाल' को चीन में बड़े सम्मान की नजर से देखा जाता है, क्योंकि यह बौद्ध धर्म एवं कन्फ्यूशियसवाद का मूल तत्त्व है। मानवता के मूल्य चीन की संस्कृति में हजारों वर्षों से गहराई से बैठे हुए हैं; लेकिन सांस्कृतिक क्रांति के माध्यम से आई सामाजिक क्रांति के दौरान साम्यवादी राज्य में संपत्ति का पूरी तरह से राष्ट्रीकरण हो गया।

न करें, तो हमारे पास भूमि नहीं होगी तथा यह निराशाजनक है।''

वर्ष 2010 में चीन में 'आपदा सहायता एवं गरीबी निवारण' में योगदान के लिए जैक मा का 'फोर्ब्स एशिया' द्वारा 'एशिया के मानवता की सहायता के नायक' के रूप में चयन किया गया। वे मुख्य भूमि के पहले चीनी उद्यमी हैं, जिनका चित्र 'फोर्ब्स' के कवर पर छपा। 'होरोन मानव सहायता सूची' के अनुसार जैक मा को वर्ष 2014 एवं 2015 के लिए चीन के सबसे उदार मानवतावादियों में शीर्ष स्थान प्राप्त हुआ।

वर्ष 2014 में जैक मा ने 'जैक मा फाउंडेशन' के नाम से एक परोपकारी संस्था खोली और 2015 तक उन्होंने इस संस्था को 24 लाख डॉलर का शेयर विकल्प दान में दिया। वर्ष 2015 में जैक मा ने हांगकांग में नए उद्यमों की स्थापना में वित्तीय सहायता देने के लिए मदद करने में एक संस्था की स्थापना के लिए 1 अरब हांगकांग डॉलर दान में दिए।

वर्ष 2014 में जैक मा ने 'जैक मा फाउंडेशन' के नाम से एक परोपकारी संस्था खोली और 2015 तक उन्होंने इस संस्था को 24 लाख डॉलर का शेयर विकल्प दान में दिया। वर्ष 2015 में जैक मा ने हांगकांग में नए उद्यमों की स्थापना में वित्तीय सहायता देने के लिए मदद करने में एक संस्था की स्थापना के लिए 1 अरब हांगकांग डॉलर दान में दिए। जैक मा 'युंगफेन फंड्स' की सामान्य सहभागी इस संस्था को अपना सारा आर्थिक हित दान कर देना चाहते हैं। यह ट्रस्ट अपने आकार के कारण प्रसिद्ध है, क्योंकि यह अलीबाबा की इक्विटी का लगभग 2 प्रतिशत है, जो मार्च 2017 में अली के शेयर मूल्य के आकलन के अनुसार, 5.4 अमेरिकी डॉलर था। एक बेहतर विश्व के लिए एक नवीन तथा सतत मॉडल बनाने की इच्छा से इस ट्रस्ट की गतिविधियाँ चीन, हांगकांग तथा विदेशों में अलाभकारी क्षेत्रों में लोगों के विकास पर केंद्रित होंगी, जिनमें पर्यावरण, स्वास्थ्य-सेवा, शिक्षा एवं संस्कृति शामिल हैं। इस व्यक्तिगत दान संस्था की स्थापना के पीछे की विचारशीलता तथा सामुदायिक भावना से जैक मा की समुदाय को वापस देने की प्रबल इच्छा का पता चलता है। जैक मा

ने ग्रामीण शिक्षकों का एक व्यक्तिगत 'सार्वजनिक कल्याण कोष' भी बनाया है। 'ग्रामीण प्राध्यापक पुरस्कार' से ग्रामीण क्षेत्रों तथा शिक्षा की ओर लोगों का कफी ध्यान जा रहा है।

पर्यावरण संरक्षण के प्रति लड़ाई लड़नेवालों के रूप में जैक मा चीन के "पानी को और साफ बनाने, आकाश को अधिक नीला बनानेवाले तथा भोजन को और अधिक स्वास्थ्यप्रद बनाने के लिए एक परोपकारी कार्यक्रम पर काम कर रहे हैं। एक बार जैक मा ने बताया कि उनकी पत्नी उन्हें पीने के पानी के प्रति सावधान रहने के लिए कहती हैं—"इसमें कुछ गड़बड़ है।" जैक मा ने बताया कि उन्हें पर्यावरण में रुचि तब से शुरू हुई, जब उनके ससुर बीमार पड़े। जैक मा का संदेह है कि यह बीमारी प्रदूषण के कारण हुई। उनके ससुर की मृत्यु के कारण जैक मा को अनेक चीजों का पुनः मूल्यांकन करना पड़ा और अब उन्हें लगता है कि पर्यावरण की समस्याओं के कारण उनके आसपास अनेक लोगों की मृत्यु हो रही है। जब जैक मा उस नदी को देखने गए, जिसमें बचपन में उन्होंने तैराकी सीखी थी तो उन्होंने देखा कि यह कितनी गंदी हो चुकी थी। उसका पानी लगभग सूख चुका था और नदी लगभग कचरे से भरी हुई थी। उस समय नदी का पानी, जो उनकी छाती तक आता था, वह अब उनके घुटनों तक आ गया था। जैक मा स्तब्ध थे और उन्होंने स्वीकार किया कि वे सोचते हैं कि "हे भगवान्! क्या हो रहा है?"

पानी को और साफ बनाने, आकाश को अधिक नीला बनानेवाले तथा भोजन को और अधिक स्वास्थ्यप्रद बनाने के लिए एक परोपकारी कार्यक्रम पर काम कर रहे हैं। एक बार जैक मा ने बताया कि उनकी पत्नी उन्हें पीने के पानी के प्रति सावधान रहने के लिए कहती हैं—"इसमें कुछ गड़बड़ है।"

तब जैक मा ने फैसला किया कि छोटे उद्यमी को अलीबाबा के प्लेटफॉर्म से पैसे कमाने में मदद करना ही काफी नहीं है। उन्हें इस बात को सुनिश्चित करना है कि ज्यादा-से-ज्यादा लोग "स्वस्थ पैसे, सतत पैसे तथा ऐसे पैसे कमाएँ, जो न सिर्फ उनके लिए बेहतर हों, बल्कि समाज के लिए भी बेहतर

हों।'' उनकी मंशा यही परिवर्तन लाने की है।

उनका विचार है कि दान देना महत्त्वपूर्ण है, लेकिन आवश्यक रूप से धर्मार्थ ही नहीं। वास्तविक दान उस चीज का दान करना है, जो आपके पास सबसे कम है। उदाहरण के तौर पर, जैक मा ताओबाओ की ओर संकेत करते हैं और कहते हैं, ''सिर्फ पैसे दान करने की बजाय ताओबाओ 1 करोड़ लोगों को कॅरियर की अच्छी संभावना उपलब्ध कराकर ज्यादा कर सकता है, यदि इन लोगों के पास कोई अवसर या आय नहीं है; एक स्थिर समाज मात्र एक भ्रम है।''

‘पैसे कमाने से ज यादा मुश्किल पैसे को खर्च करना है, विशेषकर परोपकार में। जब आपका ह्दय अच्छा है तो पैसे खर्च करने के लिए आपका ज्ञान एवं आपकी क्षमता भी अच्छी होनी चाहिए, वरना आप अच्छे दिल से अच्छे काम गलत तरीके से कर रहे हैं।

परोपकार के बारे में बात करते हुए 24 सितंबर, 2015 को 'स्टैनफोर्ड ग्रेजुएट स्कूल ऑफ बिजनेस' के जेरी यांग के साथ एक साक्षात्कार में उन्होंने कहा, ''पैसे कमाने से ज्यादा मुश्किल पैसे को खर्च करना है, विशेषकर परोपकार में। जब आपका ह्दय अच्छा है तो पैसे खर्च करने के लिए आपका ज्ञान एवं आपकी क्षमता भी अच्छी होनी चाहिए, वरना आप अच्छे दिल से अच्छे काम गलत तरीके से कर रहे हैं।'' जैक मा लोगों में जागरूकता पैदा करना चाहते हैं। वे चाहते हैं कि लोग इन मुद्दों को गंभीरता से लें, ताकि उन्हें लगे कि प्रदूषण भी इतना ही बुरा है, जैसे किसी की हत्या; ''क्योंकि अंततः यह ऐसा ही है। व्यापार महत्त्वपूर्ण है, लेकिन इन पर्यावरणीय मुद्दों पर काररवाई करना भी उतना ही महत्त्वपूर्ण है। मैं अतिवादी नहीं हूँ। हम तो सिर्फ उन चीजों पर अपना दृष्टिकोण बता रहे हैं, जो हमें लगता है कि हमारे खुद के लिए और हमारे बच्चों के लिए अच्छा है। और मैं नहीं चाहता कि लोग इसे सिर्फ इसलिए करें, क्योंकि उन्हें कहा गया है कि यह एक जिम्मेदारी है। मुझे 'जिम्मेदारी' शब्द से घृणा है। मैं इस पर इसलिए काररवाई कर रहा हूँ, क्योंकि यह ऐसी चीज है, जिस पर मुझे भरोसा है। यह मेरे सोचने

का एक तरीका है, मेरे दर्शन का एक हिस्सा है।'' उन्होंने दिसंबर 2009 में nature.org में यह बात कही। चीन के विश्व के प्रति दायित्व की चर्चा करते हुए उन्होंने कहा, ''चीन के लोग वास्तव में चीन में पर्यावरण सुरक्षा के प्रति चिंतित हैं। यही उनका विश्व को सबसे बड़ा योगदान होगा। मेरे लिए तो, मेरे पास अफ्रीका के लिए बहुत कुछ करने का सोचने की सुविधा है; लेकिन जैक मा की तरह कितने लोग हैं ? कितने चीनी लोगों के पास बड़े विश्व दृष्टिकोण का विकास करने के लिए संसाधन एवं अवसर हैं तथा बाहरी दुनिया को देखने की सुविधा है ? विश्व के प्रति जिम्मेदारी अच्छी है। लेकिन मैं समझता हूँ कि चीनी लोग यह कहेंगे कि अपने पर्यावरण की रक्षा के लिए उनकी जिम्मेदारी ज्यादा है। यदि आप अपनी देखभाल नहीं करते हैं या कर सकते हैं तो मैं नहीं समझता कि आप दूसरों की देखभाल कर सकते हैं।''

चीन के लोग वास्तव में चीन में पर्यावरण सुरक्षा के प्रति चिंतित हैं। यही उनका विश्व को सबसे बड़ा योगदान होगा। मेरे लिए तो, मेरे पास अफ्रीका के लिए बहुत कुछ करने का सोचने की सुविधा है; लेकिन जैक मा की तरह कितने लोग हैं ?

जैक मा ने सितंबर 2015 में 'क्लिंटन ग्लोबल इनीशिएटिव' में अपने सत्र के दौरान अपने विचार प्रस्तुत किए। जैक मा ने उद्योग एवं उत्पाद-आधारित अर्थव्यवस्था के पर्यावरण पर पड़नेवाले खतरनाक प्रभावों पर भी प्रकाश डाला। इस गंभीर समस्या के समाधान के तौर पर वे अर्थव्यवस्था के उत्पादन पर निर्भरता को कम करने तथा बदले में चीनी अर्थव्यवस्था के और अधिक विविधीकरण के लिए कदम उठाने की वकालत करते हैं। उन्होंने बहुत बड़ा योगदान किया है और चीन में 27,000 एकड़ में 'विस्तृत प्राकृतिक अभयारण्य' बनाने में महत्त्वपूर्ण भूमिका अदा की है।

9 एवं 10 जुलाई, 2016 को 'अलीबाबा फाउंडेशन' ने हैंगजाऊ में अपनी तरह का पहला 'परोपकारी सम्मेलन' बुलाया, जिसे 'द जिन फिलानथ्रॉपी कॉन्फ्रेंस' नाम दिया। कॉन्फ्रेंस की मंशा के बारे में जैक मा ने कहा, ''इस विश्व को बेहतर बनाने के अवसर सभी को मिलने चाहिए। इस परोपकारी सम्मेलन

का उद्देश्य है—युवा पीढ़ी को चीनी परोपकारिता के विकास का समर्थन करने के लिए प्रेरित करना। सिर्फ सद्भावना का होना ही काफी नहीं है, हमें चीन में तथा विश्व में सतत प्रभाव लाने के लिए प्रतिभा, नियोजन एवं कार्यान्वयन की भी जरूरत है। परोपकारिता के क्षेत्र में अग्रणी प्रमुख व्यक्तियों ने वैश्विक नेताओं के साथ तथा प्रमुख बहुराष्ट्रीय कंपनियों एवं गैर-सरकारी संगठनों ने विश्व में सकारात्मक सामाजिक प्रभाव लाने के लिए चीन में परोपकारिता से संबंधित अधोसंरचना में कैसे सुधार किया जाए, इस विषय पर विचार उत्पन्न करने के लिए इस सम्मेलन में हिस्सा लिया। इस सम्मेलन में लगभग 1,000 लोग शामिल हुए। सम्मेलन में वर्तमान समय में शिक्षा, स्वास्थ्य-रक्षा, पर्यावरण सुरक्षा, आपदा राहत तथा परोपकारिता पर पैनल परिचर्चा हुई। जैक मा, जिन्होंने स्वागत भाषण दिया, के अलावा पैनल में इस सम्मेलन के प्रमुख वक्ता थे—संयुक्त राष्ट्र संघ के महासचिव बान की मून, ब्रिटेन के पूर्व प्रधानमंत्री गॉर्डन ब्राउन, 'खान अकादमी' के संस्थापक एवं सी.ई.ओ. सलमान खान, मेनलैंड चायना में 'एक्सेस हेल्थ' के महानिदेशक यांग लिइयो, 'याओ मिंग फाउंडेशन' के संस्थापक एवं पूर्व एन.बी.ए. स्टार याओ मिंग थे तथा 'वन फाउंडेशन' के संस्थापक एवं अभिनेता जेट ली, 'ज्वाइंट यू.एस. चायना कोलेंबोरेशन ऑन क्लीन एनर्जी के' अध्यक्ष पेगी लिइयो तथा 'दिंग जिआंग युआन' के संस्थापक एवं मुख्य कार्यकारी अधिकारी लिऑनशिआन ली, जो गैर-मुनाफा-प्राप्त चिकित्सा संबंधी ऑनलाइन फोरम है; 'फेसबुक' के मुख्य कार्यकारी अधिकारी मार्क जुकरबर्ग तथा अमेरिका के ख्याति-प्राप्त उद्योगपति एवं माइक्रोसॉफ्ट के सह-संस्थापक बिल गेट्स। उन्होंने वीडियो के माध्यम से

परोपकारिता के क्षेत्र में अग्रणी प्रमुख व्यक्तियों ने वैश्विक नेताओं के साथ तथा प्रमुख बहुराष्ट्रीय कंपनियों एवं गैर-सरकारी संगठनों ने विश्व में सकारात्मक सामाजिक प्रभाव लाने के लिए चीन में परोपकारिता से संबंधित अधोसंरचना में कैसे सुधार किया जाए, इस विषय पर विचार उत्पन्न करने के लिए इस सम्मेलन में हिस्सा लिया।

कॉन्फ्रेंस में भाग लिया तथा लोगों से दान के क्षेत्र में और अधिक काम करने का आग्रह किया।

'बीजिंग नॉर्मल यूनिवर्सिटी' से संबद्ध 'चायना फिलानथ्रॉपी रिसर्च इंस्टीट्यूट' तथा शेनजेन में 'चायना ग्लोबल फिलानथ्रॉपी इंस्टीट्यूट' के अनुसार, वर्ष 2011 से 2016 की अवधि में जैक मा चीन के दूसरे शीर्ष दानकर्ता हैं, जिन्होंने विभिन्न सामाजिक कार्यों के लिए 17.19 अरब युआन का दान किया। पर्यावरण एवं परोपकारिता पर जैक मा के दर्शन को स्वयं उन्हीं के शब्दों में सारगर्भित किया जा सकता है, ''मेरे विचार बहुत ही सरल हैं। आओ, हर जगह प्यार के बीज बोएँ! जब वसंत ऋतु आएगी तो हम हरी-हरी कोंपलें देखेंगे। पाँच वर्ष में वे पेड़ बन जाते हैं। मैं कहता हूँ, हमें रोपाई शुरू करनी चाहिए।''

''अब इतनी देर हो गई है कि शिकायत भी नहीं कर सकते हैं। किसकी गलती? चाहे आपकी गलती हो या मेरी, आओ मिलकर समस्या का समाधान करते हैं!'' वर्ष 2015 में 'एपेक सी.ई.ओ. सम्मेलन' में जैक मा ने बराक ओबामा के साथ दिए एक साक्षात्कार में यह बात कही। 9 जून, 2015 को 'इकोनॉमिक क्लब ऑफ न्यूयॉर्क' में उन्होंने विश्व की समस्याओं के विरुद्ध लड़ाई लड़ने के लिए सभी राष्ट्रों को मिलकर एक शक्ति के रूप में आगे आने के महत्त्व पर जोर दिया—''तीसरा विश्व युद्ध होने ही वाला है और यह युद्ध राष्ट्रों के बीच नहीं होगा। इस लड़ाई में हम सभी साथ मिलकर बीमारी, गरीबी तथा जलवायु-परिवर्तन के विरुद्ध काम करेंगे और मेरा विश्वास है, यही हमारा भविष्य है। सभी मनुष्यों एवं सभी राष्ट्रों को एकजुट हो जाना चाहिए।''

□□□